ABBÉ A. PIQUEMAL

ÉTUDES
SUR LA VILLE ET PAROISSE
DE
COURBEVOIE

PIERRE HÉBERT
PREMIER CURÉ DE COURBEVOIE
Guillotiné à Paris, sous la Terreur
ET
SES SUCCESSEURS

PARIS
HONORÉ CHAMPION, Éditeur
LIBRAIRE DE LA VILLE DE PARIS
5, Quai Malaquais, 5
1908

COURBEVOIE

PIERRE HÉBERT ET SES SUCCESSEURS

ABBÉ A. PIQUEMAL

ÉTUDES
SUR LA VILLE ET PAROISSE
DE
COURBEVOIE

PIERRE HÉBERT
PREMIER CURÉ DE COURBEVOIE
Guillotiné à Paris sous la terreur
ET
SES SUCCESSEURS

PARIS
Honoré CHAMPION, Editeur
LIBRAIRE DE LA VILLE DE PARIS
5, Quai Malaquais, 5
1908

IMPRIMATUR

Parisiis, die 11 Maii 1908.

P. Fages,
Vic. gén.

AVANT-PROPOS

L'Eglise catholique, toujours soucieuse de conserver à la Postérité le souvenir de ses enfants, martyrs de leur foi, écrivit, dès les premiers siècles, dans ses passionnaires et ses ménologies, les noms et les victoires de ses héros.

Aussi est-ce un sujet d'étonnement pour nous que l'oubli dans lequel est demeurée ensevelie, tout un siècle, la mémoire de Pierre Hébert, premier curé de Courbevoie, guillotiné, en 1794, en haine de la Religion.

De ses paroissiens et de ses successeurs il n'a reçu aucun hommage, pas même la traditionnelle plaque de marbre ! Et pourtant c'est lui qui fut le créateur de la paroisse et le constructeur de l'église.

Il faut croire qu'en l'espèce Napoléon Ier fut trop ponctuellement obéi, lorsqu'il avait interdit de parler des victimes de la Terreur.

Mis un jour fortuitement en présence de divers documents qui attestaient la fin glorieuse de Pierre

Hébert, je m'empressai de les soumettre à M. l'abbé Laurent, qui occupait alors la Cure de Courbevoie. Il fut étrangement surpris de ma découverte, d'autant que, par ses relations amicales avec ses prédécesseurs, M. le chanoine Cabanettes et M. le chanoine Douvain, il remontait jusqu'au milieu du XIX° siècle. Le doute, cependant, n'était pas possible devant l'authenticité des documents : Courbevoie paroisse et église était bien l'œuvre d'un curé martyr.

Aussi, désireux de réparer l'oubli dont souffrait la mémoire de Pierre Hébert, me pressa-t-il vivement de continuer mes recherches et d'écrire la biographie du saint prêtre.

J'acceptai cette tâche avec d'autant plus d'empressement que l'église de Pierre Hébert a vu mon baptême, ma première communion, et mes débuts dans le saint ministère, à titre de vicaire.

Mes recherches m'ont mis en présence de nombreuses pièces sur Courbevoie; loin de les négliger, je les ai collectionnées, et, d'une simple plaquette sur Pierre Hébert, que je me proposais uniquement d'écrire, j'en suis arrivé à faire l'historique de sa paroisse.

Dans cette étude je n'ai pas essayé de suivre un ordre chronologique — la tentative eût été irréalisable — j'ai simplement rassemblé, sous le même titre, tous les documents de même matière. De la sorte, chaque chapitre constitue une partie indépendante de l'histoire de Courbevoie.

Dans mes recherches si diverses j'ai rencontré bien des précieux concours. Je tiens à présenter ici l'hommage de mes remerciements les plus respectueux à M. le chanoine Pisani, si documenté sur la période révolutionnaire, à M. Fermé, l'infatigable chercheur qui a patiemment rassemblé tant de documents et d'estampes sur Colombes et Courbevoie, à M. Viard, conservateur aux Archives nationales, dont les conseils si précis ont tant de valeur, à MM. Beaurepaire et Jacob, de la Bibliothèque historique de la Ville de Paris, à MM. Barroux et Lazare, des Archives départementales de la Seine, enfin à M. A. Fournier qui a dessiné les plans et gravures qui ornent ce travail.

PREMIÈRE PARTIE

Courbevoie : Ses Origines, sa Seigneurie
ses Monuments

CHAPITRE PREMIER

LA VOIE COURBE. — L'ABBAYE DE SAINT-WANDRILLE

Courbevoie tire son nom, ainsi que l'indique son étymologie latine *Curva Via*, voie courbe, de la sinuosité que la route décrivait en cet endroit.

Où se trouvait cette courbe qui donna son nom à ce pays? Certains auteurs, s'appuyant sur l'itinéraire d'Antonin, ont cru la découvrir dans le chemin tortueux qui, partant de Rueil, contournait le Mont-Valérien pour aboutir au port de Neuilly. C'est une hypothèse qui ne nous semble pas justifiée car, malgré une étude attentive de l'itinéraire d'Antonin et de la carte des voies romaines, dite table de Peutinger, nous n'avons pu retrouver le passage qui a donné lieu à cette interprétation.

Bien au contraire les cartes routières du IIIe siècle nous montrent que, pour éviter les rencontres successives de la Seine, la grande voie romaine de Paris à Rouen passait par Saint-Denis pour se diriger vers Pontoise.

Et puis pourquoi chercher si loin une explication lorsque nous pouvons encore aujourd'hui retrouver le chemin en litige. Il suffit de jeter les yeux sur un vieux

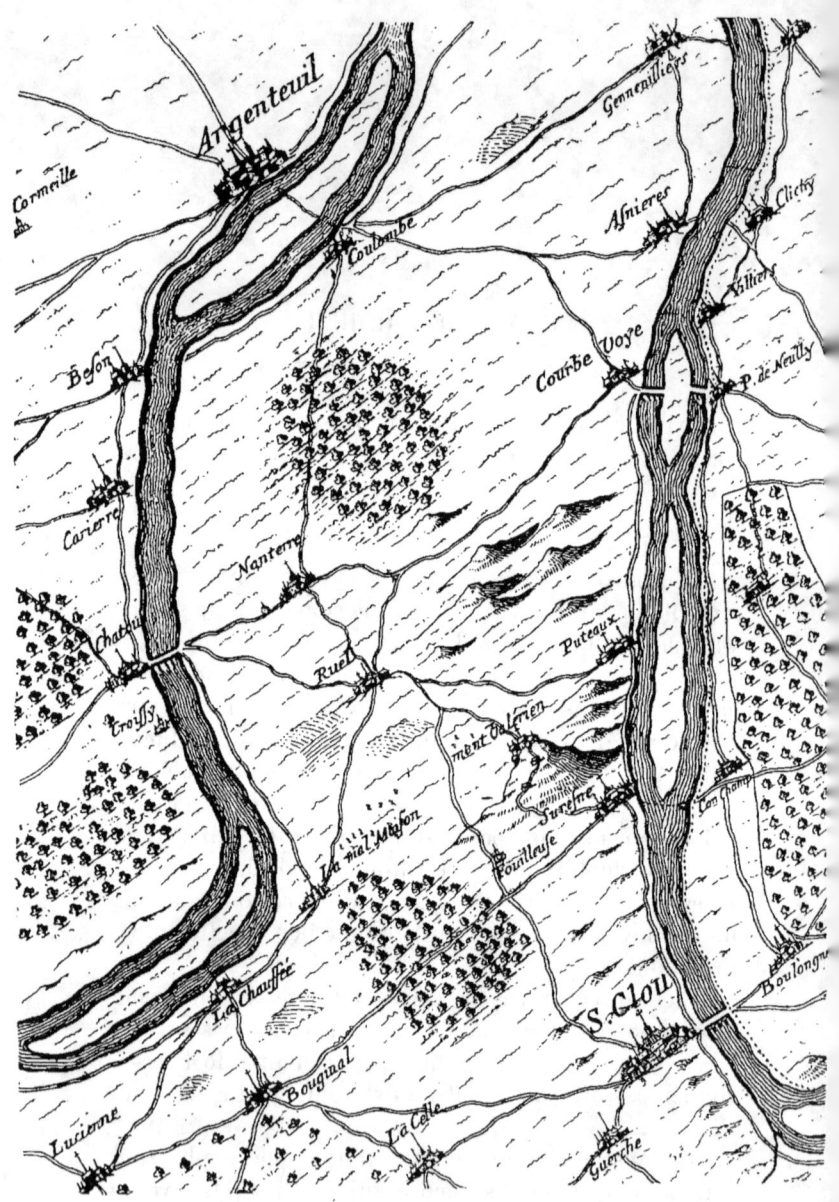

NOUVELLE DESCRIPTION DU TERRITOIRE ET BANLIEUE DE PARIS
Par Jean BOISSEAU, enlumineur, vers 1650.

plan pour saisir au doigt et à l'œil, comme disaient nos pères, que les vieilles routes de Nanterre et de Colombes qui aboutissaient au centre du village et conduisaient au vieux chemin d'Asnières ou au bac, décrivaient une courbe très prononcée dans leur traversée de Courbevoie.

C'est là, nous l'avouons, une supposition, mais qui semble confirmée par la topographie des lieux et par le plan de Boisseau dont nous donnons une reproduction.

* * *

Le village de Courbevoie remonte à une haute antiquité. Sa situation élevée sur les bords de la Seine qui le mettait à l'abri des inondations, ses coteaux orientés au midi et si propices à la culture de la vigne (1) durent y attirer de bonne heure des habitants.

Nicolas Gilles (2) prétend que la ville de Paris et plusieurs villages suburbains comme Rueil, Cormeilles, Gonesse, etc... ont été fondés, 800 ans avant notre ère, par 22.000 Sicambres venus des Palus Méotides. Courbevoie est si près de Paris et de Rueil qu'on serait tenté de lui attribuer une origine aussi reculée, malheureusement les textes manquent et il faut arriver modestement au vii siècle de notre ère pour trouver la première mention de ce village.

C'est aux bénédictins de l'abbaye de Saint-Wandrille, au diocèse de Rouen, que nous la devons.

Ce monastère fondé en 645 par Saint Wandrégésile, disciple de Saint Colomban, fut gratifié, en 704, par Childebert III, roi de Neustrie et de Bourgogne, de la terre

---

(1) Julien l'Apostat dans son *Misopogon* (340 D, 341 AB) remarque que les Gaulois s'adonnaient à cette culture : J'hivernais (en 358 ou 359) aux environs de ma chère Lutèce, c'est le nom que les Celtes donnent à la petite ville des Parisiens... Il y pousse aussi de la vigne et de bonne...

(2) *Annales* et *Chroniques de France*, feuillet 7, verso : De la naissance des Françoys et de la fondation de Paris, selon aucuns.

du Pecq, et de ses dépendances dont Courbevoie faisait partie. Cette charte de donation et le polyptyque, ou inventaire des biens et revenus de cette abbaye, ont disparu et il ne nous reste plus, dans un manuscrit du xie siècle (1), recopié dans D'Achery (2) et la Gallia Christiana (3), qu'un résumé de la largesse royale. Ce document, dans sa concision, est cependant capital pour l'histoire de Courbevoie, aussi avec la reproduction photographique en donnons-nous la copie et la traduction :

Huic ammirabili præsuli largitus est præfatus Hildebertus rex villam, quæ vocatur Alpicum, quæ sita est in pago Pinciacenci super alveum sequanam, una cum adjacentiis suis ; Novitianus - Curbavia - Albachan-Nido - Tremlido, cum illis forestariis quinque. Anno decimo regni sui qui erat dominicæ Incarnationis DCCIIII, indictione secunda, decimo tertio kalendas novembris, feria secunda.

A cet admirable prélat (Bain) le roi précité Childebert donna le village qu'on appelle le Pecq, situé dans le pays de Pincerais, sur les bords de la Seine, ainsi que ses dépendances : Novitianus, Courbevoie, Albachanan-Nido,

(1) Bibl. du Havre, Manusc., N. 332, Folio 82, recto.
(2) D'Achery, *Spicilegium*; T. II, p. 267.
(3) Gallia Christiana, t. XI, p. 168.

Tremlido, et les cinq forestiers ; cette donation fut faite la dixième année de son règne qui était le sept-cent-quatrième de l'Incarnation du Seigneur, la seconde indiction, le treizième jour avant les kalendes de Novembre, la seconde férie (lundi 20 octobre 704).

Assurément ce passage de la chronique de Fontenelle est bien modeste, il ne nous dit pas si Courbevoie était un village *(villa)* un hameau *(villaris)* ou simplement une expression géographique, mais tel quel, complété par le polyptyque de l'abbé Irminon — inventaire des biens de l'abbaye de Saint-Germain-des-Prés — il nous permet de préciser que Courbevoie dépendait du pays de Pincerais.

Le *Pincerais* ou Poissiais (1), appelé en latin pagus Pinciacensis, était situé dans la Gaule celtique et dépendait du pays des Carnutes, dont la capitale était Chartres — *Autricum*. Il formait un comté, dont le chef était au viie siècle Vintrannus — *comitatus Vintranni* — et dont la capitale était Poissy — *Pinciacum* —. Plus tard dans le diocèse de Chartres il forma l'archidiaconé de Pincerais. Cet archidiaconé était borné au Nord par la Seine: toutefois il franchit cette limite naturelle et s'étendit sur une partie du Vexin. A l'orient il embrassait les villages d'Aupec, Alpicus — le Pecq ; — de Marly, Mairiliacus; de Mareil-Marly, Maruillius; de Rocquencourt, Rocconcurtis; de la Celle-Saint-Cloud, Cella quæ dicitur Villaris; de Rueil, Risilus ou Riogilus; de *Courbevoie*, Curva-via; de Levry, Leviciæ ; qui tous étaient du diocèse de Paris.

Au midi il renfermait le village d'Aufargis, — Olfarciacæ — et le hameau de Fréville-lez-Adainville — Frotmiré villa — et avait de ce côté les mêmes limites que l'archidiaconé. A l'occident il s'étendait jusqu'à Mantes.

(1) *Polyptyque de l'abbé Irminon*, par Benjamin Guérard.

C'est là tout ce que nous avons pu trouver sur Courbevoie. Si l'inventaire des biens et revenus de l'abbaye de Saint-Wandrille nous était parvenu, nous aurions été très documenté car les monastères tenaient un compte très exact de leurs propriétés ; ils mentionnaient dans leurs polyptyques le nombre des manses — maisons — la superficie des terres, le chiffre des hommes libres et des serfs, les redevances qui leur étaient payées en nature et en espèces.

Malheureusement les titres de cette abbaye périrent en partie lors des invasions des Normands en Neustrie, en 756, (1) et des conquêtes de Rollon en 862. Ils achevèrent de disparaître dans l'incendie qui dévora cette abbaye en 1250. Nous ignorons même l'époque où les biens de Courbevoie sortirent de l'abbaye de Saint-Wandrille et devinrent terres vacantes — terræ nullius — pour faire retour au domaine royal ; il nous faut arriver à l'abbaye royale de Saint-Denis pour leur trouver un nouveau propriétaire.

(1) GALLIA CHRISTIANA, t. XI, p. 160.

CHAPITRE II

L'ABBAYE DE SAINT-DENIS. — LA CHATELLENIE DE RUEIL.
PIERRE DE COURBEVOIE. — ADAM DE HEUGOT.
SIMON ET PIERRE DE VILLE D'AVRAY.
AFFRANCHISSEMENT DES SERFS.

C'est en 626 que le roi mérovingien Dagobert Ier fonda la célèbre abbaye de Saint-Denis.

Parmi les libéralités nombreuses dont elle fut gratifiée il en est une à laquelle elle attacha toujours un très grand prix, et qu'elle garda avec un soin jaloux jusqu'au XVIIe siècle, c'est la châtellenie de Rueil (1) avec ses nombreuses dépendances, Courbevoie, Saint-Cloud, Nanterre, Puteaux, etc...

Ce fut le roi Charles-le-Chauve qui lui fit ce présent, qu'on peut doublement qualifier de royal, pour l'indemniser des pertes qu'elle avait éprouvées, en 865, lors de l'occupation de Saint-Denis par les Normands.

Ce prince, étant à Saint-Denis, le 27 mars 875, lui donna le domaine de Rueil, avec ses dépendances, situé en Parisis et en Pincerais, à l'exception des manses de

(1) Arch. Nat., S. 2347, Notice historique de la fondation de Rueil.

Boblin et d'Emenry, à charge (1) : 1° d'entretenir perpétuellement sept lampes devant l'autel de la Trinité, derrière lequel il avait choisi sa sépulture, pour l'empereur Louis, l'impératrice Judith, lui-même, Ermentrude sa première femme, Richilde, son épouse actuelle, ses enfants vivants ou morts, Boson et Guy, ainsi que ses autres familiers dont la fidélité avait fait ses proches...; 2° de placer quinze lampes en trois groupes au réfectoire où elles seraient allumées quand il serait besoin; 3° de fournir aux moines, sur les revenus dudit domaine, un repas mensuel...; 4° de commémorer l'anniversaire de sa mort, de la mort de Richilde et de celle de Boson par un repas; 5° de fournir sur lesdits revenus l'habillement et la nourriture aux familiers du roi qui, de son vivant ou après sa mort, prendraient l'habit monastique à Saint-Denis; le dit domaine et l'affectation de ses revenus ainsi réglée devant être placés sous l'administration du doyen qui en devra compte à Dieu.

Ce cadeau princier, outre la châtellenie de Rueil, comprenait encore des droits sur la partie du cours de la Seine située entre le ru de Sèvres près du bas-Meudon et le Chambrai près du Pecq; aussi les religieux firent-ils graver sur son tombeau, probablement sous l'abbatial de Suger, le père de la Patrie, une épitaphe reconnaissante; voici le dernier des trois distiques qui la composaient :

Multis ablatis nobis fuit hic reparator,
Sequanii fluvii Ruolique dator (2).

(Nous avons subi beaucoup de pertes, ce prince les répara : il nous fit don de la Seine et de Rueil.)

Que comprenait le domaine de Rueil, quelles étaient ses limites, « quelles étaient ses terres arables cultivées

(1) Arch. Nat., K., 14, n. 9.
(2) FÉLIBIEN, *Histoire de l'abbaye royale de Saint-Denis*, p. 554.

et incultes (1) ses vignes, ses champs, ses forêts, ses pâtures, ses sources, ses ruisseaux, ses pêcheries, ses moulins, ses droits sur les rives de la Seine depuis le ru de Sèvres jusqu'au Chambrai, près du Pecq », nous l'ignorons.

Le fief de la Garenne, dont dépendait Courbevoie, était-il compris dans la donation royale ? Les religieux l'affirment. Dans plusieurs déclarations du revenu et du temporel de l'Abbaye ils le disent explicitement. En 1521, ils déclarent au prévôt de Paris et aux autres commis députés par le roi : « Les dits religieux, abbé et couvent de Saint-Denis en France, sont seigneurs châtelains de la terre et seigneurie de Rueil-en-Parisis, ses appartenances et dépendances qui sont les villages de Louveciennes, Vaucresson, Puteaux, Nanterre, Colombes, *Courbevoie* en partie, à eux donnés, en charge de service et entretènement de luminaires, par le roi Charles-le-Chauve, avec sept ou neuf lieues de la rivière de Seine et tous profits, revenus et émoluments qu'il prenait sur la dite rivière depuis la Bourne de Sève, autrement appelée Marine, jusqu'à la Bourne de Chambrai, autrement appelée Toural, près le port au Pecq » (2).

L'abbaye royale de Saint-Cyr qui, par Lettres patentes du 2 mai 1686, confirmées par la Bulle d'Innocent xii, fulminée le 15 septembre 1692, succéda à l'abbaye Saint-Denis, l'écrit dans la notice historique et chronologique de la châtellenie de Rueil : (3) « La mouvance féodale de l'abbé de Saint-Denis, à cause de sa châtellenie de Rueil, s'étendit non seulement dans le territoire de Rueil, mais encore dans ceux de *Courbevoie*, Saint-Cloud, Nanterre, Puteaux, Louveciennes et autres lieux. »

A ces affirmations vient s'ajouter une dernière preuve, négative il est vrai, mais qui a bien sa valeur. Dans les

---

(1) FÉLIBIEN, *Histoire de l'abbaye royale de Saint-Denis*, pièces justificatives : LXXV & LXXVII.

(2) Arch. Nat., S. 2382.

(3) Arch. Nat., S. 2347.

archives de l'abbaye nous retrouvons les actes de donation royale des villages de Puteaux, Nanterre, etc., mais nous n'y voyons aucune pièce mentionnant la cession de Courbevoie. Il en faut donc conclure qu'après les invasions des Normands et l'incendie de l'abbaye de Saint-Wandrille en 862 — *a Normannis in cineres redacta in integrum* (1) — le roi Charles-le-Chauve donna à l'abbaye de Saint-Denis, avec le domaine de Rueil, le territoire de Courbevoie.

En compulsant les archives de l'abbaye de Saint-Denis nous avons trouvé un parchemin de 1414, contenant le procès-verbal d'une saisie de fief à Courbevoie, et dont le texte était percé d'un trou. L'historique de cette commune est comme ce parchemin, il est parsemé de trous et de lacunes. En effet depuis la donation de Rueil par Charles-le-Chauve en 875 jusqu'en 1209, nous n'avons découvert aucun document sur Courbevoie et même le premier que nous avons trouvé, à cette dernière date, ne nous parle pas encore de ce village mais seulement d'un de ses habitants qui possédait un fief à Rueil. Du reste voici la partie essentielle de cette pièce :

« Moi Bouchard (2), seigneur de Marly, je fais savoir, à tous ceux qui verront cet acte, qu'avec le consentement de ma mère madame Mathilde, de mon épouse Mathilde, de mes frères Mathieu et Guillaume, j'ai donné à l'église du bienheureux Denis, partie à titre d'aumône et partie contre la somme de 152 livres parisis (3), tout ce que je possédais à Rueil, tant en domaine que seigneurie, ainsi que le fief que *Pierre de Courbevoie* tenait de moi. »

Son frère Mathieu, seigneur de Montmorency, par un

---

(1) GALLIA CHRISTIANA ; t. XI, pp. 160-168.
(2) Arch. Nat., LL. 1160, p. 337 ; 1189, p. 720 ; S. 2345.
(3) Environ 6080 francs.

acte du mois de juin 1209, reproduisant les termes de la cession, confirmait cette donation (1).

Le nom de Courbevoie apparaît ensuite en 1221 (2), au mois de juin, à propos d'une créance de 45 livres parisis dont un nommé Lucas, chevalier, et son épouse Marie étaient débiteurs envers l'abbaye de Saint-Denis. Ne pouvant acquitter cette dette, Lucas et son épouse déléguèrent aux religieux la faculté de se rembourser, en prélevant, pendant trois ans, sur tous leurs revenus de *Courbevoie* et d'Asnières, une somme annuelle de 15 livres. Raoul, clerc, et Udo, chevaliers, oncles de Marie se portèrent caution et gagèrent, en cas de non paiement, leurs revenus de Rueil et de Puteaux.

En 1222, nous trouvons enfin un acte qui confirme les droits de l'abbaye de Saint-Denis sur la terre de Courbevoie; c'est un acte de foi et hommage d'un vassal à son seigneur, l'Abbé de Saint-Denis :

« Moi Adam de Heugot (3), chevalier, je fais connaître à tous que je suis homme lige du seigneur abbé de Saint-Denis de deux fiefs; c'est à savoir : 1° de un denier (4) d'avalage sur la Seine — droit payé par les bateliers pour descendre le fleuve — et de tout ce qui dépend de ce fief et ce droit, que j'ai fieffé aux héritiers de Nicolas Bucel, je le tiens aux us et coutumes du Vexin; 2°, l'autre fief est situé à la Garenne et comprend l'Atrium de Colombes, *Courbevoie en entier* avec ses dépendances et une grange située entre *Courbevoie* et la Seine. »

Puis pour authentiquer cet aveu les religieux de Saint-Denis, en gens avisés, firent intervenir une longue série de témoins : Robert de Montemor, maire de Rueil; Raymond de Colombes; Aubert, maire d'Argenteuil; Jean, frère du maire de Gennevilliers, etc., etc.

(1) Arch. Nat., LL. 1160, p. 395; 1189, p. 721 ; S. 2345.
(2) Arch. Nat., LL. 1160, p. 333.
(3) Arch. Nat., LL. 1160, p. 206; S. 2256; LL. 1189, p. 867.
(4) Environ 0 fr. 16.

Ces deux fiefs, au mois de février 1239 (1), firent retour à la manse abbatiale, en vertu d'une donation que lui fit Adam de Heugot et contre le paiement, à titre de dédommagement à ses héritiers, Jean de Heugot, son fils et Richendis, sa bru, d'une somme de 30 livres parisis (2).

Malgré l'aveu de Jean de Heugot, les religieux de Saint-Denis ne possédaient pas et ne possédèrent jamais dans sa totalité la terre de Courbevoie. Son territoire formait — ainsi que nous l'expliquerons — deux fiefs, l'un le bas-Courbevoie qui relevait de la seigneurie de Glatigny, l'autre le haut-Courbevoie, qui comprenait le village, était dans la mouvance de l'Abbaye et relevait, ainsi que tout le fief de la Garenne de sa châtellenie de Rueil.

Les religieux poursuivant le dessein de posséder toutes les terres qui s'étendaient de leur couvent de Saint-Denis jusqu'à Rueil, s'efforcèrent d'acquérir les domaines enclavés dans leur mouvance et d'augmenter leur censive.

Philippe Auguste (3), qui leur laissa par testament, à son décès en 1223, la totalité de ses joyaux et de ses croix d'or, que son fils, Louis VIII, racheta 12000 livres, leur facilita le moyen de réaliser leurs projets. Ils achetèrent alors, en divers endroits, de nombreux fonds de terre et acquirent notamment à Asnières et à *Courbevoie* en 1224, un domaine considérable.

Cette acquisition constituant pour l'histoire de Courbevoie un événement important, nous n'hésitons pas à donner la traduction de ce document :

« Raoul (4), doyen de Saint-Cloud, à tous ceux qui verront les présentes lettres, salut en Notre-Seigneur.

---

(1) Arch. Nat., LL. 1160, p. 225.
(2) Environ 1200 francs.
(3) Félibien, *Histoire de l'abbaye royale de Saint-Denis*, 1706, pp. 222-223.
(4) Arch. Nat., LL. 1160, p 333, LL. 1189, p. 894.

« Sachez que, comme messires Simon et Pierre de Ville-d'Avray possédaient, pour leur part, tout ce que les seigneurs de Ville-d'Avray avaient possédé et détenu à Courbevoie, à Asnières et en censive au Port de Neuilly, messire Simon a donné, à titre d'aumône perpétuelle, à l'église de Saint-Denis, la cinquième partie de ces biens et que les quatre autres parties il les a vendues à ladite église, avec le consentement de ses frères, Odon et Roger, chevaliers, Hugo et Jean, écuyers, pour la somme de 290 livres parisis.

« Comme au moment de cette vente, messire Pierre de Ville-d'Avray était à Bologne, poursuivant ses études, ses frères se sont portés fort pour lui et se sont engagés, par serment, à lui faire approuver et ratifier, dans le mois qui suivra son retour, cette vente et donation.

« De ces conventions, moi-même doyen de Saint-Cloud, Odon de Chaville, mon frère, Raoul du Plessis, et Robert son frère, Adam de Corpierre, nous nous sommes portés garants.

« En témoignage de ces faits et à la demande des intéressés j'ai rédigé et écrit cet acte et je l'ai scellé de mon sceau, en l'an 1224, au mois de juin. »

Bouchard de Marly intervient aussi pour sanctionner cette vente. « Comme j'ai été requis et invité (1) à plusieurs reprises, nous dit-il dans un acte de 1224, de sanctionner la vente du fief d'Asnières que messires Simon et Pierre de Ville-d'Avray disaient relever de ma seigneurie, et ne voulant molester injustement les religieux de Saint-Denis, je déclare, en mon nom et en ceux de mes hoirs, renoncer à tous les droits que je pourrais avoir sur ce fief et j'en reconnais les religieux de Saint-Denis comme les légitimes propriétaires. »

L'abbaye de Saint-Denis poursuit dans la suite ses acquisitions domaniales. En juillet 1237 (2), elle achète

---

(1) Arch. Nat., LL. 1160, p. 335; LL. 1189, p. 894.
(2) Arch. Nat., LL. 1160, pp. 333-334; LL. 1190, p. 249.

à Robert de Saint-Croix et à son épouse Marie tout ce qu'ils possédaient à la Garenne, près de la Seine, en censive, terres, revenus, fiefs, justice et autres droits pour la somme de 40 livres parisis ; en mars 1241 (1), elle acquiert encore à la Garenne 32 arpents de terre arable contre le paiement de 12 livres parisis ; en 1296 et en 1298 elle achète à Jean et Roger Garnier, contre la somme de 24 livres, deux arpents de vigne situés au Vignoul de Courbevoie.

Ainsi s'augmente et s'accroît graduellement cet immense domaine qui, depuis Rueil, embrassait toute la presqu'île de Gennevilliers.

*
* *

Dans tous ces contrats nous voyons revenir comme monnaie de compte la *livre parisis*. Quelle était cette monnaie et quelle était sa force monétaire ? Au moyen âge on distinguait deux monnaies : une monnaie fictive ou monnaie de compte dont la valeur était invariable et une monnaie réelle dont le taux variait suivant les fluctuations du marché et dépendait de l'abondance ou de la pénurie des métaux. La livre parisis, monnaie de compte, qui valait un quart de plus que la livre tournois, se divisait en 20 sous, le sou en 14 deniers, et le denier en oboles et mailles de cens. La monnaie courante était mise en circulation par le roi et par d'autres seigneurs qui avaient le droit de frapper monnaie. Sa valeur très variable, suivant sa provenance et le cours des métaux, était estimée sur les marchés, les foires, où se faisaient les transactions commerciales, par les lombards qui la trébuchaient, en fixaient la valeur et l'échangeaient, moyennant rétribution. Ainsi fait-on de nos jours chez les changeurs pour écouler les pièces étrangères.

Pour trouver la force monétaire de la livre parisis,

(1) Arch. Nat., LL. 1160, p. 334 ; LL. 1190, p. 314.

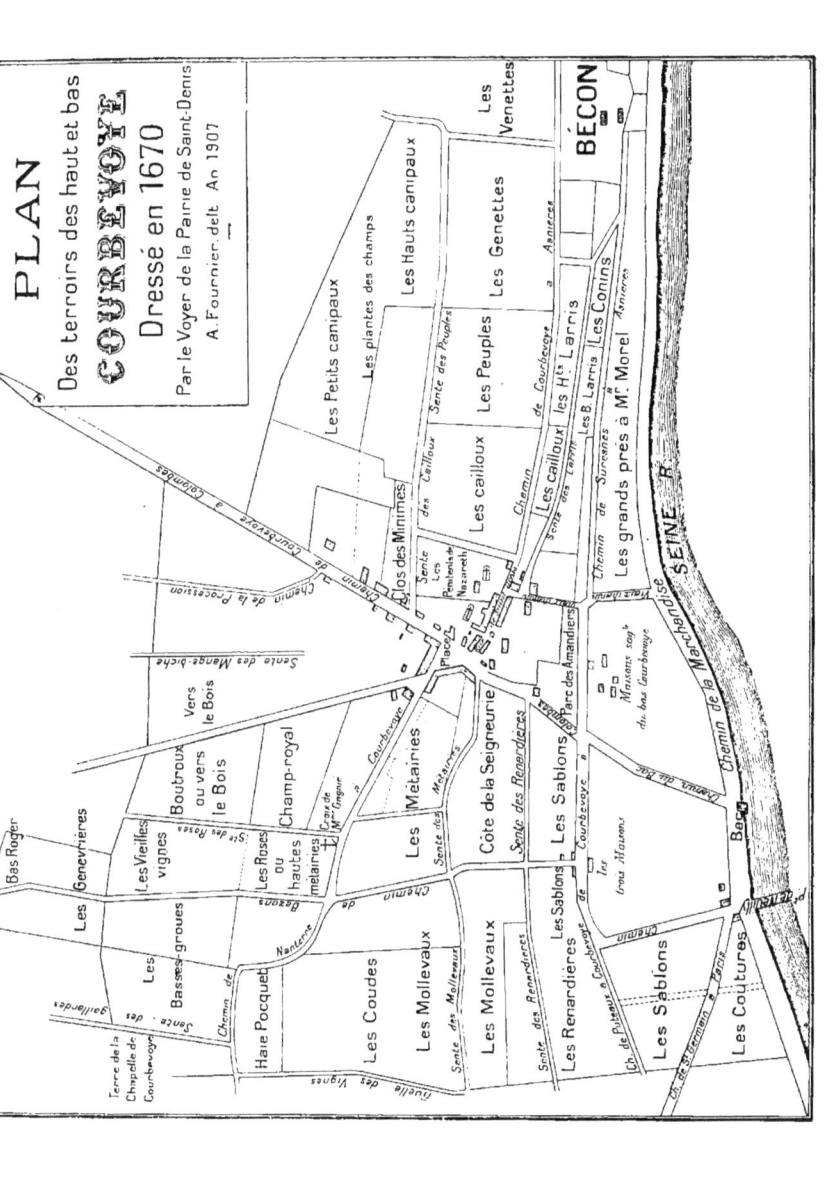

pour estimer sa force d'achat actuelle, on a eu recours à un moyen ingénieux. Sachant que le cheval de guerre se payait au xiiie siècle, de 1320 à 1350, 25 livres parisis, on s'est demandé ce que les comités d'achat des services de la Remonte payaient de nos jours un cheval de guerre. Le prix moyen d'un cheval de cavalerie étant de 1000 francs, on en a conclu que la livre parisis correspondait à une valeur actuelle de 40 francs.

Au cours du xive siècle la valeur de la livre parisis baisse, elle n'est plus que de 20 à 30 francs.

***

En 1248 (1), par la charte suivante, Guillaume de Macouris, abbé de Saint-Denis, accomplissait un grand acte de charité chrétienne en affranchissant de la servitude les serfs, — nommés aussi hommes de corps ou de pôté, vilains et mainmortables — de ses terres de Gennevilliers, Asnières, Colombes, *Courbevoie* et Puteaux.

« A tous ceux qui verront les présentes Lettres, Guillaume, abbé du bienheureux Denis en France et le Couvent du dit lieu, Salut en Notre Seigneur.

« Nous faisons savoir qu'en considération du péril que courent les âmes de certains de nos hommes de corps lorsqu'ils veulent contracter mariage, soit encore à l'occasion des excommunications que beaucoup d'entre eux ont encourues, ou pourraient encourir, en ne nous payant pas l'impôt annuel qu'ils nous doivent en raison de leur servitude, et aussi en se soustrayant eux-mêmes furtivement, ou en pouvant se soustraire dans l'avenir, aux droits de notre abbaye ;

« Après avoir pris conseil d'hommes de bien et voulant faire œuvre pie, Nous avons affranchi et affranchis-

---

(1) Doublet, t. II, p. 907. — Félibien, p. 240.— Arch. Nat., LL. 1190, p. 432.

sons dans nos villages, situés dans la Garenne, savoir : Villeneuve, Gennevilliers, Asnières, Colombes, Courbevoie et Puteaux, tous nos hommes de corps, présents dans ces villages au moment de cet affranchissement, leurs femmes, leurs héritiers présents et à venir, et les relevons de toute charge de servitude, de quelque nom qu'elle soit dénommée, et dont ils étaient tenus envers nous, savoir : formariage, chevage, mainmorte, leur donnons la liberté, à la réserve cependant de tous autres droits et coutumes de notre abbaye.

« Nous ne les relevons pas cependant du respect ni des égards, que le droit, en raison du patronage, exige des affranchis envers leurs libérateurs.

« Nous avertissons aussi tous ceux qui bénéficieront de ces privilèges, que s'ils veulent contracter mariage avec une femme serve de notre famille, ils seront tenus, en droit, suivant l'antique coutume de notre abbaye, et malgré le bénéfice de l'affranchissement, de subir la condition de leur épouse.

« Nous conservons, sur toutes les personnes des deux sexes, tous nos droits de justice tels que nous les exerçons sur nos autres hommes libres ou que nous avons gratifiés de la liberté.

« Nous exemptons néanmoins, aussi longtemps qu'ils demeureront dans les villages précités de la Garenne, les personnes de l'un et l'autre sexe, dans la ville de Saint-Denis, de tous droits de botage, de chaussée, et des taxes de tonlieu, mais seulement en ce qui a coutume d'être payé pour la vente des œufs et du fromage, nous réservant la perception des autres taxes de tonlieu et droits coutumiers tels que les acquittent dans la ville de Saint-Denis les affranchis de nos autres villages.

« Nous nous réservons encore et du consentement des intéressés la perception chez les aubergistes des droits de forage, sans que ce droit puisse dépasser la somme de 6 deniers qu'ils payaient au minimum précédemment.

« Cette liberté nous la concédons seulement aux personnes ci-dessus mentionnées, à leurs épouses et héritiers et leur laissons la faculté d'en jouir partout où ils se transporteront ; nous excluons de cette faveur tous nos autres hommes et femmes soumis au servage.

« Nous faisons savoir, qu'en raison de cette liberté que nous leur avons accordée, ces hommes nous ont donné, à Nous et à notre Eglise, une somme de 1700 livres parisis pour être employée à augmenter les revenus de notre abbaye.

« En témoignage de ce fait et pour le porter à la connaissance des temps futurs, nous avons donné, aux ayants droit, copie de cet acte confirmé de notre sceau.

« Fait en l'an du Seigneur 1248, au mois de Novembre. »

Pour comprendre la valeur de cet acte et de ses conséquences, il nous faut donner quelques explications sur le servage. Rien qu'en remarquant la somme considérable, environ 68000 francs, payée par les affranchis de la Garenne, on comprend que ceux-ci n'avaient rien de l'esclave et occupaient une certaine situation sociale.

On distingue dans la servitude trois âges ou trois états différents : l'esclavage, la servitude proprement dite, et le servage.

Dans l'esclavage, le maître possédait le *dominium plenum proprietatis in alium hominem*, c'est-à-dire le droit de propriété absolue sur un autre homme. Dans cette condition l'homme était ravalé au niveau de la bête, et sa personne et même sa vie dépendaient complètement et arbitrairement d'un maître. Les auteurs païens nous ont laissé sur ce point des révélations effrayantes.

Sous l'influence des idées chrétiennes, l'esclavage, à partir de Constantin, s'affaiblit et disparaît pour faire place à la servitude. Encouragé et protégé par les lois de l'Eglise, l'homme conquiert sa personnalité ; il n'est

Vieux Courbevoie : Un coin de la rue de l'Eglise
(Cliché Deparis)

plus une chose, mais une personne ayant des droits et pouvant les faire valoir. Le seigneur ne possède plus que le *dominium utile in laborem hominis*, c'est-à-dire le domaine utile sur le travail et les fruits du travail de l'homme. A partir de Charles-le-Chauve, cette situation se modifie encore. Après avoir retiré sa personne des mains du seigneur, l'homme lui arrache son champ et peut jouir des fruits de son travail. Sous les divers noms d'homme de corps, de pôté, de mainmortable, serf ou vilain, il n'est plus qu'un sujet, un tributaire qui paye à son seigneur un impôt. Ce sont ces derniers vestiges du servage que Guillaume de Macouris fait disparaître par sa charte d'affranchissement. Ces obligations, il nous le dit, étaient le formariage, le chevage et la mainmorte.

Le formariage était la loi qui, suivant le droit féodal, régissait le mariage des serfs. L'homme de corps était attaché à la seigneurie, il en faisait partie intégrante, aussi lui était-il interdit non seulement de la quitter, mais encore de contracter mariage avec une personne dépendant d'un autre domaine. S'unir en dehors de la seigneurie avec une personne libre ou serve constituait un formariage ; lorsque le seigneur autorisait cette alliance, il recevait une indemnité appelée droit de formariage. La raison de cette défense est facile à saisir : le serf marié contribuait par lui-même et par ses enfants à la prospérité de la terre dont il dépendait. Rien donc de surprenant qu'on lui ait interdit de quitter le sol qu'il labourait pour aller enrichir le voisin.

Le droit de chevage était l'impôt de capitation dû par le serf à son seigneur. Cette taxe était double : capitation personnelle ou taxe personnelle et capitation foncière ou redevance payée par le détenteur d'une manse ou propriété rurale. Ce sont ces impôts qui sont désignés de nos jours sous les noms de cote personnelle et cote foncière.

Dans l'ancien droit féodal le seigneur héritait de tous

les biens de ses hommes de corps, mais au XIIIe siècle cette coutume avait presque disparu et ne consistait plus qu'en un droit de mutation que payait au seigneur l'héritier des biens d'un serf.

Outre ces diverses redevances, le serf devait prélever, pour les remettre au seigneur, quelques pintes sur les muids de vin qu'il voulait vendre : droit de boutage ou de bottage. Il devait aussi entretenir les voies et chemins : droit de chaussée. Ce sont ces diverses obligations dont l'abbé de Saint-Denis dispense ses affranchis. Supprimées en principe, elles n'en susbistèrent pas moins dans la suite ; et, sous d'autres noms, elles existent encore de nos jours ; les impôts qui frappent les boissons s'appellent contributions indirectes et les corvées portent le nom plus noble de prestation.

CHAPITRE III

LE FIEF ; SES DROITS UTILES ET HONORIFIQUES.
LES SEIGNEURIES DE COURBEVOIE.
LES PREMIERS SEIGNEURS DU HAUT-COURBEVOIE :
LES LECHATELAIN ; JEAN CURIAL ;
JEAN MAIRESSE ; GUILLAUME DE THUILLIERS ; LES POTIER.

Le régime féodal, pratiqué au Moyen-Age, se ramène à un objet précis, le fief. Désignant primitivement une concession faite par un noble à une autre personne, le mot servit, dans la suite, à caractériser la chose concédée. Tout droit matériel ou incorporel fit l'objet d'un fief : ainsi avons-nous vu Adam de Heugot tenir en fief un denier d'avalage sur la Seine, et l'abbaye de Saint-Denis acheter deux fiefs à Rueil, l'un en 1186 à Guillaume Bateste, consistant en un droit de protection, et l'autre, en 1217, à Payen, appelé la Voyerie ou charge d'assurer la sûreté des routes. Le fief relevait d'une terre noble ou abbatiale et, comme on disait pour l'abbaye de Saint-Denis, était dans la mouvance féodale de l'abbé de Saint-Denis.

Les fiefs ne restèrent pas toujours la propriété du feudataire ; au XIIIe siècle, ils sortirent des mains du seigneur et furent fieffés, baillés à cens, en entier ou par parties. En cédant son domaine, le feudataire conservait la directe ou censive, c'est-à-dire certains droits pécuniaires comme le cens — redevance annuelle et perpétuelle —; les lods et ventes — droits de mutation ; le quint et le requint — taxe d'un cinquième ou du cinquième d'un cinquième dû par les acquéreurs ou les héritiers d'un fief ; le retrait — droit privilégié de racheter une terre ou un immeuble accensés ; les champarts, — redevances en nature ; les banalités, — impositions fixées pour l'usage en commun d'un moulin, d'un four, d'un pressoir, etc...

Ces privilèges, que l'on appelait *droits utiles*, les religieux de Saint-Denis les possédaient à Courbevoie, et ils en percevaient les revenus. Dans une déclaration au roi (1) de 1521, ils détaillent les avantages dont ils jouissaient à Courbevoie et à Colombes et les redevances qui leur étaient payées :

« Les religieux de Saint-Denis, à cause de leur chastellenie de Rueil en sont dépendans les villages de Coulombes et Courbevoye, terres et appartenances d'icelle ; ès quels lieux ils ont toute justice haute, moyenne et basse, seuls et pour le tout, sans rien en excepter, et, par toutes les voieries et terroirs des dits lieux, ont Prévost et autres officiers pour l'exercice d'icelle et n'ont puissance de tenir, ès prisons du dit lieu, un prisonnier que vingt-quatre heures seulement, et après le doivent rendre ès prisons du dit Rueil et ressortissent les appellations du dit Prévost pardevant le bailly du dit Rueil, et se tiennent les plaids, au dit Coulombes, le lundy, de huitaine en huitaine et y a greffier, substitut du greffier du dit Rueil et peuvent valoir, par an, les défauts et amendes procédant de la dite justice la somme de (en blanc).

Item. — Aux dits lieux de Coulombes et de Courbevoye, les dits de Saint-Denis ont droit d'estallonnage à

---

(1) Arch. Nat., S. 2381³.

mesurer et estallonner les pots, pintes et mesures des taverniers des dits lieux ; lesquels doivent ajuster leurs dites mesures au chastel du dit Rueil et payer, pour le droit d'estallonnage, douze deniers parisis, et, si aucuns des dits taverniers vendaient vin en taverne, sans estallonner leurs dits pots, ils encourent une peine de soixante sols parisis d'amende, et, s'ils laissent (s'abstiennent), durant le cours de l'année, de vendre vin en taverne et recommencent après en icelle année, les dits taverniers sont tenus d'ajuster de nouvel leurs mesures aux dits estallons de Rueil sous peine de l'amende dessus dite et peut valoir le dit droit d'estallonnage la somme de (en blanc).

Item. — Aux dits lieux de Coulombes et Courbevoye les dits de Saint-Denis ont droit de rouage, tel et pareil qu'en la dite chastellenie de Rueil...

Item. — Les dits de Saint-Denis ont, ès dits lieux, droits de ventes et saisines sur les héritages vendus, tenus d'eux en censive...

Item. — Les dits de Saint-Denis ont, ès dits lieux, droit de censives qui se paye le jour des octaves Monsieur Saint-Denis et se monte à 30 livres parisis environ.

Item. — Les défaillans de payer, au jour des octaves Monsieur Saint-Denis, les dites censives, encourent une peine de soixante sols parisis d'amende.

Item. — Aux dits lieux de Coulombes et Courbevoye il y a plusieurs terres vacantes, tant en friches que brutoirs, qui servent à pasturages pour les habitans des dits lieux qui en paient, chacun feu, trois deniers parisis...

Item. — Les dits de Saint-Denis ont, aux dits lieux de Coulombes et Courbevoye, une pièce de pré contenant cinq quartiers ou environ, assis en la prairie du dit Coulombes, qui vaut de loyer par an vingt sols parisis ou environ.

Item. — Les dits de Saint-Denis ont aussy, au dit

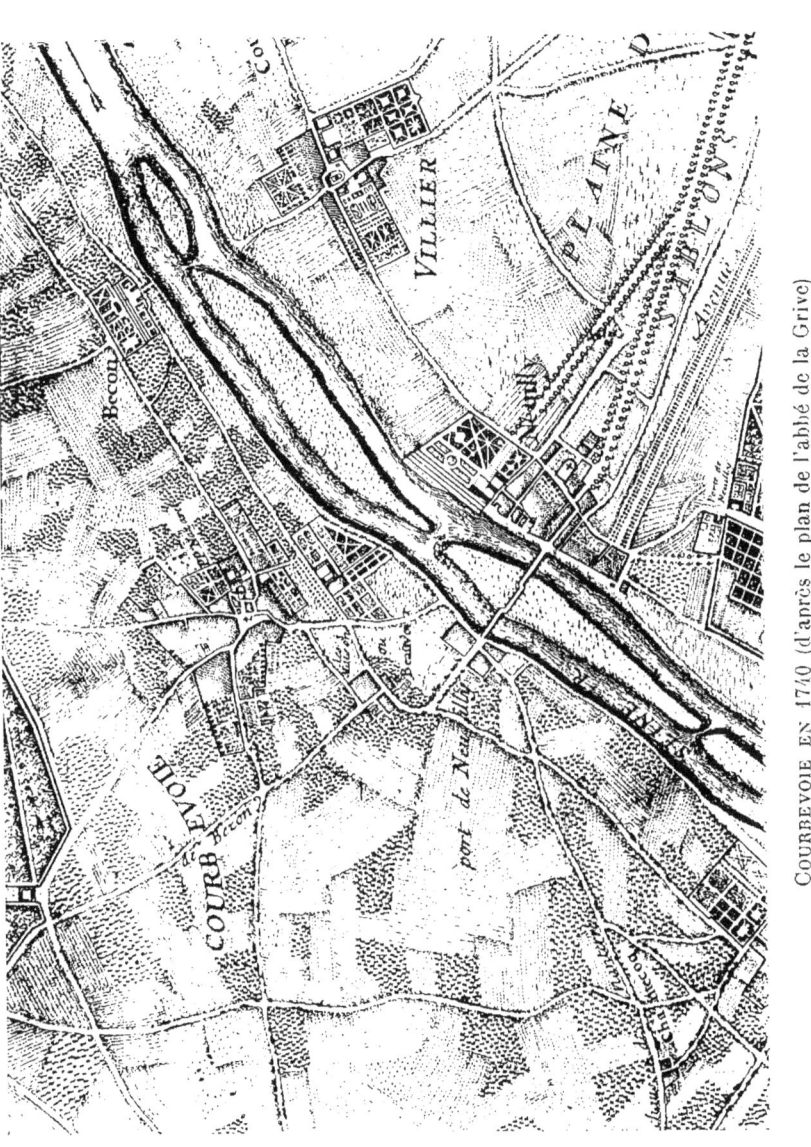

COURBEVOIE EN 1740 (d'après le plan de l'abbé de la Grive)

lieu de Coulombes, une pièce de bois taillis, appelée La Garenne de Coulombes, contenant deux cens vingt arpens ou environ, laquelle ne se baille à ferme pour ce qu'elle ne sert qu'à conins (lapins), lièvres et bestes sauvages et en icelle les dits de Saint-Denis y prennent, par chacun an, le bois et feuillet qu'il convient avoir pour le lendit.

Item. — Les dits de Saint-Denis prennent et départent (partagent) les dixmes des grains des terroirs de Coulombes et de Courbevoye avec le curé de Coulombes et semblablement pour moitié ; sur la totalité d'icelles dixmes le curé dudit Coulombes prend davantage outre les dits de Saint-Denis un muid de blé.

Item. — Les dits de Saint-Denis ont droit de prendre les dixmes d'agneaux et cochons, ognons, lins, chanvres et autres menues dixmes ès dits terroirs, et n'y peut le curé de Coulombes aucune chose, fors les dixmes de vin au lieu de Coulombes, lesquelles dixmes peuvent valoir (en blanc).

Item. — A la ville et chastellenie de Rueil, villages et appartenances d'iceluy, les dits de Saint-Denis ont plusieurs terres par dessus, non déclarées, qui sont en friches, voyeries, buissons et désert, et de présent sont de nulle valeur, parquoy la censive et droits des dits de Saint-Denis se peuvent augmenter en mettant les dites terres en nature ».

Outre ces droits, le seigneur jouissait encore de certains privilèges dénommés *droits honorifiques*. A l'église, il avait droit à un banc dans le chœur, à la présentation de l'eau bénite après le clergé, à la réception du pain bénit avant les fidèles, à la prière nominale au prône de la messe paroissiale, au premier rang à l'Offrande et à la Paix, à l'encensement personnel, à une place d'honneur dans les processions, à la présentation et à l'examen des comptes de la Fabrique, et enfin, le jour de ses obsèques, à la litre, aux tentures funèbres et à sa sépulture dans le chœur de l'église.

Quiconque, fût-il bourgeois ou manant, pourvu qu'il eût de beaux deniers comptant pour acheter une seigneurie — une savonnette à vilain, comme on disait, — pouvait prétendre à ces honneurs. Quand le clergé, en raison de l'indignité du personnage, récalcitrait, les tribunaux le rappelaient au devoir.

Les seigneurs étaient très friands de ces privilèges, et dans les minutes de la Prévôté de Courbevoie, conservées aux archives de la Seine, nous en avons trouvé un curieux souvenir.

De temps immémorial (1) les seigneurs de Courbevoie faisaient faire un feu de fagots, sur la place du village, le jour de la Saint-Pierre, fête de la paroisse. Le soir, après le Salut, le vicaire, précédé de la croix et de la bannière, et accompagné du clergé, venait sur la place chanter le *Te Deum*. Après un tour de procession, autour du bûcher, le seigneur recevait un flambeau et allumait le feu de joie. Le vicaire trouvant qu'on devait, par simple politesse, lui présenter le flambeau, « auquel cas il remercierait et ne l'accepterait pas », déclara que, les années suivantes, il ne descendrait plus sur la place avec son clergé pour voir allumer ce feu.

Colère du seigneur, qui, le 1er juillet 1715, mande, après midi, en son hôtel seigneurial, M. Nicolas Nupied, avocat en parlement, juge prévost de la prévosté du haut et du bas Courbevoye, et lui remontre que « le 29 du mois dernier, feste de Saint-Pierre, patron de ce lieu, estant allé en l'église paroissiale, sur les 8 heures du soir, pour accompagner la procession et de là se rendre sur la place, où l'on fait ordinairement un feu de joye, lequel il est d'usage d'estre allumé par le seigneur seul, il aurait été surpris de veoir messire Jean Verrière, prestre, vicaire desservant l'église de ce lieu, qui se serait plaint hautement de ce que le dit seigneur ne luy aurait pas présenté

---

(1) Arch. Départ., Seine, *Prévôté de Courbevoie*; XVIIe et XVIIIe siècles.

le flambeau, alléguant qu'il ne s'en serait pas néanmoins servi, mais qu'une autre fois il le ferait allumer par son bedeau, puisqu'on ne voulait pas lui déférer cet honneur. Comme cette prétention dudit sieur vicaire est un trouble au droit et à la possession immémoriale qui appartient au seigneur d'allumer seul le dit feu... le dit seigneur a requis acte de la plainte par luy faite. »

Puis messire Jacques-Joseph Thorin de la Thanne, le seigneur de Courbevoie, invite le Conseil ecclésiastique à se prononcer sur ce cas. Celui-ci, les 30 août et 3 septembre 1715, décide que, si le vicaire refuse de reconnaître le droit de M. de la Thanne, et s'il trouble et scandalise le dit seigneur en ses droits honorifiques, il sera condamné à des dommages et intérêts et aux dépens.

Le bénéficiaire d'un fief et l'acquéreur étaient tenus envers le seigneur dominant à certaines formalités qu'on appelait la foi, l'hommage et l'aveu. La foi et l'hommage étaient l'acte de subordination du vassal à son seigneur, et l'aveu était l'inventaire détaillé des biens que le vassal tenait en fief. L'hommage et l'aveu renferment toute l'économie du système féodal. En effet, si on supprime l'hommage, il n'y a plus ni seigneur ni vassal; si on retranche l'aveu, le fief n'existe plus, car le vassal peut alors démembrer le fief, l'aliéner, en totalité ou en partie, sans que le seigneur dominant s'en aperçoive.

Les cérémonies de l'hommage étaient réglées par l'article 63 des coutumes de Paris (1). Pour ce faire, le vassal se rendait au principal manoir du fief et là, tête nue, sans épée ni éperons, s'il était chevalier, un genou en terre, il déclarait à son seigneur lui porter la foi et l'hommage qu'il lui devait à cause du fief qui relevait de lui. Il acquittait les droits féodaux et remettait l'aveu

---

(1) Cf. : RENAULDON, *Traité historique et pratique des droits seigneuriaux*, 1765; Bibl. Nat., F. 11668.

LA SEIGNEURIE 29

ou acte contenant une description détaillée du fief qu'il détenait, de son territoire avec son bornage, du nombre de maisons, des terres avec leur genre de culture, leur situation locale, leur superficie.

Tous les ans, l'abbé de Saint-Denis rendait la foi et l'hommage au roi pour tous les fiefs qu'il possédait, et tous les seigneurs qui possédèrent la terre de Courbevoie durent se soumettre à cette obligation envers l'abbaye et lui remettre l'aveu de leurs biens.

*
* *

Le plus ancien plan détaillé de la commune de Courbevoie nous montre que son territoire occupait jadis une superficie de 799 arpents. Ce domaine se divisait en deux parties (1) : l'une, le bas-Courbevoie comportait 354 arpents, et l'autre, le haut-Courbevoie, contenait, avec le village, 417 arpents ; enfin 28 arpents appartenaient, en 1581, au sieur Nathan à cause de sa terre et seigneurie de Clichy.

Il était borné au sud par la Seine, à l'ouest, à hauteur du pont de Neuilly, par le fief de la Chambelaine, au nord par le fief de la Garenne et Colombes, à l'est par Asnières. Quelques noms de rues nous rappellent encore avec quelques déformations, les désignations des terres : la haie pocquet est devenue la *rue des Hypoquets* ; vers le bois a fait la *rue des Varebois*; et d'autres dénominations nous ont donné les noms de *rue des Sablons, des Larris, des Ajoux, des Renardières*.

Le bas-Courbevoie relevait de la Seigneurie de Glatigny (2) et formait un fief particulier dont le possesseur avait droit de haute, moyenne et basse justice sur les habitants.

(1) Arch. Nat., S. 2345.
(2) Arch. Nat., P. 2253ᵇ. GLATIGNY, *Aveu du fief de Courbevoie.*

Le Haut-Courbevoie était dans la mouvance de l'abbaye royale de Saint-Denis et relevait en fief de la châtellenie de Rueil.

Les religieux conservèrent en partie, jusqu'en 1581, la directe avec leurs droits seigneuriaux sur ce domaine ; mais dès le xiiie siècle ils en avaient fieffé les terres et ils en percevaient le cens et les champarts.

Leurs tenanciers leur fournirent, suivant l'usage, des aveux, et ce sont ces titres qui nous donnent, sans interruption, jusqu'au xviiie siècle, la liste chronologique des divers propriétaires.

Le premier aveu est fait par Jehannin Lechatelain qui avec le fief de la mairie détenait celui du Haut-Courbevoie. En 1301 il rend la foi et l'hommage à l'abbé de Saint-Denis et lui donne le dénombrement de ses propriétés. A titre de curiosité nous citerons ce document:

« Jehannin Lechatelain avoue tenir en foi et hommage de M. l'abbé de Saint-Denis : une maison, comme elle se comporte, assise à Courbevoie ; derechef, huit arpents (1) de vigne ou environ, au terroir du dit Courbevoie, au lieu que l'on dit les *Graviers*; derechef, au dit terroir, quatre arpents, tant terre que vigne, au lieu que l'on dit les *Larris*; derechef, arpent et demi de vigne, derrière le *moustier de Courbevoie*; derechef, quart et demi de vigne, au lieu que l'on dit *La Jou*; derechef, trois arpents et demi de pré au lieu que l'on dit *La Prairie* de Courbevoie; derechef, trois arpents et trois quartiers (2) de terre sur la rivière de Seine à partir des prés dessus-dits ; derechef, arpent et demi de terre au lieu que l'on dit *Les Carreaux*; derechef, six arpents de terre ou environ au lieu que l'on dit *Le Clos*; derechef cinquante quatre arpents de terre sablonnière, au-dessus de la dite ville de Courbevoie, en plusieurs pièces séantes aux *Bruyères* de Courbevoie; derechef, un setier d'avoine

---

(1) L'arpent valait 34 ares, 19 cent.
(2) Le quartier représentait le quart d'un arpent.

que le *prêtre de Courbevoie lui doit sur la maison du presbytère*; derechef, un setier d'orge que les hoirs de feu Jean Garnier lui doivent chaque année de rente sur leur masure; derechef, un setier d'orge que Jehan (en blanc); derechef, environ la moitié de six sols de menu cens commun au dit M. l'abbé et à lui, le dit Jehannin, à la moitié de ventes et des amendes du cens non payées, toutes les saisines, (1) et esbournages (2); derechef le dit Jehannin tient seul soizante douze sols de cens et trois deniers de menu cens ou environ, chacun an, en la ville de Courbevoie, tous les jours de fête de Saint Rémy; et de ce dit menu cens le dit Jehannin a les ventes, saisines, esbournages et amendes, et avec ce, deux deniers parisis de rouage (3) sur chacun tonnel qui est vendu, et même hors ladite ville, et les amendes du défaut de rouage non payé ».

Cet aveu nous fournit deux renseignements intéressants : l'existence d'un moustier ou monastère à Courbevoie, et la présence d'un prêtre qui disposait d'un presbytère ; cette dernière indication nous permet d'inférer que dans ce village il devait exister alors une église ou au moins une chapelle.

Une mutation s'opère ensuite, car en 1315, le mercredi après la Pentecôte (4), devant l'Official de Paris, un nommé Jean Lechatelain, maire de Courbevoie, renouvelle cet aveu, et, en 1331, Johannes Lechatelain réitère cette formalité (5); puis, en 1334, Jean Lechatelain, du consentement de l'abbé de Saint-Denis, procède avec son frère au partage du fief et de la mairie de Courbevoie. Le maire, à cette époque, était l'administrateur des biens de la communauté; cette charge constituait un fief et lui

(1) Mise en possession d'une propriété.
(2) Droit perçu pour le bornage d'une terre.
(3) Droit perçu sur les vins vendus en gros avant le démarrage de la voiture qui les emportait.
(4) Arch. Nat., LL. 1191, p. 116.
(5) Arch. Nat., S. 2347-2348.

rapportait certains revenus; ainsi, par exemple, à Nanterre, la mairie donnait droit à une charrue de terre franche et aux champarts.

Dans un aveu du 16 août 1343, Jean Lechatelain (1) déclare posséder la tierce partie d'un pressoir, deux travées de la loge et la moitié d'une cave.

Vieux Courbevoie : La place de l'hôtel de ville.

A la mort de Jean Lechatelain, son fief, suivant sentences du Prévôt de Paris, des 16 août 1343 et 13 octobre 1364, fut divisé en huit parties.

Divers propriétaires apparaissent alors; en 1360 (2), c'est Marguerite, veuve de Pierre de Cloye qui, suivant la

(1) Arch. Nat., LL. 1191, p. 402.
(2) Arch. Nat., LL. 1191, p. 668, art. 85.

déclaration faite au roi, par devant les commissaires députés par lui, détient avec Jean du Perrier, fils Oudart, un fief consistant en un hôtel, deux arpents et demi de vigne, 7 arpents de terre, 9 sols de menu cens et 2 arrière-fiefs ; en 1364, le 29 octobre, c'est Nicolas Mauloé (1), qui fait l'aveu de posséder un fief à Courbevoie. Il déclare tenir : la maison du four et une étable, partie de la cour et jardin ; le tiers d'un pressoir, deux travées de la loge, la moitié d'une cave, etc....

A cette époque, les habitants de la banlieue de Paris eurent grandement à souffrir. En 1346, Edouard, roi d'Angleterre et son fils, le prince Noir, firent une descente en France ; après avoir ravagé la Normandie, saccagé Vernon, Mantes, Meulan, ils vinrent se fixer quelques jours à Poissy et à Saint-Germain. Les coureurs de leur armée se répandirent dans la presqu'île de Gennevilliers, brûlèrent Saint-Cloud, Rueil et saccagèrent tout le pays.

Ces événements influèrent probablement sur la situation du sieur Lechatelain qui dut avoir recours à la bourse d'un juif, Eliot de Beaufort ; mal lui en prit, car il ne put payer, et le juif, pour se rembourser, fit saisir et mettre en vente son domaine. Les religieux de Saint-Denis, en vertu du droit de retrait, se firent adjuger le fief de Chatelain.

En 1384, Marguerite, veuve de Pierre de Cloye (2), Jeannin du Perrier, fils de Oudart du Perrier et la fille de Pierre de Cloye renouvellent leur aveu. Puis, en 1397, le 28 mars, c'est Jean Curial (3), avocat et maire de Courbevoie, qui remplit cette formalité. Il possède notamment la 3e partie d'un pressoir, 2 travées de la loge ; une maison sise devant le puits et tenant au seigneur Abbé ; la masure du four et la cour tenant à la dite maison ; une maison et jardin tenant à la dite masure d'une

---

(1) Arch. Nat., LL. 1191, p. 731.
(2) Arch. Nat., LL. 1192, p. 169.
(3) Arch. Nat., LL. 1192, p. 296.

part et d'autre part au seigneur Abbé; une grange sise devant le puits, cour et jardin derrière; 42 sols de menu cens portant lods et ventes, saisines, amendes et ébournages; toute la mairie et appartenances d'icelle, rouages, vues et arrêts, justice moyenne et basse, amendes et autres profits; moitié du cens commun entre le dit seigneur Abbé et lui, enfin plusieurs arrière-fiefs.

Jean Curial a réuni en ses mains la plus grande partie du fief du haut-Courbevoie; il possède la mairie, la justice moyenne et basse et de nombreuses terres. A son décès, sa veuve, dame Perrenelle, hérite de ses biens et en fait l'aveu le 17 juillet 1400.

En 1410, Jean Mairesse, aumônier de la reine Isabeau de Bavière, succède à dame Perrenelle. Il acquiert le fief du haut-Courbevoie, avec partie des droits seigneuriaux, c'est-à-dire la justice moyenne et basse, avec obligation de payer une rente annuelle de seize livres parisis de croix de cens. C'était bien mal choisir son temps pour faire une acquisition, car la France, sous le règne de Charles VI, était en pleine anarchie; c'était l'époque de la guerre des Bourguignons et des Armagnacs qui nous valut une nouvelle invasion anglaise. Le journal d'un bourgeois de Paris nous a laissé des détails effrayants sur les maux des habitants de la banlieue de Paris et sur les supplices que tous ces malandrins leur firent souffrir.

Jean Mairesse disparut dans la tourmente et son fief devint vacant. Les religieux firent saisir le domaine et la pièce de cette procédure nous est restée. La voici (1) :

« L'an mil quatre cens et quatorze, le jeudi, XXI

---

(1) Arch. N. S. 2346. Cette pièce est percée d'un trou et les points indiquent les lacunes.

jour de Juing, à nous bailly de Saint-Denis en France, rapporta et tesmoigna, par son serment, Perrin le Bourguignon, sergent de Saint-Denis, que aujourd'hui à huit jours qui fu le jeudi 14ᵉ jour de ce présent mois de Juing, par vertu de nos lettres de commission par lesquelles ce présent rapport est annexé et à la requeste de Messeigneurs les Religieux, Abbé et Couvent du dit Saint-Denis, en défault de homme, avoir d'un fief assis en la ville de Courbevoie, appartenant, si comme on dit, à messire Pierre Meresse, prestre, aumosnier de noble et puissante Dame la Reyne de France; et par avant estoit appartenant à la femme de feu maistre Jehan Curial, en la présence de Guillaume Barat, de mesdis seigneurs les Religieux, Abbé et Couvent a..... saisy, arresté et mis en la main de mesdis seigneurs et en la notre ledit fief..... s'ensuit, c'est assavoir : six arpents de vigne, en plusieurs pièces, assis au village dudit Courbevoie. Item un grand hostel, assis en ladite ville, tenant à Pierre le Fevre. Item un..... assis en icelle ville, tenant à Jehan Lambert. Item une autre maison en laquelle demeure Jean Petit... dit Monsieur de Saint-Denis. Item une autre maison appelée granche, tenant au dit Monsieur de Saint-Denis. Item, environ quarante sols de menu cens. Item, environ cent arpens de terre assis au terrouer du dit Courbevoie. Pour lequel fief gouverner et les dis (fruits mettre en) lieu seur et sauf, le dit sergent avoit commis Oudin Coste, demeurant au dit Conrbevoye, lequel..... s'est chargé, parmi ce qu'il a promis, d'en rendre bon, juste et loyal compte toutefois que requis en sera. Et furent présens et appelés audit exploit fame Jehan de la Verrière, Jehan Petit et sa fame et tout selon le contenu de nos dites lettres de commission, nous a ledit sergent rapporté et témoigné avoir fait. A la relation duquel nous avons fait mectre à ces présentes le scel de la Prévosté de Saint-Denis. Ce fu fait l'an et jour dessus dis. »

Les biens mis sous séquestre par Perrin le Bourguignon et confiés à la garde de Oudin Coste furent adjugés à Guillaume de Thuilliers (1), « marchant bourgois de Paris, demourant aux Trumellières (2) ez halles ». Le 16 Juillet 1442, il fournit l'aveu de sa possession du fief de Courbevoie et des terres qu'il avait baillées en arrière-fiefs.

De cet aveu, où se trouve une description très détaillée des terres, vignes, prés qui constituent ce domaine, nous ne retiendrons que deux choses : la première, c'est que la maison cour et jardin dudit Thuilliers *ont yssue parmi la court de l'ostel desdits Religieux*; la seconde, c'est que « Monsieur l'abbé dudit Saint-Denis, pour et au nom d'icelle église, paie vassal pour l'ostel, court, jardin, derrière une granche et pressouer dedans icelle granche avecques une cave et autres appartenances, si comme tout se comporte et extent de toutes pars, assis au dit lieu de Courbevoie, tenant d'une part et d'autre à la dite Perrenelle, aboutissant par devant au carrefour d'icelle ville et par derrière aux Larris d'icelle ».

A un bourgeois de Paris va succéder, en 1466, dans la possession de ce domaine, une grande famille de magistrats, la famille Potier, qui conservera cette propriété pendant un siècle et demi.

Les Potier étaient originaires de Paris (3); le chef de la famille Simon, seigneur de Groslay et de Blanc-Mesnil, vécut sous le règne de Charles VI; de son mariage il eut Alix qui épousa Philippe de Nanterre et Nicolas qui

(1) Arch. Nat., S. 2346.
(2) Syn. de Grève.
(3) La Chenaye-Desbois, *Dictionnaire de la Noblesse*, t. XVI.

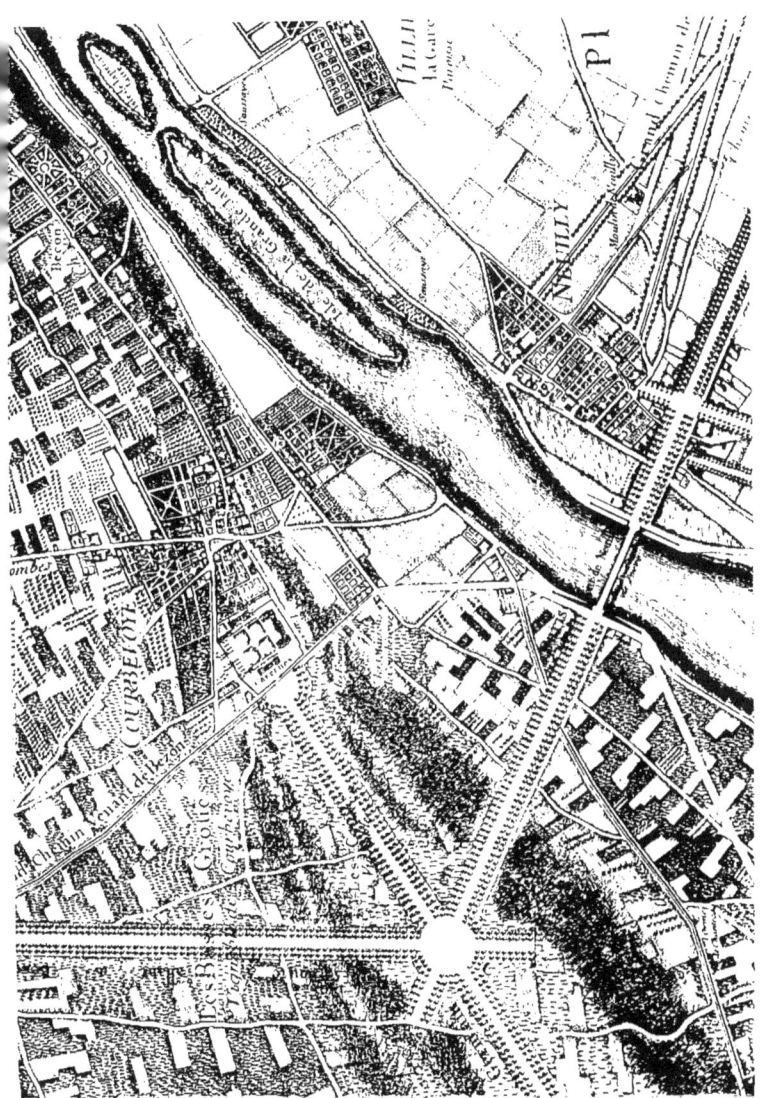

Courbevoie en l'an IV de la République (1795) (Roussel)

à ses titres de seigneur de Groslay, la Grange, Courberon et Blanc-Mesnil ajouta, en 1466, celui de Courbevoie. Il avait été reçu conseiller général de la chambre des monnaies le 23 décembre 1475, et il remplit, sous les règnes de Charles VIII et de Louis XII, la charge de général des monnaies. Il mourut le 11 novembre 1501. De son mariage avec Madeleine de Merle, fille de Germain, il eut un fils, qui, comme son père, reçut le prénom de Nicolas. Il succéda à son père dans son office de conseiller et général des monnaies, et fut élu deux fois prévôt des marchands de la ville de Paris, par lettres du roi Louis XII, en 1499, et par deux arrêts du Parlement de Paris, des 16 mars 1500 et 16 août 1501.

De son union avec Marie Chevalier, fille de Jacques, seigneur des Prunes, il eut un fils, Jacques qui devait hériter de son domaine de Courbevoie. Non seulement les Potier possédaient en partie le fief du haut-Courbevoie, mais encore celui du Bas-Courbevoie, de telle façon que les deux seigneuries leur appartenaient.

Au décès de son époux, Marie Chevalier négligea de régulariser sa situation, en rendant la foi et l'hommage aux religieux de Saint-Denis. Aussi Pierre, abbé de Saint-Denis, ayant en 1506 fait publier ses hommages de sa châtellenie de Rueil et aucun vassal ne s'étant présenté pour le fief assis à Courbevoie, il fit saisir ce domaine et y établit un commissaire chargé de l'administrer. A la nouvelle de cette saisie, Madame veuve Nicolas Potier, agissant au nom et comme tutrice de Jacques Potier son fils, héritier des biens de son père, requit souffrance, c'est-à-dire demanda un délai pour faire foi et hommage et payer les droits de mutation; elle remplit, par la suite, ces obligations.

Jacques Potier, seigneur de Courbevoie, conseiller au Parlement, contracta mariage en 1523 avec Françoise Cueillette, dame de Gesvres, fille de Jean, seigneur de Freschines et de Gesvres. Il mourut le 9 mars 1555 et fut inhumé dans sa chapelle aux S. S. Innocents.

Sa veuve, Françoise Cueillette, hérita de son époux. En 1563 elle dut comparaître avec les religieux de Saint-Denis, en vertu d'une commission du Prévôt de Paris, devant l'évêque de Paris, pour qu'il fût statué sur l'évaluation des droits seigneuriaux — haute moyenne et basse justice — dépendant des biens successoraux de Jacques Potier. Cette dame mourut le 20 avril 1567 et fut inhumée auprès de son mari.

Du mariage de Jacques Potier avec Françoise Cueillette étaient nés quinze enfants. En 1574, lorsqu'eut lieu le partage des biens de leurs parents, Marthe Potier hérita de la seigneurie de Courbevoie. Lors de son union avec Nicolas Moreau, seigneur d'Auteuil, elle lui apporta en dot l'héritage paternel, c'est-à-dire les fiefs du Haut et du Bas-Courbevoie.

CHAPITRE IV

LES SEIGNEURS DU HAUT ET BAS COURBEVOIE : MOREAU, SEIGNEUR D'AUTEUIL ; — LES LE BOSSU.

Depuis 1565, les Potier étaient en désaccord avec l'Abbaye de Saint-Denis.

Cette famille, nous l'avons dit, tenait du seigneur de Glatigny le fief du Bas-Courbevoie avec toutes les prérogatives seigneuriales de haute, moyenne et basse justice. Ces pouvoirs judiciaires correspondent, à peu près, à ce que nous appelons la justice de paix ou simple police, la police correctionnelle et criminelle. Le seigneur exerçait la justice au moyen d'un prévôt et possédait, pour châtier les criminels, une geôle et des fourches patibulaires.

Dans le Haut-Courbevoie tous les habitants étaient les sujets des Potier : ceux-ci leur donnaient leurs biens en roture et exerçaient sur eux juridiction de moyenne et basse justice. Dans ce dernier fief, l'Abbaye n'avait plus la directe que sur huit ou neuf habitants, mais prétendait avoir gardé sur tous la haute justice.

L'absence d'un bornage, délimitant exactement les possessions de chacun, suscitait fréquemment des contestations que les tenanciers, pour éviter le paiement du cens ou le faire réduire, envenimaient par de fausses déclarations, en prétendant relever tantôt d'une seigneurie, tantôt de l'autre.

Vers 1565 (1), un nommé Jean Vaille, en se faisant ensaisiner par les religieux d'une maison et de ses dépendances, sise au Haut-Courbevoie et en bordure du vieux chemin, de la route d'Asnières et de la sente des Larris, obligea Madame Françoise Cueillette, veuve de Jacques Potier, à protester et à assigner les religieux pour entendre déclarer que cet immeuble et ses terres dépendaient de sa seigneurie, et que sa censive n'était pas bornée par la sente des Larris, mais par le grand chemin d'Asnières.

Monsieur Moreau, en devenant du fait de sa femme, Marthe Potier, seigneur de Courbevoie, avait suivi l'action entamée par sa belle-mère et avait obtenu gain de cause, en 1576, devant le Parlement et fait condamner les religieux aux dépens. Ceux-ci avaient interjeté appel et le procès suivait son cours, lorsqu'un nouvel incident, suscité par Monsieur Pierre Cayard, notaire au Châtelet de Paris, vint compliquer le débat. M. Cayard, se disant fondé en droit par une cession de l'abbaye de Saint-Denis, prétendait exercer seul, au détriment de Monsieur Moreau, le droit de haute justice. Un nouveau procès vint se greffer sur le précédent et nécessita un supplément d'enquête. Le tribunal décida le transport sur les lieux de deux conseillers, Messieurs Auroux et Pelletier, pour examiner sur la place la situation; il exigea la levée d'un plan qu'exécutèrent, les 24 et 25 octobre 1576, Messieurs Mathurin Coste et Jean Doré; enfin il demanda la production des anciens aveux.

En 1581, on finit par où l'on aurait dû commencer, par une transaction (2). Le 4 novembre de cette année, pour nourrir paix et amour, rédimer vexation entre les

---

(1) Arch. Nat., S. 2346-2347.
(2) Arch. Nat., S. 2346-2347. LL. 1216, f. 138, 150.

parties et ôter tous les différends tant du passé que de l'avenir, Monseigneur Louis de Lorraine, cardinal de Guise, abbé de l'Église et Abbaye de Monsieur Saint-Denis, et messire Nicolas Moreau, seigneur d'Auteuil, conseiller du roi et président de Messieurs les Trésoriers de France en la Généralité de Paris, signaient l'acte transactionnel.

Aux termes de cet accord, les religieux reconnaissent que M. Moreau est bien fondé en ses droits de haute, moyenne et basse justice sur le Bas-Courbevoie, et, pour le regard du Haut-Courbevoie, ils lui cèdent, moyennant une rente annuelle perpétuelle et foncière de 26 écus 2 livres, tous leurs droits de haute, moyenne et basse justice, ainsi que tous leurs droits censuels de lods et ventes et autres prérogatives seigneuriales. Les religieux autorisent M. Moreau à juger dans son hôtel, assis au Bas-Courbevoie, tous les procès ressortissant du Haut-Courbevoie, mais stipulent que les jugements, rendus par M. Moreau, seront portés en appel devant le bailly de la châtellenie de Rueil. Ils déclarent en outre que cette cession n'implique pas le droit de chasse dans le Haut-Courbevoie ni dans tout autre enclos de La Garenne, et que, comme précédemment, leurs gardes-chasse conserveront la faculté de rechercher et saisir le gibier dérobé, et de dresser des procès-verbaux qui seront jugés par les officiers de la châtellenie de Rueil. Enfin ils interdisent à M. Moreau d'élever des fourches patibulaires à piliers, mais l'autorisent à dresser, le cas échéant, des échafauds et potences qui devront disparaître quand les corps des suppliciés seront putréfiés (1).

De la lecture des actes capitulaires de l'abbaye il ressort clairement que ce fut à contre-cœur que les religieux firent la cession de leurs droits à Courbevoie. Leur acceptation était nécessaire pour donner son plein

(1) Arch. Nat., LL. 1216; f. 127, 139, 148, 150 et 152.

effet à l'acte du 4 novembre 1581, ils la firent attendre jusqu'au 7 juillet 1583. A cette date, ils donnèrent à Jacques Le Bossu, docteur régent de la faculté de théologie, religieux de l'abbaye, plein pouvoir, puissance et autorité pour paraître devant messire Pierre Dreux, archidiacre de Josas, et messire Arnoult du Mesnil, archidiacre de Brie, et déclarer qu'ils tenaient pour agréable le contrat passé avec M. Moreau, et qu'ils consentaient et accordaient qu'il reçût son plein effet.

Du fait de cet acte, l'abbaye, qui n'a plus droit qu'à la foi et à l'hommage et au paiement d'une rente annuelle, disparaît moralement de l'histoire de Courbevoie, et elle est remplacée par messire Nicolas Moreau, qui à son titre de seigneur d'Auteuil joint celui de seigneur du Haut et du Bas-Courbevoie.

Il est un bon vieux proverbe qui dit : « Il n'est si beau château qui ne croule ». Nous en trouvons la réalisation chez M. Moreau. Bien que jouissant d'une haute situation, ses affaires financières s'embrouillent et il est obligé de faire appel à la bourse de prêteurs. Sa situation s'aggrave encore et il se trouve, le 14 février 1597, dans l'impossibilité de faire face au paiement des intérêts des prêts qui lui ont été consentis. Aussitôt le papier timbré apparaît et maistre Plastrier (1), sergent à cheval au châtelet de Paris, vient faire commandement « à notre amé féal conseiller et maistre d'hostel Nicolas Moreau, sieur d'Auteuil, parlant à dame Marthe Potier sa femme, au château de Thoury, de bailler et paier la somme de quatre cens quarante ung escu deux tiers pour arrérages de rentes..... pour leur refuz à eux déclaré que les dits Millet et Thursault (ses créanciers) se pourvoiroient tant par saisie de leurs biens

---

(1) Arch. Nat., X¹ᴮ 9577.

Derniers vignerons de Courbevoie (Intérieur d'une maison, 3, rue de Colombes, en 1884) meubles et immeubles et autrement ainsy qu'ilz adviseroient, mesme par saisie de leur terre de Courbevoye, près Nully, appartenances et déppendances et à eulx baillé coppie; présens Michel Dacier, Morin Guiber, Nicolas Périer et autres, le vendredy quatorze du moys de febvrier mil cinq cens quatre vingtz dix sept. »

Les menaces de maistre Plastrier, n'étaient pas un vain mot. « Le vingt ung du même mois de février 1597, le sergent à cheval, se transporta au dit Courbevoye et saisit et mist en nostre main la maison seigneuriale du dit Courbevoye, près le port de Nully, parlant à Jehan Gilbert, fermier à la dite terre, pour estre criée vendue, adjugée, par décret, au plus offrant et dernier enchérisseur et estably commissaire Nicollas Fournier, pescheur d'eaue demourant au port de Nully.»

Maistre Plastrier, en sa qualité de sergent à cheval, se devait de mener la procédure au trot et il n'y manqua pas. Le 5 mars, il rapporte à M. Moreau un de ses grimoires qui lui défend de troubler en ses fonctions le gardien de la saisie et l'invite «à comparaistre devant nos amez et féaulz conseillers les gens du roy tenans les requestes du Pallais pour veoir ordonner qu'il serait procédé aux criées de la terre de Courbevoie ».

M. Moreau résolut d'arrêter un peu Plastrier dans sa course et de lui donner le temps de faire souffler sa bête; il souleva alors divers incidents de procédure qui firent traîner l'affaire jusqu'au 18 décembre 1602. Mais cela n'empêcha pas entre temps, « Maistres Pierre Bourbeau, sergent au Châtelet, et Pierre Jourtin, huissier au siège de la table de marbre, de courir à Courbevoie mettre affiches et panonceaulx aux portes de la dite terre de Courbevoie et des églises de Saint-Pierre et Saint-Paul à Colombes et aussi derrière la dite église, puis, les dimanches 26 avril, 10 mai, 24 mai et 7 juin 1598, de venir, à l'entrée principale de l'église de Colombes et à l'yssue des grandes messes, faire à haulte voix cry public de la vente de la terre de Courbevoie consistant en hostel seigneurial, haulte, moïenne et basse justice, cens, terres labourables et autres droietz.....»

Bien qu'il eut retardé pendant cinq ans les poursuites, M. Moreau dut subir l'inévitable, et voir sa propriété mise aux enchères. Ces formalités, commencées le trois août 1602, se terminèrent le 18 décembre de la même année. Plusieurs acquéreurs se trouvèrent en présence; c'étaient MM. Antoine Auzerault, bourgeois de Paris; Charles Benoist, marchand; Renier Roux, drapier; et Eustache Le Bossu, bourgeois de Rouen. Commencées sur la mise à prix de 10000 livres, les enchères atteignirent graduellement la somme de 20100 livres, et la terre et seigneurie de Courbevoie fut adjugée pour cette somme à M. Nicolas Tallon, procureur, enchérissant pour et au compte de M. Le Bossu.

Le 21 décembre, M. Eustache Le Bossu consignait entre les mains de M. Jehan du Tillet, conseiller protonotaire et secrétaire du roi, greffier de la Cour du Parlement de Paris, la somme de 20100 livres pour solder l'adjudication qui lui avait été faite, et la Cour, par son décret arrêt du 19 Janvier 1603, reconnaissait qu'elle avait vendu, adjugé et qu'elle vendait, adjugeait, baillait et délivrait à Eustache Le Bossu, bourgeois de Rouen, la terre et seigneurie de Courbevoie.

* *

La famille Le Bossu, qui succède dans la seigneurie de Courbevoie, va garder cette propriété pendant un demi siècle.

M. Eustache Le Bossu avait acheté ce domaine de compte à demi avec son frère, M. Nicolas Le Bossu, bourgeois de Paris. Ce dernier étant décédé, sa veuve Marie de la Cour hérita avec ses enfants de son mari et se partagea, le 5 décembre 1605, avec son beau-frère la seigneurie de Courbevoie. Cette dame convole ensuite en secondes noces avec M. Bon de Serres, escuyer, conseiller du roi, maître d'hôtel de sa maison et maître ordinaire de sa chambre des comptes. Ses multiples emplois lui donnent accès à la Cour et lui permettent d'approcher du roi et même de l'inviter à s'arrêter dans sa maison seigneuriale de Courbevoie, dont il partageait la jouissance avec son beau-frère. La preuve nous en est donnée par Héroard, médecin de Louis XIII, qui, dans son journal, nous dit : « Mars 1613 (1), impatient (Louis XIII) de se lever pour aller à la chasse et dîner à Courbevoie, près du pont de Neuilly, maison du sieur de Serres, l'un de ses maîtres d'hôtel. » C'est là un fait acquis : le roi Louis XIII est venu à Courbevoie dans la maison seigneuriale du Bas-Courbevoie (château Larnac). C'est probablement cette visite du jeune roi de France — il avait alors 13 ans — qui donna naissance à de multiples légendes comme celles du séjour de Diane de Poitiers, de Gabrielle d'Estrées à Courbevoie. Il est possible que l'imagination populaire ait confondu, avec la maîtresse de Henri II, Potier, propriétaire du château avant MM. Moreau et Le Bossu.

Deux branches d'une même famille se partagent donc la seigneurie des Haut et Bas-Courbevoie pendant le XVIIᵉ siècle. Sans suivre les actes notariés des 5 décembre 1605, 11 septembre 1623, 18 mars 1630, qui divisèrent la propriété entre les membres de la famille Le Bossu, lors du décès des deux frères Nicolas et Eustache Le Bossu, nous nous contenterons de donner la généalogie de la famille.

1. — *Nicolas Le Bossu*, bourgeois de Paris, seigneur pour moitié de Courbevoie, marié à Marie de la Cour, laisse comme héritiers :

1º Claude le Bossu, conseiller et secrétaire du roi, maison et couronne de France, seigneur de Courbevoie, marié à Anne Hardy ;

(1) Héroard, p. 119.

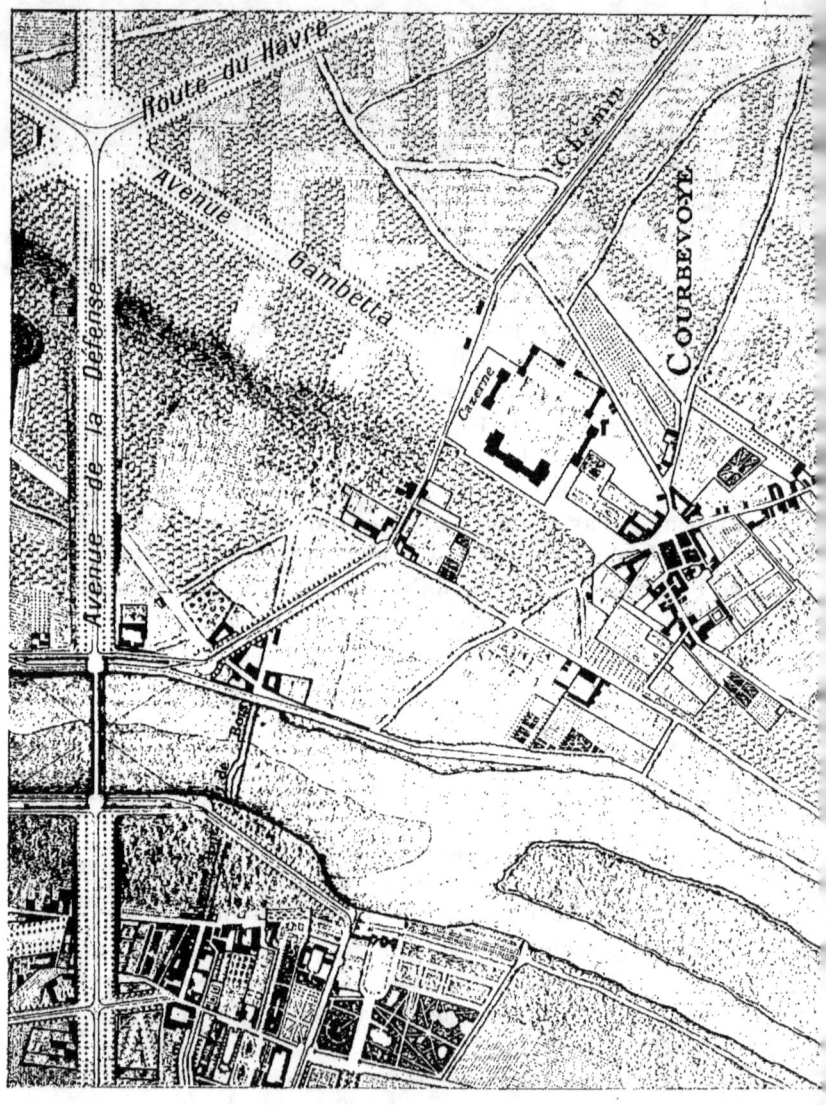

Courbevoie en 1772
d'après le plan de Perronet, dressé pour la construction du pont de Neuilly
(Les noms des avenues ont été ajoutés pour faciliter la lecture du plan)

2° Nicolas Le Bossu, secrétaire de la chambre de sa Majesté, seigneur de Courbevoie et du Chesnard, décédé le 15 août 1615 ;

3° Eustache le Bossu, prieur de Beauclère ?

4° Marie Le Bossu, mariée à Nicolas le Prestre, conseiller en la cour des Aydes, décédée le 6 septembre 1643.

II. — *Eustache Le Bossu*, bourgeois de Rouen, seigneur pour moitié de Courbevoie, marié à Catherine Belle dont il eut :

1° Jean Le Bossu, avocat général à la Cour des Aydes, seigneur de Courbevoie, marié à Madeleine Delalane, dont il eut : René Le Bossu, né en 1631, sous-prieur de l'abbaye de Saint-Jean de Chartres, décédé en 1669 ;

2° Augustine Le Bossu, mariée à M. Sévin, conseiller du roi en son grand Conseil ;

3° Antoinette Le Bossu, mariée le 15 janvier 1624, à M. Paul Portail, seigneur de Chatou, de Bailly et de Soris, conseiller au Parlement ;

4° Elisabeth Le Bossu, mariée à François Le Bacle, seigneur d'Argenteuil et de Beauregard ;

5° Marie Le Bossu, mariée à Louis de Saint-Simon, seigneur de Sandricourt et d'Amblainville.

Comme on le voit par ces alliances, la famille Le Bossu jouissait d'une haute situation.

Deux traits à relever à propos de cette famille : le testament de M. Claude Le Bossu, qui nous montre les sentiments religieux de l'époque ; et une aventure dont Nicolas Le Bossu fut le héros :

« *Testament de M. Claude Le Bossu* du 15 novembre 1658 (1).

Je soussigné Claude Le Bossu, conseiller secrétaire du roi, seigneur de Courbevoie pour moitié, considérant qu'il n'est rien de plus certain que la mort et incertain que l'heure d'icelle, ne voulant décéder sans tester ni disposer des biens qu'il a plu à Dieu de me

(1) Arch. Nat., S, 4336.

donner, je fais mon testament de dernière volonté en la forme qui ensuit :

Premièrement comme vrai chrétien catholique je recommande mon âme à Dieu le Créateur, à Jésus-Christ mon Sauveur et mon Rédempteur, à la bienheureuse vierge Marie, à Saint Michel, archange, à mon bon ange, à Saint Jean-Baptiste, aux bienheureux apôtres Saint Pierre et Saint Paul, à Saint Claude, mon parin ; à Saint Eustache, à Sainte Agnès, mes patrons, et à tous les Saints et Saintes de la Cour céleste du Paradis, afin que par les mérites de Jésus-Christ, et l'intercession de tous les saints et saintes, il me pardonne tous mes péchés et me reçoive au nombre des bienheureux.....

Item je veux que le jour de mon décès, si cela se peut, que l'on fasse dire trente messes qui est un trentain de Saint Grégoire ;

Item je veux que l'on fasse dire trois cents messes, le plus tôt que l'on pourra et le plus que l'on pourra, aux autels privilégiés et aux Capucines ;

Item je veux que le jour de mon enterrement il soit distribué trente trois livres en l'honneur des trente trois années que N. S. a vécu ;

Item je donne et lègue à l'Hôtel-Dieu de Paris 100 livres ;

Item je donne et lègue aux Filles de l'Ave Maria 50 livres à la charge de faire dire un service complet pour moi ;

Item je donne et lègue, aux Filles Capucines, 50 livres à la charge de faire dire un pareil service ;

Item je donne et lègue aux Quatre Mendiants, à chacun 30 livres, à la charge qu'ils diront un service complet ;

Item je donne et lègue, à l'église de Courbevoie la somme de 1500 livres, pour employer selon que mes exécuteurs le voudront, à la charge que l'on dira un service complet, tous les ans, pour mon âme ;

Item je donne et lègue à M. Hardy, mon beau-frère, conseiller du roi au Châtelet de Paris, mes meubles, tant de Paris que de Courbevoie, mes tapisseries, ma vaisselle d'argent, mon linge, toutes mes obligations, mon argent comptant s'il s'en trouve lors de mon décès, mon carrosse, mes chevaux... à cause de l'amitié que je lui porte et pour reconnaissance des services qu'il m'a rendus... ;

Item je donne à Marie, ma servante de Courbevoie, 40 livres sa vie durant et une année de ses gages ;

Item à Claude Fontaine, mon jardinier de Courbevoie, 300 livres et une année de ses gages ;

Item à Catherine, femme de chambre de ma femme, 30 livres sa vie durant ;

Item à Jacques Thibault, mon filleul, fils de la femme de M. Robert, à présent marchand de vin, la somme de 100 livres, afin qu'il se souvienne de son parrain et qu'il prie pour lui. »

Par un codicille, du 13 février 1662, M. Claude Le Bossu laissait aux Pères Pénitents, du couvent du dit Courbevoie, 35 livres tournois de rente, à la charge de dire une messe à perpétuité, en leur église, au jour anniversaire de son décès.

*
* *

Si M. Claude Le Bossu manifestait, à l'égard de ses serviteurs, tant de générosité, dictée par la reconnaissance de leurs bons services, son frère Nicolas témoignait à une de ses servantes, Marie Vian, épouse de François C..., son jardinier, une amitié qui ne procédait pas de sentiments aussi nobles.

Résumons rapidement le curieux procès que la famille Le Bossu intenta à cette intrigante.

Marie Vian (1) était née en 1608 au village de

(1) Bibl. Nat. *Catalogue des factums de Corda.* Thoisy, 444, f. 228 et seq.

Villepinte. Obligée de quitter son pays, après de graves écarts de conduite, elle vint à Vaujours où elle parvint à se faire épouser par un brave garçon, François C... En 1620, ils vinrent tous deux à Courbevoie et entrèrent au service de M. Nicolas Le Bossu, l'un comme jardinier et l'autre comme ménagère, aux gages de 20 écus par an. Marie Vian résolut de faire la conquête de son maître; pour y parvenir, elle s'en fut trouver des bohémiennes et leur demanda, par des actions et paroles magiques, d'inspirer de la passion pour elle à qui porterait les vêtements qu'elle leur présentait. Les bohémiennes prononcèrent les paroles enchanteresses, ensorcelèrent le linge au moyen de boules de cire jaune, et quand le malheureux M. Le Bossu eut endossé cette nouvelle tunique de Nessus, il subit si fort l'ensorcellement qu'il fit de Marie Vian sa maîtresse et qu'il eut d'elle plusieurs enfants. Le pauvre François, son mari, en contracta une maladie noire qui le conduisit au tombeau le 18 octobre 1640. Libre désormais, Marie Vian forma le projet de devenir seigneuresse de Courbevoie. D'abord, elle prétendit réaliser une promesse de mariage que Le Bossu lui avait signée du vivant de son mari, et, entre temps, sous forme de contrat de mariage, elle se faisait reconnaître un apport de 12.000 livres représenté par ses deniers, ses meubles et ses joyaux, « ès quels étaient compris son demy ceint et ses pendants ». Puis elle fit publier les bans de son futur mariage à Courbevoie; la famille Le Bossu intervint alors et fit opposition à cette union pour indignité et crime d'adultère. Déçue de ce côté, Marie Vian ne se découragea pas; elle loua, sur la montagne Sainte-Geneviève, deux chambrettes, l'une à son nom et l'autre à celui de son maître, et se créant ainsi un nouveau domicile, elle fit publier à Saint-Etienne-du-Mont, où elle était inconnue, les bans de son mariage et put ainsi recevoir la bénédiction nuptiale.

La voilà donc seigneuresse de Courbevoie, mais elle ne jouit pas longtemps de son succès ; son nouvel époux tomba malade et, suprême imprudence, avala d'un trait une médecine que l'apothicaire lui avait recommandé de prendre en deux fois. Pendant qu'il agonise, sa femme ne perd pas la tête ; songeant aux représailles de la famille, elle fait venir, de Courbevoie, son fils avec un chariot et empile dedans, sous des bottes de foin, tous les objets de valeur.

Nicolas mourut le mardi 15 août 1645, après avoir demandé, pour l'assister en ce moment et se réconcilier avec le bon Dieu, un prêtre, ancien vicaire de Courbevoie, l'abbé Goudailler, curé de Cercelles. La famille Le Bossu intenta aussitôt un procès à Marie Vian pour mariage clandestin, captation d'héritage, etc... Malgré toute son habileté, Marie Vian succomba et le tribunal ne lui accorda qu'une modeste pension, au lieu du gros héritage qu'elle avait espéré, et ainsi s'évanouirent ses rêves de grandeur.

Bien que le domaine qui constituait la propriété de la famille eût été partagé entre les divers héritiers, la seigneurie resta indivise et échut aux deux aînés ; M. Claude et M. Jean Le Bossu, qui prendront ainsi que leurs successeurs, le titre de seigneur de Courbevoie pour moitié.

Cette division de la terre et seigneurie de Courbevoie nous oblige, pour suivre les propriétaires respectifs de chacune des deux moitiés, à ouvrir deux chapitres.

Pour éviter toute confusion, nous donnerons aux uns le titre fictif de seigneurs du Haut-Courbevoie et aux autres celui de seigneurs du Bas-Courbevoie, bien qu'en fait les deux fiefs et ses droits soient restés jusqu'à la Révolution à l'état indivis entre les parties.

CHAPITRE V

SEIGNEURS DU BAS-COURBEVOIE : CLAUDE LE BOSSU.
BRIGITTE CONVERSET. — ANTHOINE DE VANDEUIL.
LES THORIN DE LA THANNE.

M. Claude le Bossu, conseiller et secrétaire du roi, hérita de son père M. Nicolas le Bossu, de la maison seigneuriale que ce dernier avait fait élever près du château de son frère. A cet héritage il ajouta par la suite la part de son frère M. Nicolas Le Bossu qui participait pour un tiers aux droits et revenus de la seigneurie de Courbevoie. A son décès il laissa ses biens à son épouse, Anne Hardy. A quelles dépenses se livraient ces personnages ? A quel luxe se laissaient-ils entraîner ? C'est ce que nous ignorons. Mais ce que nous savons, c'est que dame Anne Hardy, veuve de Claude le Bossu, fut obligée d'abandonner sa quote-part de la terre et seigneurie de Courbevoie à dame Brigitte de Converset, veuve de M. de La Loy, en son vivant écuyer et capitaine au régiment de Persan, pour solder la dette qu'elle lui devait. Dans la suite à Mme de Converset, succéda, le 9 décembre 1698, M. Anthoine de Vandeuil, chevalier, seigneur Desdelfoy, écuyer de la grande écurie du roi. Lors du mariage de sa fille,

Marie-Anne, avec M. Jacques-Joseph Thorin de la Thanne, M. de Vandeuil lui donna en dot la seigneurie et les terres qu'il possédait à Courbevoie. De cette union naquirent deux enfants : 1° Marie-Joseph-Etiennette de la Thanne qui se maria avec M. Jacques-Edouard de Waldegrave, chevalier, capitaine au régiment de Fitz-James cavalerie ; 2° Pierre-Jacques Thorin de la Thanne, surnommé Courbevoie.

Madame de la Thanne, née de Vandeuil, mourut le 15 août 1727. Dans les registres de la paroisse nous avons retrouvé son acte de décès :

« L'an 1727, le 16 août, Marie-Anne de Vandeuil, épouse de M. Jacques-Joseph Thorin de la Thanne, écuyer, seigneur pour moitié du Haut et du Bas Courbevoie, morte le 15 du dit mois, a été inhumée dans l'église de ce lieu en présence de M. Philippe-Antoine Choppin, seigneur de Serincourt, de M. Jean Thévenin, secrétaire du roi, de M. Nupied, avocat au parlement, juge du dit lieu. »

Au décès de son épouse, M. J.-J. Thorin de la Thanne omit de faire dresser un inventaire des biens de la communauté et de ceux de ses enfants. Pour remédier à cette omission et parvenir à la liquidation de la succession de leur mère, ses enfants résolurent de procéder à la vente et adjudication, sous forme de licitation au plus offrant et dernier enchérisseur, de la terre et seigneurie de Courbevoie. Le 3 décembre 1740, ces biens furent mis en vente sur la mise à prix de 35.000 livres et Mme Etiennette de la Thanne, épouse de M. le comte de Waldegrave, en fut déclarée adjudicataire pour la somme de 43.000 livres.

De son mariage avec M. de Waldegrave, Mme Etiennette de la Thanne eut un fils M. Joseph-Edouard-Claude, comte de Waldegrave. Il mourut le 12 novembre 1783 à l'âge de 40 ans et 10 mois ; il était colonel d'infanterie et chevalier de l'ordre royal et militaire de

Vue du village et de la caserne de Courbevoie vers 1770

Saint-Louis et portait le titre de seigneur de Courbevoie et de Pussay.

Sa mère décéda après lui, le 18 août 1788, et les registres paroissiaux nous donnent aussi son acte de décès :

« Le 18 août 1788, a été inhumée dans le chœur de l'église, dame Marie-Joseph-Etiennette Thorin de la Thanne, comtesse de Waldegrave, veuve de très haut et très puissant seigneur Jacques-Edouard, comte de Waldegrave, capitaine de cavalerie, décédée d'hier, âgée de 75 ans, en présence de Christian-Emmanuel de Zimmermann, maréchal des camps et armées du roi, capitaine au régiment des Gardes-Suisses, commandant les deux bataillons du dit régiment aux casernes de Courbevoie, et de Jean de Diesbach, colonel d'infanterie, commandant l'artillerie du dit régiment, et de Jacques-Louis Langlois avocat en Parlement, notaire royal et procureur fiscal de la prévôté de Courbevoie. »

M. Pierre-Jacques de la Thanne, hérita, lors du décès de sa sœur, de la seigneurie de Courbevoie. En sa qualité de dernier seigneur de ce village nous lui devons une mention particulière, d'autant plus intéressante qu'il faillit mourir, en 1794, victime des agissements du Comité révolutionnaire de Courbevoie.

M. P.-J. Thorin de la Thanne naquit à Courbevoie, le 8 juin 1715 (1). Il se consacra, comme son père, à la carrière des armes, et prit en janvier 1734, du service au régiment suisse de Courten. Pendant la guerre de la succession de Pologne il assiste en 1735, au siège de Trarbach ; prend part, en 1736, à l'affaire de Clauzen et est nommé, en récompense de sa valeur, le 5 janvier 1736, enseigne surnuméraire, puis, la même année, aide-major au régiment de Courten. Il quitte ce corps le 1er mars 1743 et entre au régiment

(1) Arch. Nat., F7, 4775²⁹.

des Gardes-Suisses, en qualité d'enseigne dans la compagnie de Reding. La guerre se rallumant à l'occasion de la succession d'Autriche, il assiste, en 1744, en qualité de sous-lieutenant aux grenadiers, aux sièges de Mein et d'Ypres où il gagne la croix de Saint-Louis. Après avoir pris part à l'affaire de Richevaux, aux sièges de Fribourg et de Tournay, il est présent, le 11 mai 1745, à la bataille de Fontenoy. La témérité des Français, invitant les gardes anglaises à tirer les premiers, faillit compromettre le succès de cette bataille. Heureusement les gardes-suisses et la brigade irlandaise intervinrent et assurèrent la victoire. De cette mêlée M. de la Thanne sortit couvert de blessures et le roi le récompensa en lui accordant une pension de 600 livres. Après avoir courageusement payé de sa personne sur tous les champs de bataille, il est promu, le 1er mars 1780, capitaine au régiment des gardes-suisses avec le grade de brigadier d'infanterie, et, en 1781, il est nommé maréchal de camp, titre qui correspond à notre grade actuel de général de division.

Maréchal de camp, seigneur de Courbevoie, M. de la Thanne était un personnage. A sa valeur guerrière il alliait la générosité, car c'est lui qui paya de ses deniers la construction de l'église de Courbevoie. Naturellement un homme de cette importance devait être antipathique aux énergumènes du comité révolutionnaire de Courbevoie. Sous la conduite de Etienne Remond, qui cumulait les fonctions d'épicier-maçon et d'officier municipal, une bande de forcenés vint s'attaquer à son château, détruire un mur de clôture, et raser les arbres de son parc. Jadis, lors de la construction des casernes, Mme de Waldegrave avait abandonné, en 1754, à la commune les terres nécessaires pour tracer un chemin (la rue de l'Abreuvoir) reliant les casernes au port de Neuilly ; en compensation et en vertu d'un jugement du bureau des finances, elle avait repris et englobé dans sa propriété la rue Sainte-Marie. Remond prétendant que la suppression de cette voie nuisait aux gens de Courbevoie avait résolu de reprendre ce chemin d'autorité et avait poussé ses concitoyens à ce coup de force. M. de la Thanne soumit cet acte de brigandage à l'appréciation du district de Franciade (Saint-Denis) et proposa, si la majorité des habitants de Courbevoie demandait le rétablissement de ce vieux chemin, d'en faire l'abandon à la commune. Le Comité révolutionnaire de Courbevoie le 23 nivose an II (12 janvier 1794) répondit à sa plainte en venant apposer les scellés chez lui, sous le prétexte que sa maison recélait des effets précieux en or et en argent.

Cette mesure vexatoire ne pouvait satisfaire nos démagogues; aussi le comité révolutionnaire prit-il le parti de le dénoncer comme suspect. Sur la délibération du comité de Courbevoie, le comité de sûreté générale arrêta le 13 germinal an II (2 avril 1794), que le nommé Thorin de la Thanne, ci-devant seigneur et capitaine des gardes-suisses et maréchal de camp, sous le règne du dernier tyran, demeurant rue Montmartre, à Paris.... serait mis en état d'arrestation et conduit dans l'une des maisons d'arrêt de Paris... et que les scellés seraient apposés sur ses papiers, distraction faite de ceux suspects. Le comité décidait, en outre, que les citoyens Chéret et Escoffon, ce dernier membre du comité révolutionnaire de la commune de Courbevoie, seraient chargés de l'exécution de cet ordre. Qu'était-ce que cet Escoffon ? Joseph Escoffon, marié à Mlle Marguerite-Françoise Dulud, avait occupé, sous l'ancien régime, un emploi dans les fermes royales, puis s'était établi à Courbevoie blanchisseur de linge. C'était un triste sire que le secrétaire de la société populaire des Sans-Culottes de Courbevoie et membre du comité révolutionnaire de cette commune ! Sa pauvre femme avait dû plaider contre lui en séparation de biens et, par jugement rendu le 16 juillet 1788, par M. Pierre-Marie Simon, prévôt de

Courbevoie, avait obtenu gain de cause (1). Elle reprochait à son mari son inconduite, son ivrognerie, la fréquentation des maisons de jeu et la dissipation des biens de la communauté. Invitée à justifier de ses griefs, elle fit comparaître devant le tribunal, le 22 avril 1788, plusieurs témoins qui confirmèrent ses plaintes, et elle présenta une liasse d'assignations de divers créanciers qui réclamaient en justice le paiement de diverses sommes s'élevant à 2911 livres, 14 sols, 6 deniers. Voilà ce qu'était Escoffon ! Aux jours de crise et de tourmente révolutionnaire, tels sont les personnages qui font la loi, s'érigent en censeurs, se font les arbitres de la liberté et de la vie de leurs concitoyens !

Porteurs du mandat d'arrêt, Chéret et Escoffon se rendirent rue Montmartre, à Paris, où M. de la Thanne s'était retiré chez une de ses amies, Mme Anne-Françoise de Beaubigny, veuve de M. Jean-François de Beaulieu. Informés à cette adresse que M. de la Thanne était absent et qu'il s'était rendu à Courbevoie pour assister à la levée des scellés posés dans son château, ils remontèrent en voiture et se dirigèrent rapidement vers cette commune. Parvenus au-dessus de la grille des Champs-Elysées, près du Bois de Boulogne, ils aperçurent, monté dans une petite voiture, M. de la Thanne, accompagné de M. Vilhem, son serviteur, et de M. Simon, ci-devant homme lai. Ils l'arrêtèrent aussitôt et le conduisirent au poste de la grille des Champs-Elysées, où précisément se trouvait de garde M. Georges Beller, commandant de la garde nationale de Courbevoie. Tous remontèrent ensuite en voiture pour se rendre rue Montmartre, où devait avoir lieu l'apposition des scellés sur les papiers de M. de la Thanne, avant de le conduire en prison. Chemin faisant, M. de la Thanne, qui avait éprouvé du dépit

(1) Arch. dép. Seine, *Prévôté de Courbevoie*.

Le pont de bois de Courbevoie (vu du côté de Courbevoie)

de la satisfaction que Beller avait manifestée de son arrestation, leur traça du commandant de la garde nationale de Courbevoie, cette petite biographie que Chéret consigna dans son procès-verbal : « Le dit Lathanne nous déclara que le dit Beller était un mauvais sujet et qu'il avait passé aux verges, dans le temps qu'il était dans les ci-devant gardes-suisses, pour causes très graves, et que lorsque la caserne avait été pillée, cet homme était du nombre et qu'il avait beaucoup profité depuis ce temps-là, ce qui est affirmé par Escoffon ; il y a trois ans, selon eux, il n'avait rien du tout (il était fripier) et, dans ce moment-ci, il achète beaucoup de bien et paraît même avoir proposé d'acheter le dit château (de la Thanne). Indépendamment de cela, il est dit qu'il a un dépôt considérable de toile à la halle aux draps. Cet homme paraît avoir acquis une très grande fortune en peu de temps à ce qu'assure Escoffon ! » Et Chéret ajoute : « D'après ces renseignements, Beller mérite d'être surveillé ! »

On arrive rue Montmartre à neuf heures du soir, on perquisitionne, et dans un secrétaire on trouve : « 80 pièces d'argent suisses, 8 écus de 3 livres à l'effigie du tyran, 5 pièces de 15 sols, 3 pièces de 24 sols, et dans le bas du secrétaire, 3600 écus de 6 livres, mais on ne constate aucuns papiers contraires à la loi. » Après ces formalités, le pauvre vieillard qu'était M. de la Thanne fut conduit et écroué à la prison de Saint-Lazare. Sur les registres de cette prison, nous avons retrouvé de lui le signalement suivant : « Pierre-Jacques Thorin Lathanne, âgé de 78 ans, natif de Courbevoie, département de Paris..., taille 5 pieds 4 pouces, cheveux et sourcils blonds meslés de gris, front découvert, yeux gris, bouche moyenne, menton rond, visage ovale. »

M. de la Thanne, persuadé que son arrestation n'était qu'une manifestation de la haine de la société populaire de Courbevoie, adressa deux mémoires justificatifs, l'un à la Convention, l'autre à la commission populaire séant au Louvre. Dans ces mémoires, il expose que son incarcération est un acte de vengeance résultant d'une plainte qu'il avait adressée au district de Franciade pour signaler la conduite de Remond et autres qui étaient venus abattre ses murs, arracher ses arbres, détériorer sa propriété pour rentrer en possession d'un chemin. Puis, de sa plume, il ajoute : « Le citoyen Lathanne est instruit que ses dénonciateurs et ceux qui excitent les habitants de Courbevoie contre lui sont ces hommes dont la fortune s'est considérablement augmentée depuis la Révolution. *La plupart sont soupçonnés de vols faits dans la caserne des Suisses de Courbevoie;* il est prêt à les convaincre de calomnie et il croit qu'on a déjà porté des plaintes contre eux au comité de sûreté générale (1). »

Le comité de Paris demanda alors à celui de Courbevoie des renseignements sur M. de la Thanne, et c'est Escoffon qui, en qualité de secrétaire, répondit : « *Nom*. Thorin Lathanne, résidant à Courbevoye, Garsson *(sic),* âgé de 79 ans. *Le lieu où il est détenu :* Maison daret Lazarre, dans les premiers jours de germinal, par ordre du comitté de surté général, daprès le raport qui lui a été fait par le commité de cette commune. *Sa profession... Son revenu.* 18.000 livres de rente. *Ses relations* avec les bourgeois, les cidevant et les officier du regment des cidevant suise et le cidevant curé réfractair (Pierre Hébert). *Le caractère.* Il ne sest jamais monté parmi les patriote. Signé Escoffon, secrétaire. »

M. Raffeneau, notaire, et Mme de Beaulieu s'employèrent très activement pour faire libérer leur ami, M. de la Thanne, car ils savaient que c'était la guillotine qui l'attendait. Ils s'efforcèrent surtout de

(1) Arch. Nat., F 7, 4775 29.

démontrer que ce vieillard étant de nationalité suisse n'était pas justiciable des lois françaises ; puis, en Suisse, ils firent intervenir très utilement leurs amis auprès de M. Barthélemy, ambassadeur de France. Celui-ci écrivit d'abord le 3 floréal an II (23 avril 1794) au Département des affaires étrangères pour demander la libération du prisonnier. M. Lendy, ancien adjudant aux gardes suisses, chargé du décompte de ce régiment, écrit au comité de sûreté générale pour l'informer que le Corps Helvétique n'est pas indifférent à cette arrestation, et que M. Barthélemy lui a envoyé deux lettres ; l'une qui contient une note de l'Avoyer de la République de Fribourg, recommandant cette affaire, et l'autre dans laquelle il lui dit qu'il a écrit à la Commission des relations extérieures pour solliciter en faveur de ce vieillard la justice et l'attention des Comités de la Convention nationale.

Tant de démarches et de si hautes et si puissantes sollicitations restèrent sans effet. Pendant ce temps la situation s'aggravait chaque jour, la Terreur battait son plein et les victimes gravissaient nombreuses les degrés de l'échafaud. M. de la Thanne qui avait trouvé dans cette prison le curé de Courbevoie l'en vit sortir le 6 thermidor pour aller au supplice. Son tour allait bientôt arriver, si la mort de Robespierre n'avait mis fin au régime de la Terreur. A peine le tyran, le vrai celui-là, est-il tombé, qu'aussitôt les terroristes de Courbevoie, songeant aux représailles futures et à la terrible responsabilité qu'ils ont assumée, fournissent sur M. de la Thanne des attestations certifiant sa bonté et sa générosité.

Le 20 thermidor an II, la municipalité de Courbevoie atteste que Lathanne : « s'est toujours montré, dans tous les temps, l'ami des hommes, en venant au secours des pauvres, en payant toujours au-dessus les taxes exigées par la loi. — Signé : Romain, maire ; Doré, Lépine, Morel, officiers municipaux. Au dessous : Vu et certifié par nous membres du Comité de surveillance de la commune de Courbevoie, le 20 thermidor an II. Signé : Gallez, Labat, Lirong, Petit, Collombel, Abonel, Bourdon, Vory, Ozanais ? »

Dans un second certificat la Municipalité dit : « Nous certifions que Jacques Thorin de la Thanne a contribué volontairement tant pour le corps de garde, que pour l'indemnité de pain et autres besoins. Signé : Charpentier, Romain, maire, Regnaud, secrétaire, Doré, officier municipal. »

Enfin le 19 août 1794, après cinq mois d'emprisonnement, le comité de sûreté générale, renouvelé en partie après le 9 thermidor, signait, sur le vu du certificat de la commune de Courbevoie, l'ordre de mise en liberté du prisonnier et le lendemain, mercredi 20 août, M. de la Thanne se voyait enfin libre.

M. Thorin de la Thanne, à un âge où, semble-t-il, on doit penser à autres choses, convola en justes noces avec Mme Marie-Anne de Beaubigny et par contrat de mariage passé devant son ami, M. Raffeneau, notaire, le 11 février 1803, lui donna son château de Courbevoie.

Ainsi finit, sur cette idylle vieillotte, une des branches de la Seigneurie de Courbevoie.

CHAPITRE VI

SEIGNEURS DU HAUT-COURBEVOIE :
JEAN LE BOSSU. — CLÉOPHAS DEHALUS. — LES MOREL.
LES TITON DE VILLOTRAN (1).

M. Jean Le Bossu, héritier de son père M. Eustache Le Bossu, bien qu'avocat général à la Cour des Aydes, avait vu sa situation financière péricliter et avait dû, pour sauver du naufrage la dot de sa femme, Mme Madeleine Delalane, lui faire, du consentement de ses créanciers, le 6 août 1635, une promesse de vente de la terre et seigneurie de Courbevoie. Cette promesse homologuée, par arrêt du Parlement, le 24 mars 1640, fut réalisée par contrat le 10 octobre 1645. Dix ans après, le 11 septembre 1654, cette dame cédait ses droits à M. Cléophas Dehalus, conseiller secrétaire du Roi, maison et couronne de France et de ses finances, demeurant à Paris, rue de Beaubourg, paroisse de Saint-Nicolas-des-Champs. Dans cette vente étaient compris : une maison avec jardin de 5 à 6 arpents, diverses pièces de terre, l'ormoie qui était située devant la mai-

---

(1) Les documents qui constituent ce chapitre ont été recueillis dans diverses études de notaires.

son, la moitié d'un colombier à pied, la moitié de la justice, les droits seigneuriaux et honorifiques, et enfin une somme de 114 livres 10 sols de rente. La vente était faite pour le prix de 42.500 livres. M. Cléophas Dehalus ne versa comptant qu'une somme de 6.500 livres et prit délai pour payer le surplus. En agissant ainsi, M. Cléophas Dehalus allait laisser à sa femme née Florence Hervé, et à son fils Charles Dehalus, une situation difficile. Au décès de son père en 1658 et lors de celui sa mère, le 6 juin 1674, Charles Dehalus, écuyer, président au Parlement de Metz, héritier de ses père et mère, sous bénéfice d'inventaire, voulut sauver la situation et il recourut à un mauvais moyen : il emprunta. Il s'adressa à Daniel Morel qui lui versa, le 18 août 1674, 11.000 livres pour acquitter onze années d'arrérages, lors dus et échus, de 1.000 livres de rente foncière annuelle et privilégiée, plus 2.000 livres pour acquitter partie du principal. Daniel Morel court ensuite après son argent et il verse 6.309 livres toujours pour régler les arrérages, puis, comprenant que le capital est un gouffre qui engloutira ses ressources, il le règle et se trouve ainsi créancier de 38.309 livres. Ces opérations n'enrichissent que le prêteur. Aussi, ce pauvre Dehalus voit-il un sergent à cheval, maistre Guillet, venir saisir ses meubles les 24 et 26 juillet 1681. Pour éviter la vente, Charles Dehalus abandonne à Morel tous ses meubles, ustensiles d'hôtel, batterie de cuisine, vaisselle, tableaux, armoires à linge et autres meubles se trouvant dans la maison de Courbevoie, et, le 19 février 1682, pour se libérer complètement et être tenu quitte, il délaisse au dit sieur Morel, ce acceptant pour lui, ses hoirs et ayants cause, la dite terre et seigneurie de Courbevoie comprenant : une maison et jardin de 4 à 5 arpents, 18 arpents de terre et pré en une pièce, 11 arpents ou environ de vigne, 6 arpents ou environ sis chemin de Bezons au lieu dit les *Petites Murailles;* 5 arpents et demi appelés les vignes de la seigneurie, 51 livres 15 sols de rente foncière, plus l'ormoie étant devant la maison, plus la moitié d'un colombier à pied et la moitié du droit de haute, moyenne et basse justice, droits seigneuriaux et honorifiques, 114 livres 10 sols d'autres rentes foncières, sur lesquelles le sieur Dèhalus déclare avoir transporté ou donné 25 livres de rente à la Fabrique dudit Courbevoie, y compris un pressoir, les cuves et ustensiles servant au pressoir de la dite maison.....

Les Morel, qui succèdent aux Dehalus dans la seigneurie de Courbevoie étaient d'origine champenoise. Le père de Daniel Morel était établi marchand à Vitry-en-Perthois, Marne (1).

Après avoir amassé de grands biens dans les fermes et salines de Lorraine, Daniel Morel, conseiller au présidial de Vitry-le-François, seigneur de Stainville et d'Haussignont, devint secrétaire du roi et de ses finances et maître de la chambre aux deniers. Il acquit le château de Courbevoie et à ses nombreux titres ajouta celui de seigneur de cette localité. Il mourut le 12 avril 1697, laissant de son mariage avec Elisabeth Henryet, son épouse, décédée le 27 décembre 1697, deux fils et une fille; Jean Morel, Zacharie Morel et Marie-Madeleine Morel épouse de messire Nicolas Faudel, conseiller du roi en sa cour des monnaies.

Le domaine de Courbevoie, lors du partage des biens laissés par Daniel Morel, échut, le 29 juin 1697, à Jean Morel, abbé de l'abbaye royale de Saint-Arnoult de Metz, qui avait été reçu conseiller-clerc au Parlement, le 26 février 1674, en la 2ᵉ chambre des Enquêtes et était monté ensuite le 4 août 16.... à la Grand'Chambre ; il avait vendu sa charge le... mai 1698 (2).

(1) Bibl. Hist. de la ville de Paris. Recueil manuscrit sur les familles du Parlement de Paris, pp. 108, 153. *Mercure de France*, juin 1737, p. 1228.

(2) Le document ne fournit que ces renseignements incomplets.

Le 17 août 1706, Jean Morel faisait donation à Zacharie Morel, son frère, et à Nicolas Faudel son beau-frère, de l'usufruit du château de Courbevoie, et cédait la nue-propriété à son neveu Daniel Morel.

L'acte, passé devant Mᵉ Butet, se résume ainsi :

« Pardevant les conseillers du roi, notaires au Châtelet de Paris, fut présent messire Jean Morel, abbé de l'abbaye royale de Saint-Arnoult de Metz, conseiller du roi en la Grand'Chambre du Parlement et seigneur de Courbevoie demeurant à Paris, rue du Grand-Chantier, paroisse Saint-Jean-en-Grève.

« Lequél, pour la bonne amitié qu'il porte à messire Zacharie Morel, son frère, chevalier seigneur de la Brosse et autres lieux, conseiller du roi en sa cour du Parlement et à messire Daniel Morel, chevalier seigneur de la Brosse, son fils.

« A reconnu et confessé avoir donné, cédé, quitté, transporté et délaissé ce dès maintenant et à toujours.... la terre et seigneurie de Courbevoie, consistant en maison, bâtiment, jardin, terres, prés, vignes, rentes et autres circonstances d'icelle..... cette terre mouvant et relevant en plein fief, foi et hommage, des dames religieuses de Saint-Louis, établies à Saint-Cyr, à cause de l'abbaye de Saint-Denis. » (1)

Cette donation était faite sous la condition que la jouissance ne commencerait que du jour du décès du donateur, et sous la réserve expresse que les biens n'appartiendraient à Daniel Morel fils qu'après le décès de Zacharie Morel, et encore que messire Nicolas Faudel et son épouse pourraient jouir de l'usufruit, après le décès du donateur, pleinement et entièrement, leur vie durant.

L'acte fut fait à Paris, l'an 1706, le 17ᵐᵉ jour d'août, avant midi, et insinué le vendredi 20 août 1706.

Attendre les souliers d'un mort, c'est risquer, dit

(1) Arch. Nat. — *Livre des Insinuations*. Y. 278 ; f. 406.

un proverbe, de marcher longtemps sans chaussures.

Les bénéficiaires des libéralités de Jean Morel en firent l'expérience : leur bienfaiteur, en effet, ne mourut que le 17 décembre 1719, c'est-à-dire treize ans après avoir fait entrevoir à ses héritiers la possession du château de Courbevoie.

Zacharie Morel, usufruitier avec les époux Nicolas Faudel et Marguerite Morel, ses sœurs et beau-frère, était né en 1653. Lors de son mariage, en 1686, avec Michelle-Angélique Titon, fille de Maximilien Titon, seigneur d'Ognon, et de Marie Bécaille, il reçut en dot, par contrat passé devant Mes Gilles et Savalette, le 4 juillet 1686, le château de la Brosse-en-Brie (1).

Malgré l'arrêt de 1579, qui avait aboli l'anoblissement par acquisition de fief, Zacharie Morel, à qui cette donation conférait les droits nobles, prit le titre de chevalier et de seigneur de la Brosse. Ses filles, même après la vente de ce domaine, furent appelées, à Courbevoie, les demoiselles de la Brosse.

Zacharie Morel, comme son père et son frère, fut magistrat : il entra à la 4e chambre des Enquêtes le 6 mai 1682 ; il monta à la Grand'Chambre en novembre 1714, et il en devint le doyen le 25 avril 1735.

Son blason portait : sur champ d'or, un cornet de chasse de sable lié de gueules, surmonté d'une tête de Maure de sable portelée d'argent.

Les usufruitiers n'habitèrent pas le château, mais ils le donnèrent à bail au duc de la Force, moyennant un loyer de 800 livres par quartier.

Une quittance de Nicolas Faudel, du 12 août 1721, portant réception de 800 livres, des mains de M. Bernard, intendant de M. le duc de la Force, et plusieurs baux signés par un autre intendant du duc, M. Jean Huguet (2), le 21 novembre 1734, le 8 janvier

(1) Arch. Seine-et-Marne ; Melun. Série E, carton 817.
(2) Arch. Nat., ZZ^1 83.

1735 et notamment le 22 mars 1735, au profit de l'abbé Adamson, chapelain de la chapelle de Courbevoie, nous attestent que le duc de la Force eut en location l'une des maisons seigneuriales et la terre de Courbevoie pendant au moins quinze ans. Divers mémoires de travaux importants, exécutés dans cette maison, nous montrent aussi que le duc dut en faire sa résidence. Le « devis des ouvrages de peinture, d'impression qui ont estés faits, pour Mgr le duc de la Force, au château et seigneurie de Courbevoie — lesdits ouvrages tant en huile qu'en détrempe faits par la Martinière, maître-peintre et doreur à Paris, pendant l'année 1720, et s'élevant à la somme totale de 1429 livres 3 sols 11 deniers (1) », nous montre que les serviteurs, déjà dans ce temps-là, étaient les premiers servis ; en effet, le mémoire débute par l'énumération du travail fait dans le pavillon de M. Bernard, intendant de M. le duc...

Celui qui se morfondait, en attendant l'entrée en possession de cette propriété, c'était le nu-propriétaire Daniel Morel.

Rompant avec les traditions de sa famille, dont les membres avaient toujours occupé une place dans la magistrature, il avait pris du service dans les armées royales. Son oncle, Jean Morel, en avait été si indisposé qu'il l'avait déshérité au profit de ses sœurs, et son père lui manifesta son mécontentement en le réduisant à la portion congrue.

Fils de famille, il mena la vie si largement, qu'après avoir dissipé l'héritage de sa mère, qui lui était échu le 20 mars 1722, il en fut réduit à vendre à vil prix ses titres sur la nue-propriété de la terre et château de Courbevoie. Il s'aboucha alors avec messire Honoré Chambon, et, le 1er mars 1730, il lui céda ses droits moyennant la somme de 25.000 livres, payables

---

(1) Document communiqué par M. Fermé de Colombes.

Le Pont de Bois de Courbevoie (vu du côté de Neuilly)
(D'après une aquarelle du musée Carnavalet)

10.000 livres comptant et, le surplus, sans intérêt, au décès du dernier usufruitier. C'était l'acte d'un prodigue ; il en était si conscient, qu'au décès de son père, survenu le 5 mai 1737, il se hâta de réparer cette folie en demandant au roi des lettres de rescision de cette vente. Le 5 juin 1737, le roi acquiesçait à sa demande. « Cette vente, disent les lettres royales, contenant une lésion non seulement de la moitié du juste prix, mais encore des... douzièmes de la valeur de cette terre, l'exposant est bien fondé à en demander l'annulation, A ces causes, désirant subvenir à nos sujets, selon l'exigence des cas, Nous vous mandons — au Prévôt de Paris — que les parties duement assignées devant vous, s'il vous appert de ce que dessus et notamment que la vente du 1er mars 1730 de la terre de Courbevoie a été faite à vil prix par la fixation du dit prix à 25.000 livres et par le paiement de 10.000 livres seulement sur le dit prix, et délai, pour le surplus du paiement, jusqu'à exstinction du dernier usufruitier, et encore que l'exposant y soit lésé et de beaucoup au delà de la moitié du juste prix et que la terre soit plus considérable que quatre fois le prix et les autres choses tant que suffira d'ouïr et que les parties soient dans le temps de restituer, Nous, en ce cas, sans avoir égard au dit contrat, avons relevé et relevons par ces présentes et remettrez les parties en tel et semblable état qu'elles étaient auparavant le dit contrat. Car tel est notre bon plaisir. Donné à Paris, en chancellerie, le 5 juin, de l'an de grâce 1737, de notre règne le 22me. »

Les intéressés furent donc convoqués devant le Parc Civil : Daniel Morel ayant démontré le bien fondé de sa requête, le tribunal le réintégra dans ses droits en décidant l'entérinement des lettres royales ; mais il le condamna à restituer à Chambon les 10.000 livres reçues, à lui payer 300 livres d'intérêts, à acquitter les droits du centième denier et à régler les frais.

Le 7 août 1737, le sieur Chambon, écuyer, l'un des fermiers généraux de Sa Majesté, demeurant ordinairement à Paris, rue Saint-Honoré, paroisse Saint-Roch, représenté par dame Elisabeth Belon, sa femme, donnait, par acte passé devant Me Bougainville, quittance à Daniel Morel.

Au décès de Zacharie Morel se place un fait fort intéressant : c'est la cession, par ses filles, à la Ville de Paris, de six tapisseries, exécutées, croit-on, sur l'ordre des ducs de Guise, et dont une représentait le plan de Paris, avec ses principaux édifices et les noms de ses rues, dressé sous le règne de Henri II vers 1550.

Etienne Lallemant, l'un des serviteurs de feu Zacharie Morel, fut chargé de cette vente (1). Il se présenta le 10 juillet 1737, devant le Prévost et les Echevins de Paris, et leur exposa que ses maîtresses, Mlles Elisabeth et Geneviève Morel, ayant été informées de la valeur qu'ils attachaient à ces tapisseries, elles étaient disposées à les céder à la Ville pour le prix de 2.860 livres, représentant les sommes qu'elles les avaient payées, lors de la vente des biens mobiliers de leur père. Cette proposition fut acceptée, et l'ordre fut donné de mettre ces tapisseries « en tel et bon état qu'elles puissent passer et être transmises à la postérité la plus reculée ».

Malgré la bonne volonté de Michel Turgot et de ses collègues, ces précieuses tapisseries, qui représentaient les plans de Paris, Rome, Jérusalem, Venise, Constantinople et du tour de l'Italie, ne nous sont pas parvenues. Employées comme tentures décoratives mais aussi comme tapis de pied, elles tombèrent dans un tel état de vétusté qu'en 1788 on ne put exposer qu'un dernier lambeau du plan de Paris. Le plan de Paris, dit de la tapisserie, nous était connu par une immense gouache, conservée aux archives de l'Hôtel de Ville, qui disparut dans l'incendie de 1871.

(1) Arch. Nat., H, 1857, f. 161.

Pendant que les demoiselles Morel s'occupaient de ces choses d'art, leur frère Daniel gaspillait l'héritage paternel et, réduit de nouveau aux expédients, il en arrivait, en 1740, à accuser ses sœurs de l'avoir frustré d'une partie de l'héritage paternel, en détruisant deux testaments par lesquels son père l'avait institué son légataire universel.

Dans un pamphlet (1), lancé dans le public, il exposa ses griefs que nous nous contenterons de résumer.

Zacharie Morel, dit-il, qui connaissait la cupidité de ses filles, avait pris toutes ses dispositions pour assurer l'exécution de ses dernières volontés. Il avait fait deux testaments identiques ; il en avait déposé un dans son hôtel à Paris et avait caché l'autre au château de la Brosse, dans une armoire de fer scellée et perdue dans l'épaisseur d'un mur. Puis, pour éviter toute supercherie, il avait supprimé les clefs de ce coffre. Anéantir le testament déposé à Paris était chose facile, mais s'emparer de celui qui était caché à la Brosse l'était un peu moins. Les demoiselles Morel y parvinrent cependant : elles se firent accompagner de leur homme d'affaires, le sieur Charles Le Long, soudoyèrent le commissaire d'Alby, homme à expédients, et firent défoncer le coffre par un serrurier de Rebets-en-Brie, nommé Lorrin. Elles s'emparèrent de tout ce que contenait ce coffre : de 200.000 livres en espèces ; de la vaisselle d'argent et surtout du pli cacheté qui contenait le testament convoité. Pour écarter tout soupçon, elles firent réparer par Lorrin les traces de l'effraction et, cérémonie inutile, firent apposer les scellés ; enfin, elles achetèrent à prix d'or le silence des domestiques. Mis au courant de ces faits par le serrurier Lorrin, Daniel Morel porta plainte contre ses sœurs et l'affaire fut renvoyée au Châtelet aux fins d'instruction.

Les demoiselles Morel ne se laissèrent certainement

(1) Bibl. Nat., Factums de Corda ; Inv. F. 21026 (23).

pas intimider par les procédés de leur frère : filles de magistrat, elles connaissaient le maquis de la procédure et elles durent en user si habilement qu'il est probable qu'au mois de mai 1744, lors du décès à Poitiers de leur frère, la question n'était pas réglée.

Daniel Morel était un prodigue : aussi son héritage dut-il être bien maigre. Ses sœurs, en femmes prudentes, craignant que cette succession ne leur fût plus onéreuse que profitable, n'osèrent se dire héritières pures et simples et ne désirèrent l'accepter que sous bénéfice d'inventaire. Elles demandèrent donc et obtinrent, le 20 juin 1744, des lettres royales les autorisant à n'accepter cet héritage qu'à cette condition (1).

De la succession de leur frère, les demoiselles Morel héritèrent cependant la terre et le château de Courbevoie. Cette propriété leur plut tellement qu'elles résolurent de s'y fixer.

C'étaient de grandes dames que les demoiselles Morel. Filles de parlementaires, elles jouissaient d'une haute considération et d'une grosse fortune évaluée à 1.200.000 livres ; dans cette estimation, le château de Courbevoie, avec les 279 livres, 7 sols, 6 deniers de rentes foncières que rapportait la terre, était compté pour 100.000 livres. Sous les remises étaient rangées de magnifiques voitures : une berline à corps doré, garnie de trois glaces, doublée de velours d'Utrecht cramoisi ; une chaise de poste avec housse et garnitures cramoisies ; une diligence, fond gris à corps doré, garnie de trois glaces, doublée de velours d'Utrecht. Dans les vieux bahuts, de l'argenterie estimée 363 livres, 6 sols, 11 deniers ; une bibliothèque évaluée 185 livres, 15 sols. Le mobilier du château figure dans l'expertise pour une somme de 7.123 livres, 2 sols, 6 deniers. Ce sont là des prix qui durent être dépassés de beaucoup aux enchères qui suivirent leur décès.

(1) Arch. Nat., X^{4b}, 523.

Ces dames jouirent longtemps de cette fortune ; tombées en sénilité, elles furent toutes deux transportées aux Incurables, à Paris, et y moururent, l'aînée, Elisabeth, le 16 mai 1777, et la plus jeune, Geneviève, le 29 avril 1783. Dès le 1er août 1739, elles s'étaient fait donation mutuelle de leurs biens au dernier vivant.

Lorsque Geneviève mourut, ses biens passèrent : — les propres maternels — entre les mains de M. Daniel-Jacques Titon ; — les propres paternels — en la possession de MM. J.-B.-François et Pierre-Marie de la Michodière. M. Titon héritait comme cousin-germain de Mlles Morel, du fait du mariage de Mlle Marie-Angélique Titon, sa tante, avec Zacharie Morel, père des demoiselles Morel ; MM. de la Michodière héritaient, comme cousins issus de germains, du fait du mariage de leur grand'oncle, J.-B. de la Michodière, avec Elisabeth Morel, sœur de Zacharie Morel.

Dans ce partage, le château de Courbevoie échut à M. Daniel-Jacques Titon. Celui-ci étant décédé presque aussitôt, son bien passa, le 6 décembre 1783, à son neveu, M. J.-B.-Maximilien-Pierre Titon de Villotran (1) ; enfin, le 10 février 1796, Mlle Marie-Cécile Titon et son frère, M. J.-B. Titon, héritaient de leur père et devenaient propriétaires du château de Courbevoie.

(1) Rapporteur dans la célèbre affaire du *Collier de la Reine*.

CHAPITRE VII

LE CHATEAU DE COURBEVOIE : DESCRIPTION DU CHATEAU ET DU PARC. — SES PROPRIÉTAIRES DEPUIS 1809 JUSQU'A NOS JOURS : MM. DUPUYTREN ; DE FONTANES ; LARNAC.

Dans l'immense rectangle formé par les rues du Tourniquet, Victor-Hugo, Sainte-Marie et le quai de Seine, s'élevait, au milieu d'un parc aux arbres séculaires, ce que l'on appelait le château de Courbevoie; on aurait pu dire avec plus de vérité les châteaux de Courbevoie, car, là, voisinaient jadis côte à côte les demeures des deux seigneurs du Haut et du Bas-Courbevoie. Ces deux immeubles furent réunis en un seul par M. de Fontanes, en 1810, et constituèrent ce que l'on appela le château. Sous la pioche des démolisseurs, ce château, berceau de l'antique seigneurie de Courbevoie, a disparu, et le parc morcelé, divisé par lots, traversé par les rues Larnac et de l'Industrie, a fait place à un nouveau quartier. La longue terrasse de cette propriété, qui courait en bordure du chemin de halage depuis la rue Sainte-Marie jusqu'à la ruelle du Tourniquet, faisait, le soir, de cet endroit, un lieu bien désert et peu rassurant. La large pelouse, ancienne pâture communale, qui la séparait de la Seine et qui, en pente douce, descendait jusqu'aux eaux du fleuve en faisait aussi un site bien agréable; c'est là que, les soirs d'été, les Courbevoisiens venaient s'étendre sur ce tapis de verdure et y goûter une douce fraîcheur. La canalisation de la Seine, le relèvement de son niveau

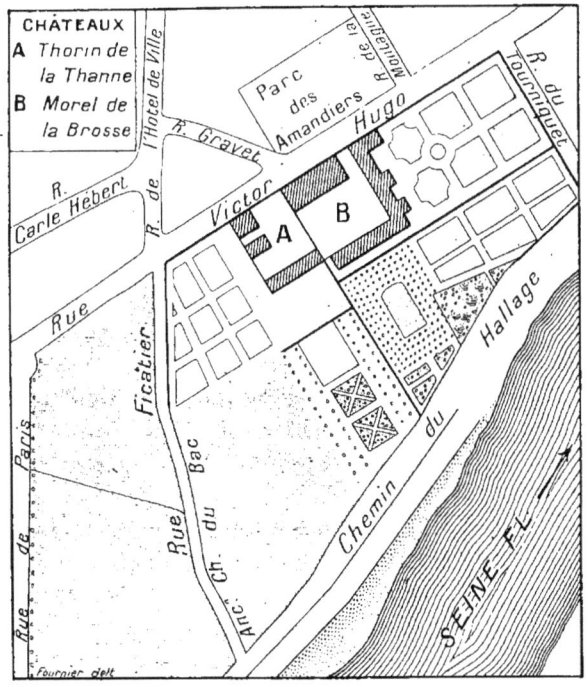

Les maisons seigneuriales de Courbevoie
avant la Révolution

d'eau, la surélévation de ses rives et la construction de quais ont modifié tout ce quartier.

Ils sont passés aussi ces temps où, aux jours de liesse, les Courbevoisiens traversaient la Seine dans la barque du pêcheur Pecqueux et allaient festoyer dans l'île; où la jeunesse, sous la direction du père Flamand, faisait une pleine eau dans les ondes, alors pures et rafraîchissantes, de la Seine. Tout cela s'en est allé; l'industrie a tout envahi, tout détruit, maisons de plaisance et sites délicieux, et, victorieuse, elle dresse partout ses vastes usines et ses hautes cheminées fumeuses.

Le château de Courbevoie, construit au milieu d'un magnifique parc dessiné à l'anglaise, borné au midi par une splendide terrasse d'environ 250 mètres de longueur, formait un splendide domaine. Comme architecture il n'avait rien de bien remarquable; le plan manquait d'unité et ses divers bâtiments accusaient des constructions juxtaposées.

L'ensemble des constructions se composait d'un corps principal de bâtiments, entre cour et jardin, élevé de deux étages au-dessus d'un rez-de-chaussée, avec deux ailes formant avant-corps sur la cour. La cour était fermée, sur la rue Victor-Hugo, par un lourd et massif bâtiment à un étage qui semblait très ancien; au centre, il était garni d'une large et solide porte cochère en fer, qui donnait accès à un vestibule de forme circulaire; aux extrémités, deux portes basses qui, de notre temps, étaient murées. C'est croyons-nous, dans ce bâtiment, que se tenait le prévôt de Courbevoie, lorsqu'il rendait la justice seigneuriale.

Enfin, de chaque côté de la cour, sur les flancs de l'édifice principal, s'élevaient deux ailes : celle de droite comprenait un rez-de-chaussée avec étage lambrissé et était suivie de petits bâtiments de service; celle de gauche, donnant sur le jardin, était formée d'un rez-de-chaussée et de deux étages.

Du parc, de ses charmes, de la beauté du site, nous avons trouvé, dans une lettre adressée en 1822, croit-on, par Mlle Dupuytren à une de ses amies, la délicieuse description suivante : (1)

(1) Vues pittoresques des châteaux de France, Blancheton, Paris, s. d., t. I, p. 57 et seq.

« Le parc, dessiné à l'anglaise, est situé entre le pied de la colline sur laquelle Courbevoie est bâti, et le bord de la Seine, ce qui, parmi tant d'autres agréments, lui donne celui de la vue, dont je veux particulièrement t'entretenir.

« Au levant est un coteau couvert de vignes; à l'extrémité s'élève et se perd dans les nues le château de

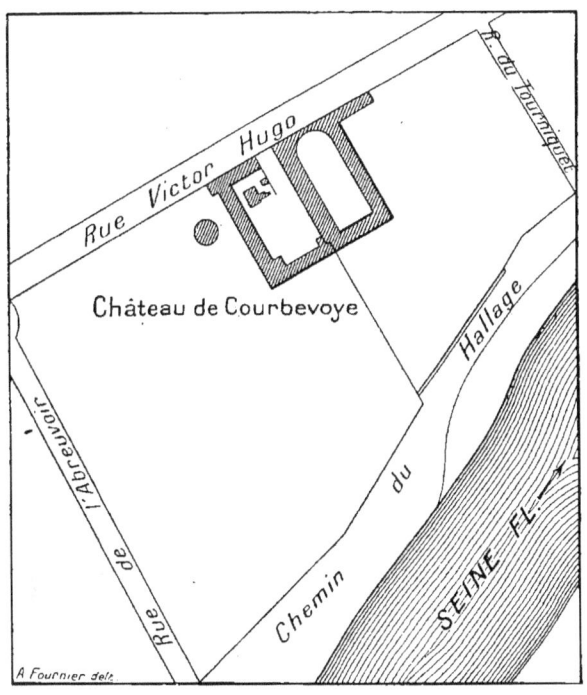

Chateau de Courbevoie
d'après le plan cadastral de 1812

Bécon, appartenant à Mme de Choiseul, et auquel on monte par 300 degrés pour le moins.

« Vient ensuite la Seine qui, dans ce point, forme comme un vaste lac, lequel semble naître du parc et se terminer à l'horizon. Là existe, depuis quelques années,

Chateau de Courbevoie en 1812 (d'après A. Blancheton)

le pont d'Asnières, destiné à remplacer un bac et à éviter au commerce un long détour. Au delà du pont, on découvre la flèche de Saint-Denis, dont la vue fit autrefois reculer le Grand Roi de Saint-Germain jusqu'à Versailles (1). Plus à droite est Saint-Ouen, où Louis XVIII signa la Charte, où l'industrie a établi un de ses principaux sièges.

« En face, c'est-à-dire au midi, on retrouve encore la Seine, et, par delà plusieurs îles, bordées de roseaux, de peupliers et de saules, on distingue le palais où le Duc d'Orléans passe ordinairement l'été avec sa famille.

« Cette rive forme un des points de vue les plus agréables, et a sans doute mérité à la propriété de Courbevoie le nom de *Belle-Rive*, sous lequel elle est désignée dans une très belle carte des environs de Paris, dressée par Brué, ingénieur-géographe du roi.

« Vers le couchant, nous avons le pont de Neuilly, construit sous Louis XV, par les soins du célèbre architecte Perronet, et qu'on place à juste titre au rang des modèles de ce genre. De ce côté, le pont semble former la limite du parc, et la verdure qui s'insinue sous une de ses arches, concédée à S. A. R. le Duc d'Orléans, et l'eau qui se précipite avec plus de force sous les autres, forment un point de vue qui aura, je l'espère, le bonheur de te plaire.

« Par delà ce pont, et dans le lointain, on découvre, par un beau temps et un ciel serein, le coteau sur lequel sont bâtis Vanves, Clamart, Meudon, etc; tout à fait au couchant s'élève le Calvaire (Mont-Valérien) monument de la piété de nos princes.

« Au nord-est, le village de Courbevoie se déploie en amphithéâtre et présente, au milieu d'habitations fort irrégulières, quelques maisons de campagne assez agréables, et cette belle caserne qu'on a bâtie sur

---

(1) Allusion au déplaisir que causait à Louis XIV la vue de la basilique où il serait un jour enseveli.

l'emplacement d'un ancien camp romain. (1) »

« Le défaut d'espace, dit Blancheton, nous interdit de citer davantage ; qu'il nous suffise d'ajouter qu'un parc immense, peuplé d'arbres exotiques et indigènes, et habilement combiné avec des jardins délicieux, concourt avec eux à faire de Courbevoie un séjour enchanteur, et qu'une végétation vigoureuse, entretenue par une humidé continuelle, y forme un excellent jardin potager. »

« J'ai souvent remarqué, dit à ce sujet Mlle Dupuytren, avec une judicieuse naïveté, que l'agréable ne tarde pas à être à charge lorsqu'il est séparé de l'utile, et que celui-ci paraît bien triste quand il n'est pas uni à l'agréable. »

« A propos d'agrément, Mlle Dupuytren parle des réunions brillantes qui embellissaient le séjour de Courbevoie.

« C'est là, dit-elle, que se rassemble, deux fois par semaine, une société choisie de savants et de gens de lettres, de magistrats et de médecins, d'artistes et de gens du monde ; c'est là que se font entendre quelquefois M. Paër (2) et son aimable fille ; M. Rossini (3) et Mme Fodor (4) dont le génie n'a pas dédaigné de s'abaisser jusqu'à me donner des leçons de chant. »

« Le château, ajoute Blancheton, qui se ressent dans sa grandeur du défaut d'un plan primitif, rachète ce défaut par la distribution intérieure des appartements. La bibliothèque surtout peut être considérée comme un modèle en ce genre : elle appelle d'autant plus l'attention qu'elle a été la retraite où M. de

---

(1) Simple assertion qu'aucun document ne vient confirmer.

(2) Compositeur italien, membre de l'Académie des beaux-arts, professeur au Conservatoire, maître de la Chapelle de Louis-Philippe.

(3) Célèbre compositeur de musique, auteur de *Guillaume-Tell*.

(4) Cantatrice du Théâtre italien.

Fontanes se livrait à ses poétiques inspirations. C'est probablement en ce lieu que sa verve lui inspira ces discours où l'homme d'État et le poète dictaient à l'orateur ces nobles élans d'un génie qui parfois osa s'indigner de l'excès d'un pouvoir qui pesait alors sur la France et menaçait l'Europe entière. Cette bibliothèque empreinte du souvenir d'un grand homme nous rappelle involontairement ses beaux vers; là peut-être il a fait cette belle méditation sur les mondes, et cette contemplation sur les grandes images de la nature, où le sublime de la pensée se joint au sublime de l'expression; là peut-être il a conçu et exécuté ce tableau imposant de la Bible, où la lyre du poète le cède à la harpe du séraphin; plus tard, aimable apologiste de la fable et chantre des morts, il y a sans doute pleuré sur le laurier de Daphné et sur la tombe d'Homère, suppositions naturelles et empreintes de solennité, qui naissent à l'aspect du lieu où a travaillé un homme de génie. »

M. de Fontanes fut l'artisan de cette splendide propriété. Il réalisa son dessein en acquérant le château des Morel et celui des Thorin de la Thanne. Ces deux familles avaient été jusqu'à la Révolution seigneurs indivis et pour moitié des fiefs des Haut et Bas Courbevoie.

M. le baron Dupuytren acheta ce domaine lors du décès de M. de Fontanes, et Courbevoie vit ainsi succéder à une illustration littéraire une célébrité médicale : c'est dans ce château « que ce savant et habile chirurgien, placé au premier rang par la confiance du monarque, dit Mlle Dupuytren, vient savourer les douceurs d'un repos qu'il goûte rarement. Tout entier à la science dont il a reculé les bornes, à peine a-t-il pu jouir encore des plaisirs que lui réserve cet heureux séjour ».

Si M. Blancheton, aidé de sa spirituelle collaboratrice, nous a laissé cette description si intéressante du château de Courbevoie, il a omis de nous parler de ses

Le château de Courbevoie et sa terrasse sur la Seine (d'après Regnier et Chauvin)

anciens propriétaires. Cette lacune, nous l'avons comblée dans les chapitres précédents.

Pour compléter notre sujet, il ne nous reste plus qu'à citer les noms des châtelains qui possédèrent jusqu'à nos jours ce magnifique domaine.

Dans la nuit du 4 août 1789, tous les droits seigneuriaux et les privilèges honorifiques avaient été abolis. La tourmente révolutionnaire — tel un ouragan qui déracine les arbres séculaires, balaie comme fétus de paille tous les édifices, sème la ruine et la mort — a passé sur la France. Des anciens seigneurs de Courbevoie, l'un M. Titon de Villotran a connu les amertumes de l'exil, et l'autre, M. de la Thanne, a subi les rigueurs de la prison. Napoléon est venu, il a pacifié le pays et, sur les ruines accumulées, reconstruit un nouvel édifice social. C'est alors qu'un des hauts dignitaires de l'Empire, M. le marquis de Fontanes, forme le dessein de venir s'établir à Courbevoie et d'y créer une des plus somptueuses et des plus agréables maisons de campagne.

M. Jean-Pierre-Louis de Fontanes naquit à Niort en 1757. Il se fit connaître d'abord par des vers publiés dans le *Mercure*, *l'Almanach des Muses*, puis par sa collaboration au *Modérateur*. Exilé pendant la Terreur, il reparut après Thermidor ; banni de nouveau, au 18 fructidor, il se rendit à Londres, où il se lia d'amitié avec Châteaubriand. Ainsi M. de Fontanes éprouva la justesse des vers de Voltaire, passés en proverbe : « L'amitié d'un grand homme est un bienfait des dieux (1). »

Entré dans les bonnes grâces de Napoléon, il fut successivement nommé député au Corps législatif en 1802, membre de l'Institut en 1803, président du Corps législatif en 1804, grand-maître de l'Université en 1808, sénateur en 1810. Napoléon l'avait fait comte,

---

(1) *Œdipe*, acte 1, scène 1.

Louis XVIII le fit marquis, ministre et membre du Conseil privé. Il mourut en 1821.

Ce qui nous intéresse particulièrement, c'est que M. de Fontanes fit restaurer, décorer le château de Courbevoie et qu'il agrandit considérablement le parc. Des diverses pièces que nous avons consultées et notamment du plan cadastral de 1812, il résulte que le parc du château s'étendait jusqu'à la rue de l'Abreuvoir et englobait cette superficie considérable bornée par les rues du Tourniquet, Victor Hugo, de l'Abreuvoir et le quai de Seine.

M. de Fontanes créa cette immense propriété au moyen de deux acquisitions : l'une qu'il fit de la famille Titon, le 20 novembre 1809, et qui comprenait le château des Morel ; l'autre qu'il fit, le 17 février 1810, de Mme Anne-Françoise de Beaubigny, veuve en secondes noces de M. Pierre-Jacques Thorin de la Thanne, maréchal de camp, et qui étendit le parc jusqu'à la rue de l'Abreuvoir.

De ces deux propriétés réunies M. de Fontanes créa un séjour des plus agréables ; il traça un parc à l'anglaise, aux allées spacieuses, plantées d'arbres d'essences diverses. On voyait encore, il y a quelques années, des vestiges de ces allées, dont une devait aboutir place des Trois-Maisons, où, d'après une tradition, se dressait une grille d'entrée du château.

Le 17 mars 1821, Mlle Christine-Louise de Fontanes hérita de ce domaine, lors du décès de son père, et elle le céda, le 6 novembre 1822, à M. Dupuytren.

M. Guillaume Dupuytren naquit à Pierre-Buffières, dans le Limousin, en 1777. Venu à Paris pour achever ses études, il y obtint, en 1794, à 17 ans, au concours, une chaire de professeur à l'Ecole de Santé. Ses brillantes qualités, une science remarquable lui firent obtenir les titres les plus élevés : en 1802, il était chirurgien à l'Hôtel-Dieu ; en 1804, directeur des travaux anatomiques à la Faculté ; en 1808, adjoint au chirurgien en chef de l'Hôtel-Dieu ; en 1811, professeur de médecine opératoire ; en 1815, à la suite d'un brillant concours, il devenait chirurgien en chef de l'Hôtel-Dieu ; puis, en 1823, chirurgien de Louis XVIII et de Charles X. Le roi récompensa sa science en le créant baron, et l'Académie de Médecine lui ouvrit ses

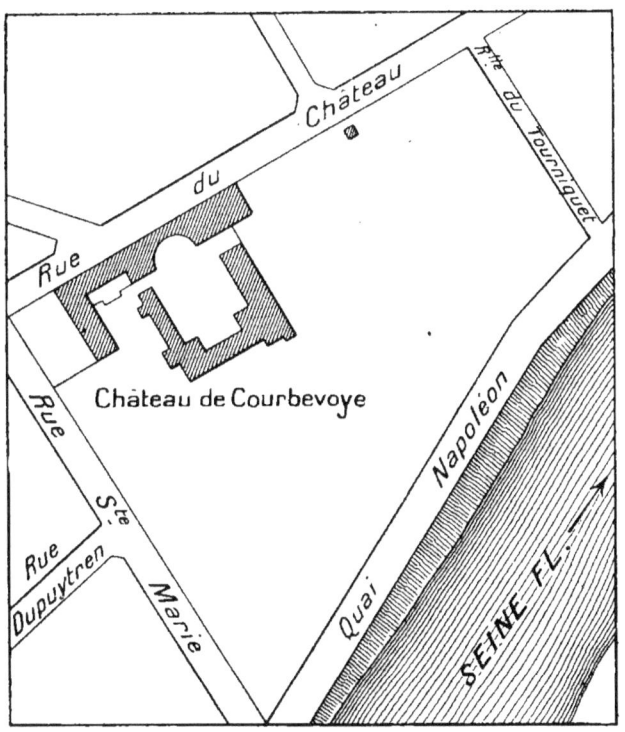

PLAN DU CHATEAU DE COURBEVOIE
d'après le cadastre de 1835

portes. Il mourut, dans des sentiments chrétiens, le 8 février 1835. Sa fortune était évaluée à 7 millions, il en consacra une partie à fonder une chaire d'anatomie pathologique et à créer, à la Faculté, un musée qui porte son nom. Mme Geneviève-Aline Dupuytren, épouse de M. Louis-Napoléon de la Bonnière, comte de Beaumont, hérita de son père du château de Courbevoie et, quatre ans après, elle le vendit à MM. Ficatier, le 27 mai 1839.

En achetant cette propriété, MM. Ficatier père et fils n'avaient pas l'intention de l'habiter, mais leur but était d'en faire l'objet d'une opération financière. Aussi, pour tirer le meilleur parti de leur acquisition, ils firent un lot du château en ramenant le parc à ses limites primitives, c'est-à-dire à la rue Sainte-Marie ; puis, sur le reste du terrain, ils tracèrent deux voies, les rues Ficatier et l'impasse Dupuytren qui devint successivement la rue Dupuytren et la rue de l'Industrie, et morcelèrent par lots la propriété. Sur ces lots nous avons vu s'élever, au coin de la rue Sainte-Marie et du quai, la blanchisserie Vérité, qui passa ensuite à M. Bourgin ; plus bas, la Carrosserie française, où s'établit après l'usine Durenne, et au coin de la rue de l'Abreuvoir le chantier de bois de M. Gosselin, que posséda après M. Charbonnel ; dans la rue de l'Abreuvoir, au coin de la rue de l'Industrie, le marché couvert, avec, au centre, un pavillon habité par le garde-champêtre, M. Sabardeil ; puis, plus loin, la fabrique de roues de MM. Colas et Delongueil, dirigée dans la suite par M. Colas.

Le château trouva acquéreur, le 29 août 1840, en la personne de M. Larnac.

M. Gustave Larnac naquit à Nîmes en 1793 ; il était fils d'un professeur. En 1823, il fut choisi par le duc d'Orléans — plus tard, le 7 août 1830, roi de France, sous le nom de Louis-Philippe Ier — comme précepteur de son second fils, Louis-Charles-Philippe-Raphaël d'Orléans, duc de Nemours. Son éducation terminée, son royal élève, par un sentiment de reconnaissance, l'attacha à sa personne en qualité de secrétaire des Commandements. Pour se rapprocher de son maître, qui habitait le château de Neuilly, M. Larnac vint résider à Courbevoie. M. Larnac fut député des Landes, chevalier de la Légion d'Honneur et de l'Ordre de Léopold de Belgique; il mourut à Paris, en avril 1868.

La famille Larnac conserva cette propriété jusqu'à ces derniers temps. Ce n'est que dernièrement qu'elle en a fait le lotissement et sur les pièces successivement

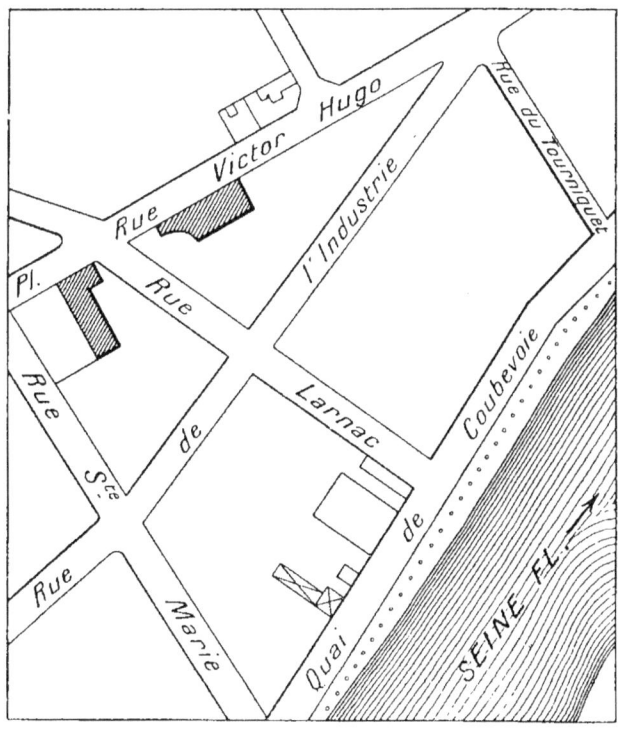

LE LOTISSEMENT ET LES DERNIERS VESTIGES DU CHATEAU
en 1906

vendues s'élèvent actuellement des usines modernes : fabriques d'automobiles, de buissons Hella, etc...

. . . .

Brillants seigneurs, hauts magistrats, dames de la

Cour ont disparu et même, à Courbevoie, leur existence est ignorée. De leur château brillant il ne reste plus une pierre et le souvenir de leur grandeur n'est plus maintenant conservé que par de vieux parchemins enfermés dans des cartons poudreux. *Sic transit gloria mundi !*

CHAPITRE VIII

ÉTATS GÉNÉRAUX DE 1614. — CAHIER DES DOLÉANCES
DE LA PAROISSE DE COLOMBES-COURBEVOIE (1).

Henri IV ayant succombé, le 14 mai 1610, sous le poignard de l'infâme Ravaillac, son épouse Marie de Médicis prit, pendant la minorité de Louis XIII, la régence du royaume.

En 1614, devant la détresse des finances et pour se procurer des ressources, elle convoqua les États généraux. Chaque paroisse fut appelée à fournir un mémoire de ses réclamations et doléances. La paroisse de Colombes-Courbevoie répondit à cette invitation par le cahier suivant qui est conservé dans les archives de Colombes :

Les manans et habitans du bourg de Coulombes et hameau de Corbevoye suplient très humblement nosseigneurs les desputés des trois estatz en l'ensemblée qui sera faicte d'iceulx, soubz le bon plaisir du Roy, nostre Sire, de représenter les plaintes et doléances cy après déclarées, à ce que pour le bien et utilité du

(1) Bulletin de la Société de l'histoire de Paris et de l'Île de France, année 1888, pp. 14 à 21.

pauvre peuple y soit pourveu des remeddes nécessaires.

Premièrement, pour la gloire de Dieu.

Pour ce que l'expérience du passé nous a faict congnoistre les maux que ont apporté l'adversité de religion du prétexte de laquelle se sont servis ceulx qui ont levé les armes pour troubler l'Estat, seroit bien nécessaire de chercher les moyens de vivre tous soubz l'obeyssance de nostre roy, en une seule et mesme religion, cattolicque et apotolique romaine.

Et estant qu'il semble que Dieu seul peult en ce point là, dispozer le peuple à prières et dévotions pour le prier de nous en faire la grâce et en attendant que nous en soyons dignes, entretenir et maintenir sincèrement et de bonne foy les esdictz de pacifications faictz par le deffunct roy Henry le Grand, confermez despuis son deceptz, soubz la régence de la royne son espouze, mère du Roy à présent régnant, avec telles paines contre les infracteurs que la crainte et le seul souvenir leur otte l'envye de s'eslever ou remuer.

Que les esdictz et ordonnences pour les blasphesmes ont tousjours esté sans effect, pour la négligence des délateurs et des officiers de justice et à ce que à l'advenir la correction en soit plus exatte, interpozer pareilles paines contre ceulx qui sauront le blasphesme et ne les desnonceront et contre les officiers de justice négligens que contre les blasphémateurs.

Que les ordonnances faites cy devant pour la deffence des ensemblées de confrayries, dances publicques, jeux de berlans, farces et battelleures es jours du sainct dimenche, pendant le service divin, soient observées plus estroictement que le passé,

Que es jours du sainct Dimenche et festes célébrés, la voicture par eaue et par terre des marchandises, mesmes l'estalage et débit des places publicques soient prohibés sur grandes paynes.

Pour l'eglize et ministres d'icelle.

De pouvoir à l'advenir mieux que par le passé que ceulx qui seront pourveuz en ordres sacrés soient dignes de ceste charge, tant par leurs sciences que bonnes mœurs et intégrité de vye...

Que pour la perception des droictz et revenuz de l'église, les comptes et papiers de recepte face foy, attandu que les lettres ont estez perdus par les troubles derniers et que ceulx qui... et de mauvaise foy empescheront la prefection desdictz droitz et contestations indument seront condampnés en pareilles sommes envers l'eglize que celles qui en auront voullu receller et dénier.

Que les ordonnances pour le port des registres testamentaires, baptesmes et mortuaires par les curés et vicaires es mains des magistrats de justice soient mieux observées que le passé, atandu que par faulte d'avoir observé l'ordonnance en ce regard il est advenu une infinité de procès demeurés indécis, estant la preuve des trois poincts susdictz bien dificille et presque impossible.

Et pour ce que le premier fondement du cristia(ni)sme despendent de l'instruction et enseignement de la jeunesse es petites escolles, charger les fabliques et où elle n'aurait moyen, les habitemps de faire fondz et revenus pour l'entretenement des maistres d'escolles, eu esgard au nombre d'habitemps des boures ou villaiges où lesdictes escolles seroient establies.

Pour la justice.

Que l'ordonnance de creue, celle de... et aultres faites par les prédécesseurs, pris tant en l'assemblée des estats que esdictz particulliers ou autres pour le retranchement et abréviation des procès soient mieux observées que le passé, signemment pour les délaix à cause desquelz les procès sont rendus inneutiles, le plus souvent abandonnés, à la grande foulle et oppression de pauvre peuple.

Que les officiers de judicature ne soient plus vénaulz, mais donnés à geans de bien, de probitté, intergetté et cappacité requize, attandu que la vénalitté est la porte pour où y entre les indinnes et incapables quy achepte leurs offices en gros pour vendre la justice en destail.

Que l'ordonnance pour les escriptures et expeditions de justice en ce qu'ils doibvent estre escripte raisonnablement en la quantitté des lignes pour chacunes pages et de silables pour chacune ligne, soict mieulx observée que le passé avec injonction au fisque d'y tenir la main et aulx juges de les redhuire à la taxe pour otter la licence à ceulx qui les expédient d'y commettre larcin.

Que tous aultres sallaires d'offices de justice soient taxés modérément et que la taxe ordinaire en soict faict un tableau au greffe ou en l'audictoire, à ce que le peuple ce puisse garentir des exactions ordinaires qui ce conmette à leur ruine.

Et d'aultemps que pauvre peuple est ordinairement taxé et travaillié par actions et poursuittes allieurs que en leurs justices ordinaires par la malice des demandeurs, mesme par supozition de transport à personnes previlligiées, puissance ou de dificille condiction pour soullager le pauvre peuple, que les ordonnences faites cy devant en ce regard soient non seullement observées, mesme une paine comminé contre ceulx qui par telz moyans vexeront leurs parties, laquelle paine ils seront tenuz payer et reserver les despens de la cause renvoyés avant que d'estre oys en leurs demandes par devant le juge où ils seront renvoyés.

Et surtout que l'abus très important qui ce commet à la foulle du peuple par ceulx qui exercent l'estat de marchandise soict corrigé en ce que ayeans des obligations passées soubz le seel ordinaire de leurs débiteurs ou des promesses ce pourvoyent par devant les juges consulz ou bien obtiennent requeste du juge royal dont ils chargent sergens royaulx, ausquelz ils marchandent à la journée, les font assister par leurs facteurs ou clercs, ausquelz ilz atribue le gain desdits saillaires, pour faire plus de rigeur, tellement qu'il c'est veu despuis peu en ces villaiges ung seul sergent et son retors emporté en ung jour plus de quarante ou cinquante escus.

Et double le larecin est telz que tels sergens ne délaissent de delivrer leur exploict de deligence aux créantiers qui en tirent encore des pauvres débiteurs ung escu ou deulx.

Et d'ailleurs les pauvres débitteurs sont à ce moyen vexés sur les oppozitions qu'ilz (sont) contrainctz former ou sur les reffus de représenter, les biens estans asignés par devant les juges royaulx, quelquefois esloigniez du lieu de leurs demeures où il se faict des despens qui excedde beaucoup le principal.

Le remède seroict d'interdire tels personnes de ce pourvoir ailleurs que par devant les juges des lieulx où telles obligations sont passées, ny d'employer en leurs contrainete aultre sergent que ceulx du lieu, synon au moings que cy aultre y estoient emploiés, à condicion de pareille sallaire seullement et de régler l'eslection de domicille necaissaires au lieu où ce fait l'exécution pour y terminer les opozitions et différences qui surviennent à l'exécution.

Et aussy donne advis ausdictz sieurs desputtez du désordre et abbus qui ce comect par faulte d'observer les ordonnances faictes pour la sureté des minuttes des greffes et tabellions decedés ou sortis de charge par aultre moien, signamment aux bourg et villages, à ce que la négligence de les despozer par bon inventaire es mains de ceulx qui succèdent ausdictz offices, les heritiers ou aultres personnes de peu en demeure

saisys, desquelz l'on tire et subtraict très facillement (par) ung pot de vin, lesdicts minuttes, ou bien l'on en supose es liaces, qui sont fauces, ce qui induict beaucoupt de procès, voire la perte d'héritages bien et duement acquize, par faulte de representer les contras perdus durant les troubles, où ils sont représentés, ceulx qui ont subtraict les minuttes, ne font point de dificulté d'eulx escrire en faulx, à quoy il est besoing de remédier par comminacion de peine contre les officiers qui negligeront de faire la recherche des minuttes du passé et pour l'advenir les despozeront en seuretté.

Pour la noblesse et les officiers exempz.

Sera s'il plaist au roy pourveu contre ceulx qui abuzent de noms et tiltres de noble, se rendent exemps des thailles, à la foulle du peuple et notamment contre ceulx qui par fraudes obtiennent des estatz et offices esquelz ilz ne font aulcune charge et ne délaisse néantmoings par mesme faveur d'obtenir des certificatz, d'estre employés et couchés en l'estat des exemps, en quoy le peuple est grandement oppressé. Comme pareillement le peuple, signamant des villages circonvoisins de Paris, reçoict une grande incomodité par la licence que ont toutes sortes de personnes demeurant en ladicte ville d'acquérir des maisons, terres et vignes et pocessions aulx champs, dont ils jouissent par leurs mains, y établissant comisaires, personne, gens, chevaux et harnois pour la conduitte du labour, bestiaulx et toutes sortes de mesnages, dont il tire la substance du teroir, sans néantmoings porter aulcune charge de thailles, ny aultres sucittes, ny contribution aux charges publiques des lieulx où ilz tiene le bien, en quoy le peuple est d'aultant foullé et oppressé.

A ceste cause, qu'il plaise à Sa Majesté diminuer les tailles dont le peuple a esté surchargé pour l'occasion des troubles passés et les redduire aux mesme (taux) qu'elles avoient esté reduittes en l'assemblée des estats tenus en l'année mil cinq cent quatre vingt huict.

Et la grande creue leur estre ottée en tant qu'elle n'avoit esté establie et imposée que pour le payement de la gendarmerie en temps de guerre, le subjet estant, par la grâce de Dieu, cessé.

Et affin que les thailles soient perçues et levées sur ceulx qui poceddent, qu'il soict enjoinct à toutes personnes nobles, officiers et bourgeois des villes et signamant de ceste ville de Paris, de ballier leurs biens à ferme et où ilz voudroyent tenir par leurs mains, qu'ilz soient imposés aux tailles selon la faculté desdits biens par eulx pocéddés esdictz lieulx où l'on paye taille.

Que les exactions et réductions dont le peuple est affligé par ceulx qui tiennent les fermes des aydes soient prevenuz et empeschées en ce que lesdits fermiers bien que payé du droict de gros et huictiesme, ne délaisse de faire apeller les pauvres geans dix ou douze fois l'année, pour aller affirmer, pour ce redimer de laquelle payne, l'on est contrainct de payer ce que l'on ne doibt pas.

Et d'allieurs lesdicts fermiers veullent par une importunitté fatiguer les pauvres geans de tant de vizite, foulle et recherche en leurs maisons qui leur plaist, ce qui leur sera interdict, sinon pour une seulle foys en l'année.

Qu'il plaize au Roy pourvoire à l'abbus qui ce commet aux despartemans des thailles pour la faveur des officiers de finences, trezoriers et esluz qui ont maisons et heritages en des villages, qu'ilz font supporter, en quoy les autres en demeurent d'aultant chargés.

Pour la polisse

Le pauvre peuple ce plaint de ce que incontinant les vendanges faictes, au lieu de tenir la comodité qu'il espère des labeurs et travaulx de l'année entière, ceulx de Paris tous les ans procure une deffence à tous marchans d'aller à dix, quinze ou vingt lieulx de Paris, achepter aulcuns vins jusqu'à ung temps limitté.

Pendant lequel temps les marchans se pourvoient en aultres provinces pour faire leurs achaps, en sorte que les pauvres vignerons sont privez de la vente de leurs vins, contrainctz cependant à la rigueur de leurs créantiers, avec une infinité de fraiz pour eulz reduire, desquelz ilz sont contraintz de mener leur vin à l'estappe, le donner à vil prix, avec fraiz..., impots, entrée de port de soixante sous et aultre pesté qui les ruine.

Ce que le pauvre peuple suplie estre interdit aux bourgeois de Paris et leur laisser la liberté de la vente de leur vin.

Comme pareillement ils sont grandement incomodés par les courtiers de vins qui traficque marchandise aprest ce que à la conduitte des marchans ilz font seullement eslection de ceulx qui leur doibvent argent pour estre payés, laissant ceulx qui ne leurs sont poinct tenus ny débitteurs.

Le remedde est de interdire la marchandise aulx moings par forme de prest, à ceulx qui font l'exersise de courtage.

Que le peuple soit libre de la présentation desdicts courtiers qui leurs est deub sallaire encore qu'il ne face poinct vendre le vin est que l'on est abstraint de sel soubz pretexte qu'il tienne affermé le droict de courtage des seigneurs du lieu, des officiers duquel ilz sont suportez.

Que l'entretenement de pons, passages et chemins soient observé et nomément en la chevance de la chaussée du pont de Neully, très nécessaire pour ledict passage, eu esgard que au passage le peuple paye ung droict exorbittant qui a desjà rendu à ceulx qui ont construict le pont deulx fois aultant que le pont à cousté affaire.

Lequelle droict de passage seroict besoing estindre par quelque récompance que le peuple de la province portroict en une seulle foys payé.

La conservation des fruictz sera recomandé tant par les chasseurs en temps deffendu, que bestes noires, fauves et aultres des forestz et nomément en la saison des vendanges quant il plaist à Sa Majesté de sortir de Paris, pour aller à Sainct-Germain, pour ceulx de la suitte, laquais et autres geans sans adveu.

Et parce que les tavernes et cabarets sont lieulx ou se faict ordinairement la corruption des officiers de justice, les tromperies en marchandises, mauvais desseings, querelles et blasphèmes, débatz, ruines et désolation des ménages et familles, que la fréquentation desdictes tavernes soict absolument deffendue à toutes sortes de personnes, de telle qualité et condiction qu'elle soict, sur grande paine, tant contre tous les tavernes que personnes qui y seront trouvez.

Et en général faire pour le bien du pauvre peuple ce que la sage prudance desdictz sieurs pourra trop mieux suppléer, et la bonté dy roy et de noz seigneurs de son conseil... et acorder. A quoy Dieu veuille assister par sa saincte et divine grâce, pour jouir du bien espéré de ladicte assemblée soubz le reine de nostre roy, que ces pauvres subgects désirent estre long et paisible en toutte félicitté ».

La lecture de tous ces vœux n'est pas sans suggérer une réflexion mélancolique : les quatre révolutions dont notre pays fut le théâtre et dont le but fièrement proclamé était la suppression de tous les abus, n'ont apporté qu'une bien faible satisfaction et beaucoup de ces plaintes de nos pères seraient hélas ! encore pleinement justifiées aujourd'hui.

CHAPITRE IX

LES CASERNES : CONSTRUCTION DES CASERNES.
LES GARDES-SUISSES.
LA JOURNÉE DU 10 AOUT 1792.

Ce n'est pas par leur masse imposante que les casernes de Courbevoie nous attirent et nous incitent à écrire leur histoire, mais c'est uniquement parce que leur construction a été un des éléments de prospérité du pays.

Elles sont bien déchues de leur grandeur primitive, ces pauvres casernes ! Après avoir abrité les gardes-suisses, la garde impériale, elles ne possèdent plus qu'un modeste bataillon du 117e de ligne.

Lorsque l'architecte Guillaumot les édifia, elles réalisaient un progrès énorme sur le passé et une amélioration notable sur les casernes à la Vauban. Nos jeunes générations militaires, qui ont aujourd'hui à leur usage des cuisines, des réfectoires, des lavabos et surtout des lits individuels, ne se doutent pas un instant combien leurs aînés étaient traités durement. De casernes proprement dites, il n'y en eut pas jusqu'au XVIe siècle; on logeait alors la troupe chez l'habitant, et lorsque son séjour devait se prolonger, on expulsait purement et simplement les citoyens d'un quartier et on donnait leurs maisons aux gens de guerre. (1) C'est de là que vient, du reste, le nom de « quartier » donné aux casernes. Dans une maison on logeait à l'étroit une cinquantaine d'hommes. Chaque escouade occupait une chambre, qui était la chambre à tout faire : là on faisait la cuisine, on mangeait, on lavait son linge et on dormait par trois dans un lit en bois, le troisième étant supposé de garde. Ce n'est seulement qu'en 1820, et surtout en 1825, qu'on en arriva enfin à la couchette individuelle.

Les casernes de Courbevoie n'ont pas été construites simultanément ; une première partie, le pavillon de l'horloge, qui fait face à Paris, fut élevé en 1756, et les deux ailes latérales furent commencées en 1765.

L'arrêt royal du 22 octobre 1754 nous fait connaître les raisons de la première construction et le mode adopté pour en assurer le paiement.

Le roi étant informé — dit en substance cet arrêt — que le fractionnement et le logement, dans différentes paroisses de l'élection de Paris, des neuf compagnies de son régiment des gardes-suisses sont préjudiciables aux habitants et surtout à la discipline, décide la suppression de ce mode de casernement et décrète la construction de trois casernes à Courbevoie, Rueil et Saint-Denis.

Pour assurer le paiement de ces travaux, le roi, préférant répartir sur plusieurs exercices les contributions nécessaires au solde de ces constructions, ordonne qu'à compter du 1er octobre 1754, il sera imposé, chaque année, jusqu'à parfait paiement de ces édifices, une somme de 50.000 livres, plus celle de 1.666 livres 13 sols. 4 deniers, représentant les frais de recouvrement. Cette somme sera perçue, savoir : 20.666 livres

---

(1) Cf. *Revue générale de l'Architecture et des Travaux publics*, année 1867 ; Des casernes jusqu'au XVIIIe siècle, général TRIPIER, p. 14.

Vue des casernes de Courbevoie

Gravée par Fournier, d'après une estampe du musée Carnavalet.

13 sols 4 deniers, avec la capitation des taillables de l'élection de Paris et au marc la livre d'icelle ; et 31.000 livres sur toutes les maisons soumises à la prestation du logement des troupes.

Le 14 février 1755, M. Bertier de Sauvigny, intendant de la généralité de Paris, statuait que cette ordonnance serait exécutoire immédiatement selon sa forme et teneur (1).

L'année suivante, Louis XV, jugeant le chiffre de cette contribution insuffisant, le portait le 20 mai 1755, à la somme annuelle de 60.000 livres.

Ayant ainsi assuré les ressources nécessaires au règlement de ces travaux, le roi rendait, en son conseil, le 18 mai 1756, un arrêt par lequel il ordonnait la construction de trois corps de caserne, pour y loger, dans chacun, trois compagnies de son régiment des gardes-suisses.

Ces travaux, Sa Majesté en confiait la direction à l'architecte Guillaumot qui en avait dessiné les plans et élaboré les devis.

Guillaumot, Charles-Axel (2), était un ingénieur de valeur. Né le 27 février 1730, à Stockholm, de parents français, il vint à Paris à l'âge de onze ans. Là, il commence son éducation artistique, et la complète ensuite par des voyages d'études à l'étranger, notamment en Italie. Ses premiers travaux sur les casernes de Courbevoie, Joigny, etc..., le mettent en évidence et lui font gravir rapidement les échelons de la hiérarchie.

En 1761, il est nommé ingénieur en chef de la Généralité de Paris. En 1773, il entre à l'Académie d'architecture et, parmi de nombreuses fonctions, il cumule celles d'inspecteur général des casernes des Gardes-Suisses qu'il avait construites, d'inspecteur général des travaux dans les carrières de Paris, de directeur de la

---

(1) Arch. Nat., E, 1304 ᴬ.
(2) *Nouveau Dictionnaire des Architectes*, p. 665.

manufacture des Gobelins et de la Savonnerie, d'intendant général des bâtiments, jardins, arts, académies et manufactures du royaume. Il mourut le 7 octobre 1807.

En 1765, le 1ᵉʳ février (1), Louis XV, décidant d'affecter la caserne de Saint-Denis au logement des Recrues de Paris et de retirer de la capitale la compagnie des grenadiers des Gardes-Suisses, ordonnait la construction à Courbevoie, sur les flancs de la caserne primitive, de deux nouveaux corps de bâtiments pour y loger trois compagnies de fusiliers et deux compagnies de grenadiers du régiment des Gardes-Suisses. Les plans étaient encore de l'architecte Guillaumot. Après soumission, l'adjudication des travaux échut à MM. Letellier et Collignon, moyennant la somme de 315.902 livres 17 sols 11 deniers, payable à compter du 1ᵉʳ mars 1765 par mensualités de 14.000 livres.

En outre, une somme de 25.000 livres était accordée pour désintéresser les propriétaires, qui devaient être expropriés de leurs terrains, régler les honoraires de l'architecte et les appointements du sous-inspecteur chargé de veiller à la bonne exécution du travail.

La réception des fonds, des mains des percepteurs, était réservée au sieur Nouëtte, trésorier général des invalides de la marine, et le paiement était attribué au sieur Monnet sur quittances signées de M. de Sauvigny et visées par l'architecte.

L'ordonnance prévoyait enfin les contestations qui pourraient s'élever entre les entrepreneurs et leur personnel et aussi leurs fournisseurs, et donnait pleine juridiction à M. de Sauvigny pour trancher tout différend.

De l'ensemble de ces travaux, Alexis Donnet nous a fait, en 1821, une description que nous nous contenterons de reproduire (2).

---

(1) Arch. Nat., Q¹ 1050-1051.
(2) Alexis DONNET, Paris, 1824, *Description des environs de Paris*. Courbevoie, p. 401 sqq.

La caserne de Courbevoie consiste, d'abord, en un grand corps de bâtiment de 64 toises de face, situé au fond de la cour et ayant deux ailes en retour. De ce côté, le bâtiment et ses deux ailes doubles en profondeur, sont partagés, dans leur longueur, par un corridor donnant entrée aux chambres, qui contiennent chacune plusieurs lits. Du côté de la terrasse, trois pavillons

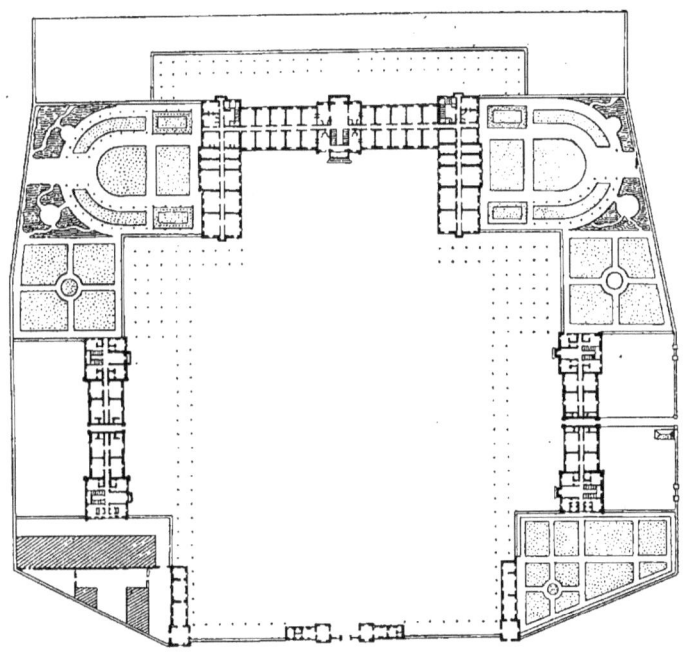

Plan des casernes de Courbevoie (d'après Donnet).

font avant-corps sur cette façade, qui, ainsi que les autres corps de logis, est élevée de deux étages au-dessus du rez-de-chaussée.

Le pavillon du milieu, décoré d'un fronton et percé d'une grande porte en arcade, contient un grand vestibule et un vaste escalier.

Les pavillons des angles, distribués en logements d'officiers, ont aussi leur escalier.

Sur les côtés de la cour s'élèvent deux bâtiments en regard, ayant aussi des pavillons à leurs extrémités et dont la distribution est assez semblable à celle du bâtiment principal.

Le quatrième côté est fermé par un mur, contre lequel sont appuyés divers petits pavillons symétriques, à l'usage du concierge, du corps de garde, des cuisines.

Cette vaste cour, formant à peu près la croix, est ombragée de plusieurs rangs d'arbres. Son étendue, de cent toises de long sur autant de large, la rend propre aux manœuvres. Au delà des deux bâtiments sont des cours, servant d'entrées particulières. Derrière le bâtiment principal est une belle terrasse de dix toises de large, aussi plantée d'arbres et dont la vue est très agréable ; sur les côtés de ces bâtiments sont des jardins à l'usage des officiers.

La disposition générale de ce plan présente une distribution commode et surtout bien appropriée à son usage ; sa vaste cour, ses plantations, ses jardins et sa terrasse en font un lieu riant et agréable, avantage qui n'est pas indifférent dans une habitation militaire.

A ces vieux édifices se rattachent malheureusement de douloureux souvenirs : c'est le massacre de sa garnison, au Palais des Tuileries, le 10 août 1792.

Comme on sait, Louis XVI, à son retour de Varennes, avait été logé aux Tuileries. Le manifeste du duc de Brunswick ayant surexcité la population parisienne, 47 sur 48 sections avaient exprimé le vœu de la déchéance de Louis XVI, qui — disait-on — pactisait avec l'étranger.

Dans les premiers jours d'août, les faubourgs manifestaient ouvertement l'intention de faire le siège des Tuileries et de châtier *le tyran !*

Pour s'opposer à leur projet, les Suisses de Courbevoie et de Rueil reçurent, le 4 août, l'ordre de se porter sur Paris. Tous savaient d'avance qu'ils allaient à la mort ; aussi, avant de quitter leur casernement, M. de Gribelin, aidé du soldat Koliker, enterra les drapeaux des compagnies dans les caves (1).

GARDE SUISSE BLESSÉ AUX TUILERIES
(Journée du 10 août 1792)

Mais les Suisses, n'ayant pas eu à intervenir, réintégrèrent — le même jour — leur caserne.

(1) Cf. *Récit de la conduite du Régiment des Gardes-Suisses à la journée du 10 août 1792*, par le colonel PFYFFER D'ALTISHOFFEN, Genève, 1824.

Le 8, au soir, M. d'Erlach, capitaine de garde, remit à M. de Glutz, aide-major, un ordre ainsi conçu : « M. le colonel ordonne que le Régiment soit rendu demain, à 3 heures du matin, aux Tuileries. »

On distribua à chaque homme environ trente cartouches et tout le monde marcha, même ceux qu'un âge avancé dispensait du service. On emporta le drapeau de la compagnie colonelle. La journée se passa sans incident; mais, dans la nuit, le tocsin sonna, la générale retentit, et on apprit que les faubourgs marcheraient, le matin, sur les Tuileries. En effet, dès la première heure, l'armée faubourienne s'ébranlait et venait, au nombre de 100.000 hommes, suivis de 50 canons, assiéger le Palais.

L'armée royale se composait des Suisses, de deux cents gentilshommes et de quelques gardes nationaux.

A 9 heures, le roi, ayant abandonné son palais pour se réfugier au sein de l'Assemblée nationale, son départ fut le signal du combat. Les Suisses, par un feu nourri, tiré du haut des fenêtres, faisaient de larges trouées parmi les assaillants et étaient presque maîtres de la position, lorsque M. d'Hervilli vint leur signifier l'ordre de se porter auprès du roi. Ils s'y rendirent; mais là, cruelle déception, Louis XVI leur faisait passer cet avis : « Le roi donne ordre aux Suisses de déposer leurs armes et de se retirer dans leurs casernes. »

C'était les livrer sans défense à leurs ennemis : aussi furent-ils massacrés impitoyablement, et ceux qui échappèrent ce jour-là à cette hécatombe furent égorgés dans les journées des 2 et 3 septembre.

Le 10 août 1821, la ville de Lucerne inaugurait un monument destiné à perpétuer le souvenir des 1.286 victimes de ces jours néfastes. Cette œuvre représente une grotte taillée dans le rocher, dans laquelle repose un lion agonisant, le flanc percé d'un trait. Au bas sont gravées ces paroles : « Au Courage et à la Fidélité des Suisses. »

Le 21 juillet 1870, tout enfant, nous avons vu le 3ᵉ régiment de voltigeurs de la garde quitter aussi ces casernes, traverser nos rues, en chantant ces lugubres paroles : Allons à la boucherie, pour n'en revenir jamais !

Le 22 juillet, il était à Nancy ; le 26, à Metz. Le 14 août, il prenait part à la bataille de Borny ; le 16, à celle de Rezonville, et le 18 il était en réserve à celle de Saint-Privat. Bloqué dans Metz, il déposait les armes le 29 octobre, sur l'ordre du traître Bazaine, et prenait le chemin de la captivité. A son retour, ses débris étaient incorporés au 83ᵉ régiment d'infanterie.

En l'honneur de ces soldats, qui avaient moissonné jadis tant de lauriers en Italie et en Crimée, on aurait pu aussi, comme aux Suisses, élever un cénotaphe avec cette dédicace : Au Courage et à la Valeur !

CHAPITRE X

LE PONT DE NEUILLY : LE BAC DE COURBEVOIE.
L'ACCIDENT DE HENRI IV. — LE PONT DE BOIS.
L'INGÉNIEUR PERRONET. — CONSTRUCTION
DU PONT DE NEUILLY.

Jadis, dans le bon vieux temps, on traversait à Courbevoie les deux bras de la Seine au moyen d'un bac, dont les religieux de l'abbaye de Saint-Denis avaient le péage.

Ce passage, réputé dangereux, fut le théâtre de nombreux accidents : M%me%% Boursier, sage-femme de la reine Marie de Médicis, y vit, le 31 mai 1602, se noyer une femme et une jeune fille; M%me%% de Monglat, gouvernante des Enfants de France, faillit y périr le 6 avril 1605.

Cette situation aurait pu durer longtemps encore, si un accident arrivé au roi Henri IV n'avait fait comprendre l'urgence d'établir un pont en cet endroit. Ecoutons les chroniqueurs du temps nous raconter, dans leur langage, cet événement.

Le vendredi 9 juin 1606, à quatre heures de l'après-midi, le roi et la reine, accompagnés de MM. les ducs de Vendôme et de Montpensier, du cardinal du Perron

ANNÉES 1768 et 1769

Clichés Pottier.   PREMIÈRE VUE DES TRAVAUX DU PONT DE NEUILLY   Atlas Perronet
Épuisement des eaux pour la fondation de la deuxième pile du côté de Courbevoie
A. Roue à Aube mue par le courant ; B. Support du grand arbre ; C. Roue à Godets ; D. Sonnette battant les pieux de la deuxième pile

et de la princesse de Conti, avaient quitté Saint-Germain, se rendant à Paris.

« Or (1), à la descente du bac de Neuilly, tout le carrosse tomba dans l'eau, à la main gauche de la reine étant à la portière, et le roi couché du long en dedans, où il s'étoit mis, un peu avant, pour dormir. Ce fut ainsi que les chevaux étoient près d'entrer dans le bac, l'un de ceux de derrière glisse, le cocher le fouette ; se voulant relever, il retombe, tire, et fait tomber son compagnon, et le carrosse renverse en l'eau, sur la nacelle attachée au bac, qui s'enfonça mais empêcha que le carrosse n'allast tout au fond. M. de Montpensier se jeta le premier dehors par la portière qui étoit en l'air d'environ un demi-pied. M. de l'Isle-Rouet y va, appelle le roi, qui n'avoit que la tête et un bras hors de l'eau, lui prend les mains, le met hors de l'eau, (le roi) disant : « Que l'on aille à ma femme. » En sortant il rencontra M. de Vendôme qu'il met hors de l'eau. Cependant la reine était toute dans l'eau à la portière et elle beut plus qu'elle ne vouloit (2), et sans un sien valet et un gentilhomme nommé La Chastaigneraie, qui la prist par les cheveux, s'estant jetté à corps perdu dans l'eau pour l'en retirer, couroit fortune inévitable de sa vie. Cet accident guairist le roy d'un grand mal de dents qu'il avoit, dont le danger estant passé il s'en gossa, disant que jamais il n'y avoit trouvé meilleure recette ; au reste qu'ils avoient mangé trop de salé à disner, et qu'on avoit voulu faire boire après. Mais il y avoit plus à remercier Dieu qu'à rire de ceste délivrance, laquelle provenoit d'En-haut. »

Le danger avait été grand ; le roi l'avouait dans une lettre qu'il écrivait le lendemain à Mme de Monglat : « Ma femme et moi l'échappâmes belle hier ! Mais, Dieu

---

(1) Jean HEROARD, médecin du Dauphin, journal, t. I, p. 192.

(2) L'ESTOILE, journal, VIII, p. 223.

ANNÉE 1770

Cliché Poitier — DEUXIÈME VUE DES TRAVAUX DU PONT DE NEUILLY
A. Première ferme déjà assemblée ; B. Deuxième ferme assemblée à moitié ; c. Ponts de service ; D. Culée du côté de Courbevoie ; E. Mont Valérien ; F. Château de Madrid.

merci ! nous nous portons tous bien (1). »

La reine fut tant effrayée par cet événement qu'elle sollicita, de son royal époux, la construction d'un pont. Le roi acquiesça à sa demande et chargea, en 1609, un nommé Rémy Basset, charpentier à Châteaudun, de ce travail. Le pont fut construit en bois et coûta 42.000 livres. Mlle d'Hautefors fut gratifiée en 1637, pour trente ans, du droit de péage, ce qui lui permit d'épouser le duc de Schomberg.

Ce premier pont, comme le suivant, fut construit en deux parties, l'une sur le bras de Courbevoie et l'autre sur celui de Neuilly. Les rues du pont, dans ces deux localités, nous montrent leur emplacement. Mais ce pont, avec ses 18 arches très rapprochées, gênait beaucoup la navigation ; aussi on demanda en 1639 à Guillaume Andrieux de le reconstruire. Il accepta moyennant le prix de 45.000 livres et l'abandon des vieux matériaux. Il le façonna encore en bois, mais il supprima deux arches, ce qui facilita beaucoup la navigation (2).

Le péage, en 1645, produisait annuellement 8.000 livres, et en 1688, 13.000. Quand, en 1768, on voulut construire le pont de pierre, on racheta aux héritiers de la duchesse de Schomberg ce droit de péage moyennant une rente annuelle de 30.000 livres.

Ces ponts étaient bien vieux lorsque, en 1766, la débâcle des glaces rompit plusieurs travées de la partie située du côté de Courbevoie, et endommagea considérablement l'autre partie située du côté de Neuilly. Les travaux de réfection durèrent environ trois semaines, supprimant pendant ce temps tout moyen de passage. Le commandant des gardes suisses en garnison à Courbevoie s'en plaignit vivement à M. Trudaine qui, comprenant l'urgence de remédier à cette situation, donna l'ordre à Perronet d'établir les plans et devis d'un pont de pierre.

(1) Lettres missives de Henri IV, VI, 617.
(2) Cf. Histoire de Neuilly, abbé Bellanger, Paris, 1855.

ANNÉES 1771 et 1772

Cliché Pottier TROISIÈME VUE DES TRAVAUX DU PONT DE NEUILLY

A. Pose d'une pierre servant à couronner une pile ; B. Avant-bec d'une pile ; C. Cintres chargés de pierres sur leur milieu ;
D. Treuil servant à élever la pierre sur les cintres ; E. Pont de service du côté d'Aval ; F. Pont de service du côté d'Amont.

Jean-Rodolphe Perronet était un enfant de la banlieue, il était né à Suresnes le 8 octobre 1708. Il était encore tout jeune lorsque son père, officier suisse au service de la France, mourut, le laissant sans fortune. Très fort en mathématiques, il se présenta, sur les conseils du maréchal de Berchiny, comme candidat au grade d'ingénieur militaire. Classé numéro 1 aux examens, il fut cependant refusé sous le prétexte qu'il n'était pas fils d'ingénieur. Il entre alors, en 1725, dans les bureaux de M. de Beausire, architecte de la Ville de Paris. En 1745, il passe comme inspecteur dans le corps des ingénieurs des ponts et chaussée, et peu après il est nommé ingénieur en chef de la généralité d'Alençon. En 1747 il est chargé, avec le titre de premier ingénieur de France, de l'organisation de l'Ecole des ponts et chaussées. Il fit exécuter sur ses plans treize ponts, et ceux de Neuilly, de la Concorde et de Pont-Sainte-Maxence sont considérés comme ses chefs-d'œuvre. Il fut anobli en mars 1753 et mourut le 27 février 1794.

Chargé de la construction du pont de Neuilly, Perronet résolut de l'édifier dans l'axe de l'avenue des Champs-Elysées, de prolonger jusqu'à la tête du pont l'avenue de Neuilly qui était alors fermée, un peu au-dessous de la rue du Château, par la maison Lenormand ; puis, du côté de Courbevoie, de prolonger l'avenue, avec les mêmes dimensions jusqu'en haut de la butte Chantecoq ; enfin au sommet (rond-point de la Défense) de tracer une immense place sur laquelle viendraient converger six larges avenues. Deux de ces voies partant de ce point devaient rejoindre, l'une le chemin de Bezons (route du Havre), l'autre (l'avenue de Saint-Germain, à Puteaux) le vieux chemin de Saint-Germain. Ce plan fut exécuté en entier (1).

D'après le devis, le pont devait être élevé sur le bras

(1) Cf. Description des projets et de la construction des ponts de Neuilly, de Mantes, etc., par PERRONET. Paris, 1782-89, 2 vol. gr. in-f°.

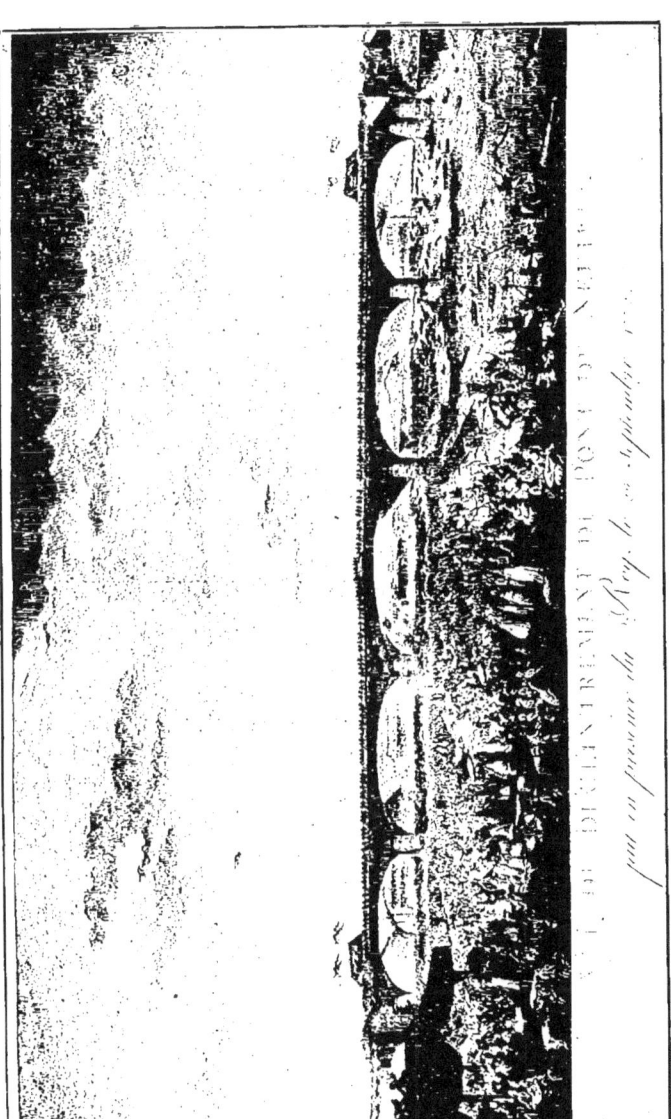

principal de la rivière, du côté de Courbevoie ; le bras du côté de Neuilly *devait être comblé* (il l'a été), et l'île, qui contenait 42.455 toises carrées, devait être supprimée sur 35.587 toises, et les terres devaient être enlevées jusqu'à 1 pied sous les plus basses eaux ; le tout pour *réunir en un seul canal la rivière* sur laquelle le pont serait construit.

Les caractérisques du pont étaient les suivantes : longueur d'une culée à l'autre, 110 toises 5 pieds (1) ; largeur entre les deux têtes, 45 pieds ; largeur de la voie, 29 pieds, des trottoirs, 6 pieds 3 pouces. Le pont aurait 5 arches, 4 piles, 2 culées et 2 demi-piles contre les culées. Les arches, de forme ovale, auraient chacune 120 pieds d'ouverture et 30 pieds de hauteur sous clef à compter de la naissance des voûtes.

Les plans et devis étant approuvés par M. Trudaine, une ordonnance parut, le 12 février 1768, expropriant les propriétaires de maisons et terrains situés dans la zone des travaux et leur donnant le 1er octobre comme dernier délai pour quitter les lieux occupés. Mais, disons-le, en novembre 1768, ils reçurent tous une juste indemnité du préjudice qui leur était causé.

Le 29 mars 1768 eut lieu l'adjudication des travaux : M. François Rimbaux fut déclaré adjudicataire des travaux de maçonnerie, pour la somme de 2.394.900 livres, et M. Léonard Legrand se chargea des travaux de terrassement pour le prix de 1.172.400 livres.

Le 28 avril 1768, on commençait la construction de la culée et de la première pile situées du côté de Courbevoie ; l'année suivante on édifiait les trois autres piles et la culée du côté de Neuilly.

En 1770, on place trois cintres et, le 16 août, commence la pose des voussoirs ou pierres de voûte ; en 1771 on élève les deux derniers cintres et on continue activement le voussage des arches. Pour faciliter le

(1) La toise = 1m949 ; le pied = 0m324.

ANNÉE 1773

Cliché Poitier. QUATRIÈME VUE DES TRAVAUX DU PONT DE NEUILLY

A. Ancien pont de bois du côté de Courbevoie ; B. Caserne des Suisses ; C. Ouvriers travaillant à la pose des baluts
D. Ouvriers travaillant au ragrément ; E. Déblais des terres de l'île ; F. Grand bateau marchand.

travail et l'apport des matériaux, on construit un pont de service.

Pour de tels travaux il fallait de la pierre, et il en fallait même beaucoup; aussi, à la carrière de Saillancourt, 350 ouvriers étaient employés à l'extraction et 76 chevaux transportaient ces immenses blocs de pierre au port de Meulan.

Là, ces pierres, qui avaient de 22 à 34 pieds de longueur étaient embarquées sur des chalands et transportées, par eau, à pied-d'œuvre.

Le 14 août 1772, le voussage des arches étant terminé, on enleva les couchis ou pièces de bois placées sur les cintres, et les arches ainsi dégagées se maintinrent seules sans aucun support.

C'est alors que l'on réserva au roi Louis XV un spectacle peu banal : la chute subite dans les eaux de tous les échafaudages ayant servi à la voussure des arches. On truqua le décor en déboulonnant à l'avance toutes les pièces qui maintenaient les fermes des cintres en place. Aussi quand, le 22 septembre 1772, Sa Majesté eut, vers les quatre heures, pris place sous la tente qui lui avait été préparée, à un roulement de tambour chaque cintre avec ses huit fermes s'écroula successivement dans les eaux. La chute d'une aussi grande quantité de bois, qui pesait au moins 720 milliers pour chaque arche, produisit un tel choc que le bruit en fut entendu de Paris et que l'écume de l'eau en jaillit jusque sur le pont. Des jeunes filles en blanc jetèrent des fleurs sur le pont, et Sa Majesté traversa dans son carrosse le nouveau chemin. En souvenir de cette cérémonie, on lui remit une médaille gravée par Roettiers fils. Elle portait à l'avers l'effigie du roi avec ces mots : *Ludovicus XV christianissimus*; au revers elle portait une vue du pont, avec cette inscription : *Novam artis audaciam mirante Sequana* (La Seine admirant la nouvelle audace du génie), et en exergue :

ANNÉE 1774

Cliché Pottier

CINQUIÈME VUE DES TRAVAUX DU PONT DE NEUILLY
Barrage du bras de Seine du côté de Neuilly

A. Pont de service ; B. Bateau échoué ; C. Bateau chargé de terre prêt à échouer ; D. Côté de Neuilly ; E. Côté de l'île ;
F. Gardes-suisses, ouvriers jetant des fascines, des bottes de foin, de la terre, etc.

Pons ad Lugniacum exstructus MDCCLXXII (Pont de Neuilly élevé en 1772).

M. Trudaine régala copieusement tout le personnel ouvrier : il avait fait transporter 60 pièces de vin, deux tonnes d'eau-de-vie et 15 sacs de farine qui furent transformés en pâtisseries. Le soir il paya 50 violons pour divertir et faire danser tout son monde.

Tout dans ce temps-là se terminait par des chansons, aussi on fredonna, sur l'air de : « Reçois dans ton galetas », le couplet suivant (1) :

> Oh dam' du beau pont de Neuilly
> J'ons vu débâcler la charpente ;
> Là not' cœur s'est bien réjoui
> D'y voir not' bon roi dans sa tente ;
> J'ons ben crié : Vive not' Bourbon,
> Puis encore c'ti-la qu'a fait le pont. *(bis)*
> Etc., etc...

Enfin, pendant les années suivantes : 1773, on termine les trois assises des tympans, la maçonnerie des reins ; 1774, on ragrée et rejointe les pierres du pont, on pose les bahuts, et surtout le 1er août on obstrue l'ancien bras de Seine. Le bras de Seine de Neuilly coulait jadis au dessus de la culée du pont de Neuilly, et s'étendait presque jusqu'à la rue Ibry. Le 10 août, 290 ouvriers et 80 gardes suisses travaillèrent toute une journée à établir un barrage en y coulant 3 ou 4 bateaux chargés de pierres et en y jetant fascines, terre, fumier et moellons.

Ces terrains ainsi comblés, formant une superficie de 24 arpents 45 perches, furent vendus au profit du Domaine (2).

Enfin de 1775 à 1780, date de la terminaison des travaux, on creusa le nouveau bras de Seine du côté de Neuilly, on transporta les terres sur l'emplacement de l'ancien bras, et on démolit les vieux ponts de bois.

(1) *Mercure*, Octobre 1772, p. 175.
(2) Arch. Nat., N³, Seine, 604.

CHAPITRE XI

LE COUVENT DU SAINT-ESPRIT : LES TERTIAIRES
RÉGULIERS DE SAINT-FRANÇOIS D'ASSISE.
VINCENT MUSSARD ET LA RÉFORME DE LA CONGRÉGATION
EN FRANCE. — LA DONATION MARESCHAL ET XAINTE
JOURDAIN — LA FONDATION DU COUVENT
DU SAINT-ESPRIT A COURBEVOIE ET M. FORNE. — LA
VIE DES TERTIAIRES. — SUPPRESSION
DE LA CONGRÉGATION ET VENTE DU COUVENT.

Courbevoie a eu l'honneur de posséder un couvent, non pas un de ces couvents où la licence s'était glissée, mais un centre religieux, foyer ardent de zèle et de piété, qui se maintint dans la ferveur de sa règle jusqu'au jour où les lois sectaires de 1789 le supprimèrent.

Ce monastère, appelé couvent du Saint-Esprit, s'élevait rue Saint-Denis, sur l'emplacement désigné par les numéros 17, 19 et 21 ; il n'en reste que quelques vestiges dont nous donnons les photographies.

Il était occupé par des Tertiaires réguliers de Saint François d'Assise, appelés encore Pères de Picpus, pères de N.-D. de Nazareth, et aussi Pénitents du tiers-ordre ; divers noms qui leur convenaient parfaitement

126   COURBEVOIE

car chacun d'eux indiquait, ainsi que nous le dirons, une période de leur histoire.

C'est en 1221 (1) que François d'Assise rédigea pour des habitants de Carnerio, en Italie, qui voulaient se vouer, au milieu des affaires du siècle, à une pénitence volontaire, la règle du Tiers-Ordre.

Tertiaires réguliers de Saint François d'Assise (d'après le P. Hélyot)

Cette nouvelle conception de la vie religieuse fut accueillie avec enthousiasme et se propagea très rapidement dans toutes les classes de la société. Le tiers-ordre eut l'honneur de compter parmi ses membres Saint Louis, roi de France, Charles IV, empereur d'Al-

(1) Arch. Nat., G⁰ 61.

lemagne, Béla IV, roi de Hongrie, Sainte Elisabeth, Blanche de Castille, etc.

Des célibataires des deux sexes, animés d'un plus grand désir de perfection, résolurent ensuite de se séparer complètement du monde et de pratiquer dans la solitude la règle du patriarche d'Assise. Leur projet, approuvé par les papes, donna naissance au tiers-ordre régulier. De nombreux couvents surgirent de toutes parts, et nous voyons le premier s'ouvrir, en France, à Toulouse, en 1289.

Au XVe siècle ces établissements étaient si nombreux en France qu'ils formaient trois groupes importants divisés en provinces, d'Aquitaine, de Normandie, de Lyon.

Les guerres de religion vinrent malheureusement ruiner ces fondations, et les quelques maisons qui subsistèrent déchurent de leur ferveur primitive, et tombèrent dans l'irrégularité et le relâchement.

En 1594, (2) Vincent Mussard forma le projet de réformer ces abus et de ramener l'ordre et la discipline dans ces communautés.

Né à Paris, sur la paroisse de Saint-Germain-l'Auxerrois, le 13 mars 1570, le P. Mussard avait reçu les ordres mineurs et le sous-diaconat les 20 et 21 décembre 1591, le diaconat le 14 mars 1592, et la prêtrise le 26 mars 1594. Il avait embrassé la vie érémitique, et s'était retiré d'abord, avec un confrère, dans la forêt de Sénart, puis au Val-Adam; ayant groupé auprès de lui plusieurs compagnons, il alla se fixer à Franconville-sous-Bois, où le seigneur du lieu lui avait donné une chapelle et un local pour sa petite communauté.

Ce fut là qu'il conçut son projet de réforme. Pour le mener à bien, il demanda et obtint du provincial des Frères-Mineurs de la province de France parisienne qu'il déléguât un de ses religieux, du couvent de

(2) JEAN MARIE DE VERNON. *Hist. Gén. du Tiers-Ordre.*

Pontoise, pour leur faire accomplir à tous une année de noviciat, et recevoir leurs vœux.

En 1598, le général de l'Ordre des Frères-Mineurs ratifia cette profession, et donna au père Mussard les pouvoirs de recevoir à l'habit et à la profession du Tiers-Ordre, de fonder de nouveaux couvents et de travailler à la réforme des communautés tombées dans le relâchement. Ces pouvoirs, le pape Clément VIII les ratifia par un Bref, dans lequel il décréta que tous les couvents du Tiers-Ordre régulier seraient soumis à l'obédience du ministre-général des Frères-Mineurs, mais aussi que ces religieux, réunis tous les trois ans dans un Chapitre provincial, éliraient eux-mêmes un ministre provincial de leur Ordre, qui aurait pleine juridiction sur tous les couvents du Tiers-Ordre régulier. En exécution de ce Bref, la réunion du Chapitre eut lieu à Franconville, en 1604, et le père Mussard fut élu provincial.

Avec l'approbation de Henri IV, le nouveau supérieur fonda alors un couvent au village de Picpus, près de Paris. C'est de cette fondation qu'on donna à ces religieux le nom de « Pères de Picpus ».

Sous l'intelligente initiative du P. Mussard, les fondations furent si nombreuses qu'au Chapitre de 1608 il fallut diviser les monastères en quatre custodies, qui reçurent les noms de provinces de France, de Normandie, de Lyon et de Languedoc.

Le P. Mussard, après avoir vu se réaliser son projet de réforme, mourut le 13 août 1637.

La mort du saint fondateur fut suivie de divisions et de contestations entre les religieux des custodies de France et de Normandie, qui vivaient unies sous la direction d'un seul provincial.

Au chapitre de 1642, pour ramener la paix dans les esprits, on décida de séparer ces deux provinces, de les rendre autonomes en leur donnant à chacune un provincial. Cette motion agréée, on leur donna les noms :

à l'une, de province de France ou de Saint-François, et à l'autre, de province de Normandie ou de Saint-Yves. Dans le partage des couvents, qui suivit cette séparation, on attribua à la province de Saint-François les couvents de Belleville-sur-Sablon, près Paris, Franconville-sous-Bois, Limours, Bréaux, Sens, Courtenay, Vaucouleurs, Bar-le-Duc, Nancy, Bayon, Syon et Montheureux-en-Lorraine, plus l'hospice et monastère des moniales de la congrégation de Nancy, avec la maison de Picpus, à Paris, comme maison principale ; on donna à la province de Saint-Yves les monastères de Vernon, Les Andelys, Louviers, Neufchâtel, Veule, Saint-Valery-en-Caux, Rouen, Croisset, Laigle, Saint-Lô, avec le monastère des moniales de Sainte-Elisabeth, et l'hospice de Notre-Dame-de-Nazareth comme maison-mère, et la charge de procéder à l'installation d'un couvent à Mouy-en-Beauvoisis, en conformité avec les dispositions testamentaires de M. Mareschal et de sa femme, Xainte Jourdain.

C'est justement l'obligation de satisfaire à cette fondation qui amena les Pères de Notre-Dame-de-Nazareth à Courbevoie.

Nous allons utiliser ici le Mémoire qu'ils nous ont laissé des divers événements qui les ont amenés à s'établir dans ce village (1).

Le 18 novembre 1630, M. Olivier Mareschal, marchand bourgeois de Paris, et son épouse Xainte Jourdain, convoquaient en leur maison, sise rue Traynée, paroisse Saint-Eustache, M{res} Pierre Guerreau et Pierre Pasque, notaires et gardenotes du roi, et stipulaient, en faveur des religieux du Tiers-Ordre régulier de Saint-François, de la province de France, représentés par le R. P. Oronce de Honfleur, pour l'établissement et l'entretien d'un couvent à Mouy, diocèse de Beauvais, un acte de donation.

(1) Arch. Nat., S. 4336. « *L'Establissement du Couvent... à Courbevoye.* » Ms.

Cette donation comprenait une maison avec jardin, grange et étable, plusieurs lots de terres labourables, de prés, vignes et rentes, plus une somme de 7.502 livres 7 sols qui serait comptée le jour de leur décès ; le tout, d'une valeur de 36.380 livres, et d'un revenu annuel de 1.823 livres.

Cette libéralité était faite sous la condition que les donateurs auraient le titre de fondateurs du couvent, qu'ils participeraient à toutes les œuvres spirituelles de la Congrégation, et enfin que la messe conventuelle du monastère de Mouy serait célébrée à perpétuité à leurs intentions. Les religieux, de leur côté, s'engageaient à procéder à l'établissement du couvent, à y entretenir un groupe de 10 à 12 religieux, et enfin à construire une église pour leur usage.

Comme toujours lorsqu'il s'agit d'œuvres religieuses, de nombreux obstacles surgirent, mais cette fois, chose peu banale, les difficultés vinrent du fait des religieux. Les Pères de la province de Saint-François prétendirent que ce futur couvent leur était échu lors de la séparation de 1642, et dénièrent aux Pères de la province de Saint-Yves le droit d'entrer en possession des biens donnés par M. Mareschal et de procéder à l'installation de ce monastère.

Naturellement il fallut plaider devant le Parlement ; celui-ci ne trancha pas la question, mais engagea les parties à se pourvoir devant la Cour des Réguliers. A Rome, l'affaire fut enfin solutionnée à l'avantage des Pères de la province de Saint-Yves.

Cette première difficulté aplanie, il en restait une seconde, et non des moindres, c'était d'obtenir de Mgr l'Evêque de Beauvais l'autorisation de s'établir dans son diocèse. Celui-ci, qui possédait déjà un couvent de Tertiaires réguliers à Franconville, refusa la requête que les Pénitents lui avaient présentée le 14 octobre 1654, et les invita à aller s'établir ailleurs, leur accordant cependant la faculté d'appliquer à ce monastère les revenus qu'ils percevraient à Mouy.

Au chapitre de 1655 (1), on chercha un moyen de terminer cette affaire, et on décida de s'enquérir, sur la route de Paris à Meulan, au Mont-Valérien ou à Rueil, d'un immeuble propice qui servirait de point d'étape aux religieux en voyage, et de maison de récollection.

Justement, sur ces entrefaites, on apprit que les deux prêtres, MM. Baillu et Le Royer, qui desservaient le Calvaire du Mont-Valérien, étaient disposés à céder leur propriété à une communauté régulière. Aussitôt, le R. P. Donat, de Lisieux, fut trouver son ami M. Gervaise, promoteur de l'abbaye de Saint-Germain-des-Prés, et supérieur de l'Hôpital des Convalescents, et le pria d'intervenir en leur faveur, auprès de ces Messieurs, et de négocier cette affaire à leur profit.

M. Gervaise accepta cette mission, entra en rapports avec MM. Baillu et Le Royer et, leur ayant démontré que les Tertiaires étaient les mieux qualifiés pour entretenir au Mont-Valérien l'esprit et la dévotion de la Croix et du Calvaire, il les pressa vivement de céder leur maison aux Pénitents.

MM. Baillu et Le Royer, après avoir pris avis de leur ami et bienfaiteur M. de Morongia, conseiller d'Etat, acceptèrent la proposition qui leur était faite et avec les R. P. Oronce, provincial, Chérubin du Pont-de-l'Arche, discret, et Donat, procureur, ils passèrent contrat. M. de Saussey, curé de Saint-Leu et vicaire général, avait même donné son consentement, et l'affaire semblait terminée, quand les religieux Jacobins vinrent se jeter à la traverse et prétendirent, d'accord avec les Ermites du Mont-Valérien, s'établir au Calvaire.

L'Archevêque de Paris mit tout le monde d'accord en déclarant aux uns et aux autres que cette fondation avait été faite pour des prêtres de son diocèse, et qu'il

(1) Arch. Nat., S. 4336.

entendait la conserver à sa destination. Ceux qui furent les plus consternés de cette décision ce furent les pauvres tertiaires, qui voyaient ainsi leurs projets s'évanouir.

Ces trois échecs ne les découragèrent pas cependant : aussitôt ils portèrent leurs vues sur Colombes, et leur choix s'arrêta un instant sur une propriété située à l'entrée du village et qui appartenait à Mlle de Varennes.

Ils eurent grandement raison de ne pas se décourager, car la Providence leur ménageait une agréable surprise en la personne de M. Forne, maître et administrateur de l'Hôtel-Dieu, qui allait leur donner le couvent tant désiré. Voici du reste dans quelles circonstances : M. Forne étant allé voir sa fille, la R. Mère Clotilde, religieuse du royal monastère de Sainte-Elisabeth, lui manifesta son intention de se retirer du monde pour penser plus sérieusement aux affaires de son salut. Sa fille lui conseilla de venir dans son monastère où, dans des appartements spéciaux, on recevait de pieux pensionnaires. M. Forne, trouvant que le recueillement n'y serait pas suffisant, Mère Clotilde l'engagea alors à fournir aux Tertiaires l'immeuble qu'ils cherchaient depuis si longtemps, et à vivre au milieu de ces religieux. Cette combinaison lui ayant convenu, sa fille résolut de le mettre aussitôt en rapport avec un de ces religieux, mais M. Forne ajourna cette entrevue jusqu'à la fête de Sainte Elisabeth, au 19 novembre.

A l'occasion de cette solennité, il revint effectivement ; il eut alors un long entretien avec un des Pères, et il lui donna sa promesse de contribuer à l'établissement du couvent. Les Pères Donat et Chérubin écrivirent de suite au père Martial du Mans cette bonne nouvelle et l'engagèrent à venir régler lui-même cette affaire. A cette proposition, le Père Provincial accourut à Paris, et députa à M. Forne le Père Chérubin pour

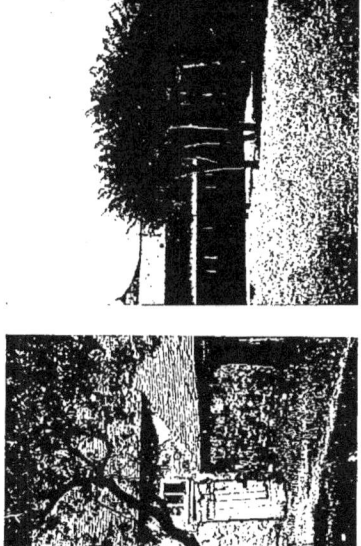

COUVENT DU SAINT-ESPRIT

1° Façade du couvent (rue Saint-Denis, 19 et 21), aujourd'hui démolie ; 2° Bâtiment avec perron ; 3° Granges louées au citoyen Gois ; 4° Pavillon du supérieur de la Custodie et de son secrétaire.

l'informer de sa présence et lui demander quand il lui plairait de le recevoir. Bien qu'alité par suite d'un gros rhume, M. Forne reçut le Révérend Père ; il lui renouvela l'assurance de ses intentions, et lui dit que la maison que l'on se proposait d'acheter à Colombes lui semblant trop éloignée de Paris, il avait cherché lui-même un immeuble à Auteuil, à la Planchette, au hameau de Courtilles, aux Ternes et au Roule ; et en terminant, il le pria d'aller voir ces maisons.

Le 26 décembre 1657, fête de Saint Etienne, le père Martial et le père Chérubin allèrent visiter ces propriétés ; mais, les trouvant trop rapprochées de la capitale, ils poussèrent jusqu'à Courbevoie. Là ils allèrent voir le beau-frère de la Révérende Mère Cécile de Saint-Augustin, religieuse de Sainte-Elisabeth, M. Blouin, qui se mit à leur disposition et leur fit visiter la première maison sise à main gauche à l'entrée du village de Courbevoie. Cette maison plut aux religieux, qui s'empressèrent d'en informer M. Forne, et se mirent en devoir d'obtenir toutes les autorisations nécessaires pour s'y installer.

M. Pierre Vergnier, chevalier, chanoine de France et fondateur du couvent de Nazareth, promit au père Irénée, son confesseur, d'user de tout son crédit à la Cour pour obtenir la délivrance des *Lettres Patentes* royales accordant au futur couvent de Courbevoie la jouissance de la fondation de M. Mareschal. En novembre 1657, grâce aux bons offices de M. Vergnier, les religieux recevaient notification de la décision royale. Nous permettons, disait le Roi, l'installation à Colombes du dit couvent, lequel sera et demeurera doté des biens donnés et légués par M. Mareschal qui sont transférés et affectés au couvent de Colombes.

En même temps, M. Vergnier sollicitait de Mgr l'archevêque de Paris l'autorisation, pour les Tertiaires, de se fixer à Courbevoie. Le 27 mars 1658, M. J.-B. de Contes, doyen de l'Eglise métropolitaine de Paris, et

M. Alexandre de Hodencq, curé et archiprêtre de Saint-Séverin, tous deux vicaires généraux de Mgr de Gondy, cardinal de Retz, archevêque de Paris, accordaient aux Pères de N.-D. de Nazareth l'autorisation de s'établir à Courbevoie, à la condition qu'ils ne pourraient à l'avenir obtenir la permission de fonder aucun autre couvent de leur Ordre dans le diocèse de Paris, et sous la réserve de ne pouvoir entretenir dans ce monastère plus de dix à douze religieux. Cette permission défendait encore aux Pères de dire la messe conventuelle et de chanter les vêpres, les dimanches et fêtes, à la même heure que dans les églises de Colombes et de Courbevoie.

Cette fois, les Pères étaient bien en règle avec l'autorité civile et religieuse, mais il leur manquait encore l'essentiel, c'est-à-dire le local pour installer le couvent. M. Blouin, dont on comptait acquérir l'immeuble, avait montré de telles exigences qu'il avait fallu, sur le conseil de l'architecte M. de Verdun, renoncer à faire l'acquisition de sa maison. Si M. de Verdun déconseillait cet achat comme trop onéreux, il proposait d'acheter à Courbevoie, à M. Le Bossu, seigneur pour partie de ce village, une autre propriété dont le prix d'achat et la situation donnaient toute satisfaction. Les R. P. Martial et Chérubin et M. Percheron, désigné par l'archevêché pour s'assurer si le couvent répondait bien aux exigences de la vie monacale, furent absolument de son avis. M. Forne se rendit à leur conseil et le 30 mars 1658 acheta la maison de M. Le Bossu.

De cet acte nous détachons les passages suivants :

Par devant les notaires, garde-notes du roi, au Châtelet de Paris soussignés, furent présents :

1° Messire Claude Le Bossu, seigneur pour moitié de Courbevoie, conseiller et secrétaire du roi et de ses finances

et Dame Anne Hardy, sa femme, de lui autorisée à

l'effet des présentes, demeurant à Paris, rue Traisnée, paroisse Saint-Eustache, d'une part ;

2° Et noble homme Jean-Baptiste Forne, bourgeois de Paris, demeurant rue Neuve, paroisse Saint-Médéric, d'autre part ;

Lesquels ont reconnu avoir accordé entre eux l'échange qui s'ensuit :

C'est à savoir, que les dits sieur et dame Le Bossu ont, par ces présentes, baillé, cédé, quitté, transporté et délaissé, dès maintenant et à toujours, à titre d'échange, et promis l'un pour l'autre, chacun d'eux seul pour le tout, sans division ni discussion, renonçant aux bénéfices des dits droits, avec garantie de tous troubles, douaires, hypothèques, évictions et autres empêchements également quelconques, au dit sieur Forne acceptant pour lui, ses hoirs et ayants cause

Une grande maison située au village de Courbevoie, sur la rivière de Seine, rue Saint-Denis, paroisse de Colombes, appliquée à une grande cave, une salle et une cuisine au rez-de-chaussée, chambres et cabinets au-dessus ; 2° une petite maison, attenant à l'entrée, destinée au jardinier ; une basse-cour dans laquelle il y a un hangar ou remise de carrosse ; un petit cellier, étable, écurie, une foulerie sans son pressoir ; et de l'autre côté un petit corps de logis avec une montée.

Comme les lieux sont disposés et se poursuivent et comportent de fond en comble y compris un jardin potager (dans lequel il y a un puits mitoyen) et un grand enclos planté de cerisiers, vignes et arbustes fruitiers. Les dites maisons, bâtiments, basse-cour, jardin et enclos fermés de murs, tenant par devant sur la rue Saint-Denis, par derrière au chemin qui va aux vignes des Genets et d'une autre part aux susnommés.

La dite maison est mentionnée dans la censive du

Sieur Le Bossu et dans celle des Seigneurs de Courbevoie ; elle est chargée envers eux du far de 4 deniers parisis par arpent, et porte lods et ventes, quand le cas y échoit.

En échange, M. Forne donnait : 1° un titre de

BATIMENT JADIS EN FAÇADE SUR LA RUE SAINT-DENIS (n° 21)
démoli lors de l'alignement de la rue

rente de 500 livres, rachetable pour la somme de 9.000 livres, constitué par M. Jean de la Rüe, huissier ordinaire du roi en ses conseils d'Etat privés et dame Elisabeth Cramoisy sa femme, solidairement à noble homme Sébastien Cramoisy, ancien échevin, bourgeois de Paris, un des maîtres et gouverneurs de l'Hôtel-Dieu de cette ville, par contrat passé devant Boullard et Quarré, notaires au Châtelet, le 8 juin 1657, appartenant au Sieur Forne, au moyen d'un transfert qui lui a été fait par le Sieur Sébastien Cramoisy, par contrat du 20 du présent mois de mars 1658 ; 2° une somme de 3.600 livres de soulte.

Le dit acte passé, en la maison du Sieur Le Bossu, le 30 mars, avant midi, 1658.

Le 16 avril suivant, M. Forne complétait son œuvre et la rendait *définitive* par un acte de donation passé devant Mes Mousnier et Desnotz qui en ont gardé la minute.

De cette donation nous extrayons les passages les plus importants : M. Forne ayant considéré qu'il ne pouvait mieux reconnaître les grâces et les bienfaits singuliers qu'il a reçus toute sa vie et qu'il reçoit encore journellement de la bonté divine, ni employer plus saintement ni plus utilement les biens qu'il a plu à Dieu de lui départir, que de procurer sa plus grande gloire et l'accroissement du culte divin, par iceux, en faisant part de ses moyens temporels aux bons religieux qui se sont spécialement voués à son service, et ayant appris que les RR. Pères Pénitents de la province Saint-Yves projetaient d'établir en la paroisse de Colombes, au village de Courbevoie, proche de cette ville de Paris, un couvent de leur ordre et province pour servir de récollection et y vivre avec ferveur et mutuelle observance de leurs règles et exercices,

Pour aider à l'accomplissement d'une si bonne œuvre et pour l'affection et l'estime particulière qu'il a de la vertu et de la vie de ces religieux...

Il se serait résolu de donner, aux charges et conditions déclarées ci-après, une maison, jardin et enclos, propres et commodes pour ledit établissement, qu'il avait acquis depuis peu à cet effet audit village de Courbevoie.

A été passé entre les parties le contrat suivant :

C'est à savoir que M. Forne a par ces présentes volontairement, pour l'amour de Dieu et de la Sainte Vierge, et pour la dévotion qu'il porte au séraphique père Saint François et auxdits religieux de son ordre, donné, cédé... par donation pure et simple, irrévocable et absolue faite entre-vifs... auxdits religieux, une grande maison...

Pour lesdits religieux fonder et établir en ladite maison un couvent de leur ordre qui sera destiné à un couvent de retraite et de récollection, conformément aux statuts généraux de l'Ordre, approuvés par le Saint-Siège, qui portent expressément, au paragraphe « des Fabriques », qu'il y aura, en chaque province, un couvent renté où l'on gardera étroitement la solitude et le silence durant une année ou davantage.

Cette donation est faite à la charge pour les religieux :

1º De payer le cens, les lods et ventes, le droit d'indemnité et de main-morte, en raison de ladite donation ;

2º De reconnaître pour fondateur, avec les privilèges qui en résultent, M. Forne ; de transmettre ce privilège, à perpétuité, à l'aîné de ses descendants ; d'accorder, en outre, momentanément, cette faveur à dame Marguerite Cramoisy, épouse de M. Jean-Jacques Forne, fils aîné du fondateur et par représentation de feue dame Anne d'Avoust, femme du sieur Forne père ;

3º De laisser la jouissance au Sieur J.-B. Forne, à son fils J.-J. Forne et à son épouse Mᵉ Cramoisy, leur vie durant, de la petite maison du jardinier, du jardin potager, des arbres fruitiers et du petit corps de logis situé à main-gauche en entrant dans la grande maison, pour y habiter quand il leur conviendra et y séjourner tout le temps qu'il leur plaira, avec un ou deux domestiques, pour vaquer plus facilement aux affaires de leur salut ;

4° De célébrer chaque jour et à perpétuité la première messe du couvent, à laquelle doivent communier les frères employés au service de la communauté, à l'intention du sieur Forne père, de ses enfants et descendants pour le repos de leurs âmes et pour leurs parents et amis vivants et trépassés ; de les faire participer à toutes les messes, offices divins, prières et oraisons et bonnes œuvres dudit couvent ;

5° De dire et célébrer chaque année, et cela à perpétuité, au jour anniversaire du décès de M. J.-B. Forne, l'office avec la messe haute des morts, la représentation et le *Libera me* à la fin de la messe ; et en attendant de dire cette messe et de célébrer cet office le 27 janvier de chaque année, à l'intention de dame Forne, épouse décédée de M. J.-B. Forne ;

6° De donner au couvent le titre de : Couvent du Saint-Esprit ;

7° De poser, pour perpétuer le souvenir de cette fondation, contre les murs de la sacristie ou de la salle du Chapitre du nouveau couvent, une épitaphe de marbre, pierre ou cuivre, portant le sommaire de cette fondation.

Les Tertiaires réguliers n'attendirent pas que ce dernier acte fût signé pour prendre possession de la propriété. Le samedi 30 mars, dès que M. Forne eut signé avec M. Le Bossu l'acte d'achat et qu'il en eut fait la donation verbale aux RR. PP., les Pères Martial, Chérubin et François, accompagnés des frères Bonaventure de Saint-Tillet et Michel de Saint-Didier, se rendirent immédiatement à Courbevoie, où ils arrivèrent le soir assez tard. Pendant toute la nuit, ils travaillèrent à organiser une chapelle et, à 5 h. 1/2, tout étant terminé, le père Martial, qui avait couché chez

M. Le Bossu, prépara de l'eau bénite, bénit la chapelle improvisée et une croix que le frère Bonaventure s'empressa d'aller fixer au-dessus de la grande porte de la rue Saint-Denis. Puis, après avoir chanté avec ses religieux le *Veni Creator*, le Révérend Père célébra la première messe, à laquelle les deux frères communièrent ; le père Chérubin lui succéda à l'autel. A la fin de cette messe, une bonne veuve de Courbevoie demanda à se confesser et à recevoir la sainte communion. Trois personnes seulement de Courbevoie avaient assisté à la première messe, mais une vingtaine avaient entendu la seconde.

Pendant que ses confrères célébraient les saints offices, le père François-Marie se rendit à Colombes pour saluer M. le Curé et l'informer de leur établissement à Courbevoie. M. le Curé fut naturellement surpris d'un tel empressement, et le père François s'efforça de son mieux de lui en montrer les raisons. Cette démarche faite, il revint au nouveau couvent pour y dire, à 11 heures, la troisième messe, qui réunit cette fois beaucoup de fidèles.

A la fin de cet office, le vicaire de Courbevoie vint, avec plusieurs personnes, visiter la chapelle, adorer le Saint-Sacrement et témoigner aux Pères sa joie de les voir établis dans la paroisse.

Dans leur empressement à venir à Courbevoie, les religieux avaient omis d'apporter des provisions ; aussi firent-ils honneur au gros morceau de pain bénit qu'un des visiteurs leur offrit. A Paris, on pensait à leur détresse ; aussi de grand matin envoya-t-on les frères Augustin et Louis leur porter quelques petits pains et deux carpes qu'une bonne personne avait apportés à cette intention.

M. Forne, indisposé, ne put venir ce jour-là à Courbevoie, mais il envoya ses deux fils et son gendre, M. Constant, leur témoigner toute la joie qu'il éprouvait de les savoir dans leur nouveau couvent.

Ces messieurs firent leurs dévotions dans la chapelle, visitèrent toute la maison et se retirèrent enchantés de leur visite et tout heureux de voir les désirs de leur père réalisés.

Cette inauguration du couvent ayant eu lieu le 31 mars 1658, le quatrième dimanche de Carême, les Pères ne manquèrent pas de trouver, dans l'*Introït* de la messe de ce jour, un heureux présage et l'expression de leurs sentiments : « Réjouis-toi, Jérusalem ; et vous tous qui l'aimez, réunissez-vous pour partager sa joie ; tressaillez d'allégresse vous qui avez été dans la douleur, car vous serez comblés de délices et des consolations les plus abondantes. Je me suis réjoui de cette parole qui m'a été dite : Nous irons dans la maison du Seigneur. »

Si les Pères de Nazareth chantaient le *Lætare*, leurs frères, les pères de Picpus, ne partageaient pas leur allégresse. Mus par un mauvais sentiment et sous le vain prétexte que cette fondation leur était préjudiciable, les pères de Picpus et de Franconville lièrent partie avec le curé de Colombes et les héritiers de M. Mareschal — MM. Jourdain et Bachelier, — et firent opposition au Parquet, entre les mains des gens du roi, contre cet établissement. L'affaire, très habilement menée et réunissant tous les intérêts hostiles à cette fondation, menaçait d'être très dangereuse pour les Révérends Pères de Nazareth. Heureusement Monseigneur le Chancelier prit fait et cause pour eux.

Pendant qu'il obtenait le désistement du curé de Colombes, les Pères agissaient si utilement, auprès de MM. Jourdain et Bachelier, qu'ils leur faisaient signer mainlevée de leur opposition et rédiger une demande explicite de transporter de Franconville le plus tôt possible les corps des fondateurs, MM. Mareschal et Xainte Jourdain, dans les caveaux de la chapelle du couvent de Courbevoie. Il ne restait donc plus que le véto des Pères de Picpus et de Franconville ; pour le faire lever il fallait obtenir audience, et c'était chose difficile. Enfin, malgré les moyens dilatoires employés par l'adversaire, la cause fut évoquée et jugée, en 1662, à l'avantage des Pères de Nazareth.

Le 30 mars 1658, lors de la prise de possession, l'installation n'ayant été que provisoire, il fallut, dans la suite, la mettre en rapport avec les exigences de la vie conventuelle, lui donner une famille, y établir une chapelle, des cellules, etc. Voici comment le père Martial constitua la famille : il nomma, en attendant les élections du futur Chapitre provincial, le père François-Marie supérieur, le père Claude de Saint-François proviseur, le père Bernardin de Saint-Louis sacristain, et il leur adjoignit les frères Henri de Saint-Pierre et Hilarion de Saint-Jacques.

Le nouveau supérieur, le père François-Marie, s'occupa d'organiser son couvent : des bâtiments qui servaient d'écurie, restaurés, il fit la chapelle ; il les compléta par une petite construction qu'il fit élever en arrière et qu'il couronna d'un modeste clocheton : ce fut la sacristie. Pour la décoration de cette chapelle, qui n'était que provisoire, de pieux fidèles lui fournirent : M. Desponty, receveur de rentes, la cloche ; Mmes de Vicques et Anne, tertiaires de Paris, la lampe du sanctuaire et divers meubles ; Mmes Collin et Blossier, des tableaux et des pièces de tapisserie.

Le père François menait ces travaux si rondement que le Jeudi saint, 18 avril, la chapelle était prête et qu'on pouvait y placer le Saint-Sacrement et y célébrer les offices de Pâques.

En même temps il faisait adapter l'immeuble aux exigences de la vie monastique ; il fit si bien qu'au Chapitre suivant tout était, sinon parfait, du moins suffisant.

Tout cela n'était encore que du provisoire : on dit que généralement il dure longtemps, ce ne fut pas le cas en cette circonstance. Grâce à de nombreuses et généreuses offrandes, le père François-Marie « travailla si bien que, tout en faisant heureusement subsister sa communauté, il ne laissa pas d'y faire de notables augmentations et améliorations » et même d'y faire élever une chapelle. Le petit sanctuaire des premiers jours disparut pour faire place à une église fort dévote dans laquelle on voyait trois chapelles. L'une, dédiée à la Sainte Vierge, était un don de M. Forne; l'autre sous le titre de Saint Joseph, avait été offerte par M. Le Couteux ; et la dernière, sous le vocable du Saint-Esprit, titre du couvent, avait été élevée par plusieurs personnes. La bénédiction de l'édifice eut lieu le jour de la Pentecôte, et le père François-Marie y célébra la première messe. La princesse Henriette-Marie de France, reine d'Angleterre, qui habitait à Bois-Colombes, daigna honorer de sa présence cette cérémonie.

Suivant les conditions imposées par M. Forne, les religieux placèrent dans leur église une plaque de marbre rappelant les termes essentiels de la donation. Nous avons pu retrouver, chez M. l'abbé Blauvac, curé de Clichy et fervent tertiaire, quatre débris de cette plaque que nous avons photographiés et dont nous donnons ici le texte en complétant les lacunes :

Par contrat du sixième (jour) d'avril 1658, passé devant Mousnier et d'Esnot, (notaires) au Chastelet de Paris, il paroist noble homme Jean-Baptiste Forne, (l'un) des gouverneurs et administrateurs de (l'hôtel) Dieu de Paris, a volontairement et (pour) l'amour de Dieu et de la Sainte Vierge et pour (la) dévotion qu'il porte au séraphique Père saint François (et aux) religieux de son troisième ordre ;

Donné par donation pure et simple, faite entre vifs, aux religieux du Tiers Ordre de la province de Saint-Yves, une grande maison sise à Courbevoie, pour les dits religieux fonder et établir en ladite maison un couvent de leur ordre. Cette donation est faite sous la

condition (que la première messe du couvent à laquelle)
doivent communier les frères employés pour le service
(de la) communauté sera dite et célébrée à perpétuité
à l'intention (du Sieur For)ne et de sa défunte dame

DÉBRIS DE LA PLAQUE DE FONDATION DU COUVENT DU SAINT-ESPRIT

Anne d'Avoust et pour le repos de (le)urs âmes et de
leurs enfants et descendants qui se (ront) ren*(dus)
participants à toutes les autres messes, offices (divins),
priè(res) et oraisons et bonnes œuvres dudit couvent.
(Et) aussi à la charge de célébrer par chacun an à per-

pétui (té) le jo (ur) du décès du Sieur Forne, père, ou autre jour (le plus) prochain non empêché, l'office avec la messe (haute) des morts, la représentation et le Libera (à la) fin de la messe, selon l'usage dudit ordre (pour le) salut éternel de son âme, à comme (ncer) aussitôt son décès. »

De ce couvent, il nous reste encore un souvenir beaucoup plus précieux : ce sont les reliques de Saint Domitius qui sont placées, dans l'église de Courbevoie, sur un des piliers du chœur du côté de l'Evangile. Lorsque Monsieur l'abbé Douvain, curé de la paroisse, les découvrit dans les combles de l'église, il les fit mettre dans le sanctuaire pour les faire vénérer par les fidèles; mais, ignorant le nom du martyr, il fit inscrire au dessous l'inscription suivante : « *Ossa alicujus sancti martyris* » : Ossements d'un saint martyr.

A propos de ces reliques voici ce que nous lisons dans le Père de Vernon, qui dans son ouvrage sur le Tiers-Ordre, a consacré un paragraphe au couvent de Courbevoie : « Le corps de Saint Domice ou Domitius a été envoyé de Rome pour le couvent de Courbevoie. L'ouverture de la châsse fut faite par Monseigneur l'Archevêque de Paris, en présence de Monseigneur l'Evêque d'Orléans et de plusieurs abbés, après que les P. Martial, ex-provincial, et François-Marie, gardien de Courbevoie, la lui eurent présentée. Deux habiles chirurgiens ayant fait la dissection, le vénérable corps s'est trouvé tout entier, à la réserve de quelques doigts et d'une dent. Une pièce de marbre ou de grosse ardoise longue et large d'environ un pied y était enfermée, sur laquelle on voyait le nom du saint écrit en lettres gothiques, avec une palme, gravée dessus, qui est la marque des martyrs. Une fiole à l'antique, d'une matière inconnue, paraissait là où l'on avait mis une partie du sang de *Saint Domice*.

Monseigneur l'Archevêque de Paris a donné son approbation authentique avec les indulgences.

La translation fut faite solennellement, au mois d'octobre 1667, dans le couvent de Courbevoie, avec un grand concours de peuple » (1).

※
※ ※

Comme autrefois les Hébreux entrèrent, après les épreuves du désert sinaïtique, en possession de la Terre promise, ainsi les Tertiaires, après 28 années de tribulations, purent jouir en paix de la donation de MM. Mareschal et Forne.

Si le couvent du Saint-Esprit était l'image de la Terre promise, ce n'était le séjour ni du repos ni de l'oisiveté.

La vie des Tertiaires au contraire était dure et laborieuse; trois mots peuvent la résumer :

Pauvreté, Pénitence et Prière.

Tout dans leur existence était basé sur ces grandes vertus chrétiennes.

Leur costume était celui des pauvres (2) : de drap grossier gris tirant sur le noir. Il se composait d'une tunique, d'une robe serrée à la taille par une grosse ceinture de crins noirs, agrémentée de plusieurs nœuds, d'un capuce dont les deux extrémités passaient sous la ceinture, et enfin d'un large et long manteau. Ils se couvraient la tête d'une calotte ronde et ils portaient aux pieds des bas de lin ou de laine, suivant la saison, et des souliers noirs. La couronne monacale, large de deux pouces et la barbe longue, rasée seulement autour des lèvres, étaient de règle.

Leurs cellules étroites mesuraient au plus huit

---

(1) Bib. Nat., H. 2769. Hist. générale et particulière du Tiers-Ordre de Saint-François, par le P. Jean-Marie de Vernon. Art. XXVIII, aux additions, p. 422.

(2) Arch. Nat., G⁰ 61, Extraits de la Règle.

pieds en carré ; les portes qui y donnaient accès avaient deux pieds de largeur sur cinq pieds et demi de haut. Le mobilier en était sommaire : un lit avec une paillasse, une table, une chaise, un prie-Dieu, un crucifix et quelques images de piété.

Au réfectoire, on retrouvait la même simplicité : des tables sans nappe, des bancs de bois, des écuelles en étain, des tasses en faïence, plus une fourchette, une serviette et un couteau pour chaque père.

Outre les trois vœux de pauvreté, de chasteté et d'obéissance, la Règle imposait : la confession deux fois par semaine ; la communion les dimanches et jeudis ; la célébration quotidienne du Saint-Sacrifice ; la lecture de l'Office pour les Pères, et son remplacement pour les Frères par douze *Pater* pour Matines et sept pour toute autre heure, avec autant de *Gloria Patri*, accompagnés à Prime et à Complies d'un *Credo* et d'un *Miserere*.

L'assistance à l'Office était si obligatoire que celui qui se dispensait, sans raison grave, d'assister à Matines était privé de vin à son repas et prenait la dernière place au réfectoire ; l'absence à Prime était punie par la privation de potage et le manquement aux autres heures obligeait le délinquant à manger par terre.

L'abstinence de la viande était pratiquée quatre jours par semaine : les lundis, mercredis, vendredis et samedis. Le jeûne était de règle tous les mercredis et les vendredis. A ces austérités il faut encore ajouter le jeûne de l'Avent qui commençait le 11 novembre, à la Saint-Martin, et celui du Carême qui débutait le dimanche de la Quinquagésime. Les jours de jeûne on ne faisait qu'un repas le matin ; et le soir, à la collation, on ne servait à chaque religieux que deux onces (60 gr.) de pain avec 4 ou 5 figues.

Enfin, la Règle commandait une pénitence corporelle trois fois par semaine pendant le chant du *Miserere*, du *De Profundis*, et la récitation des Oraisons ;

elle était offerte à Dieu, le lundi, pour le soulagement des âmes du Purgatoire ; le mercredi, pour la conversion des pécheurs ; le vendredi, aux intentions des parents, amis et bienfaiteurs.

Tout en se sanctifiant eux-mêmes, les Tertiaires réguliers s'efforçaient aussi de faire du bien autour d'eux. En 1731, ils érigèrent dans leur chapelle le siège d'une Confrérie du Saint-Esprit qui réunit de nombreux adhérents (1).

Telle fut la vie que ces religieux menèrent pendant plus de cent trente ans, jusqu'au jour où la Révolution vint les troubler dans leur isolement volontaire et les arracher de leur retraite.

Par la loi du 2 novembre 1789, la Constituante mettait à la disposition de la Nation les biens du clergé et, accentuant sa politique sectaire, rendait, le 13 février 1790, un décret portant suppression des ordres religieux et des vœux monastiques. Cédant à la persécution, les Religieux abandonnèrent leur couvent et se dispersèrent ; quelques-uns d'entre eux vinrent au monastère de Picpus se réunir à leurs frères du couvent de N.-D. de Nazareth.

Le sort de leurs biens fut fixé par les lois successives de la Constituante qui régirent l'aliénation et la vente des biens nationaux.

Quand parut la loi du 24 mars 1790, ordonnant l'aliénation de ces biens aux municipalités, la commune de Courbevoie fit les offres suivantes :

DÉPARTEMENT DE PARIS (2)
DISTRICT DE SAINT-DENIS
Canton de Colombes, Municipalité de Courbevoie

Nous, officiers municipaux de Courbevoye, en

---

(1) La Bulle et les statuts de la Confrérie du Saint-Esprit, érigée dans l'église des Religieux Pénitents de Courbevoye, etc. A Paris, chez J.-B. Coignard, 1731.

(2) Arch. Nat. Q ^{2}, 125.

exécution de la délibération prise par le Conseil général de la Commune le 9 septembre dernier, et conformément à l'autorisation qui nous est donnée,

Déclarons que nous sommes dans l'intention de faire, au nom de notre commune, l'acquisition des domaines nationaux dont la désignation suit,

A savoir :

1° 3 quartiers de terre sis au canton des Bruyères ; 1 quartier de terre sis à la côte de Bécon, le tout loué à Charpentier 26 livres, pour le prix estimé 300 livres ;

2° La maison claustrale, l'église et le jardin des R. P. Pénitents du Tiers-Ordre de Saint-François, le tout contenant environ 6 arpents et estimé 14.000 livres, sans y comprendre les meubles ;

3° 7 arpents et demi de terre, au lieu dit « La Chaussée », estimés 6.760 livres ;

4° 800 perches de terre et vigne, sis au canton des Gaillards et au Trou au Loup, estimés 2.975 livres ;

5° Une maison et jardin, sis rue de Colombes à Courbevoye, appartenant aux Minimes de Chaillot, louée à vie à M. Gerbier, médecin, pour la somme de 400 livres, estimés 9.000 livres.

12 septembre 1790.

Le Bret,   Colombier,   Romain,
Notable.   Maire.   Notable.

Jean-Pierre Delettre,   Behuré,   Gois,
Officier.   Secrétaire-greffier. Notable.

Cette soumission, croyons-nous, ne donna pas de résultat, car, trois ans après, le District de Saint-Denis remettait les mêmes biens en adjudication.

Dans tout le District on apposa l'affiche suivante, qui fixait la date et les conditions d'une vente définitive :

DISTRICT DE SAINT-DENIS (1)

Biens nationaux à vendre

Adjudication définitive le Mardi 11 Juin 1793, l'an deuxième de la République Française, dix heures du matin.

On fait savoir que le mardi 11 juin 1793, l'an deuxième de la République Française, dix heures du matin, au lieu ordinaire des séances du Directoire du District de Saint-Denis, à la requête du procureur général Syndic du Département de Paris (auquel Département copie de la présente affiche a été envoyée) poursuite et diligence du Procureur Syndic du District de Saint-Denis, fondé de pouvoir du dit Procureur général Syndic, il sera procédé par devant les citoyens administrateurs du Directoire du dit District de Saint-Denis, à l'adjudication définitive des biens nationaux ci-après détaillés, en présence de deux commissaires de la municipalité de Courbevoye dans le ressort de laquelle les dits biens sont situés qui sont duement appelés à cet effet, par la présente affiche à ce qu'ils ne puissent prétendre cause d'ignorance, pour être les dits biens vendus et adjugés définitivement, au plus offrant et dernier enchérisseur, en exécution des Décrets de l'Assemblée Nationale, sous les formes et aux conditions y portées.

   Canton de Colombes
   Municipalité de Courbevoye

Eglise, maison conventuelle, cloître, cours et grand jardin, occupés ci-devant par les Pénitents du Tiers Ordre de Saint François, rue Saint-Denis.

(1) Affiche conservée aux Arch. Départem. de la Seine.

I. — *La partie occupée ci-devant par les religieux* consiste :

1° En une église précédée d'une cour, avec entrée de porte cochère sur la rue Saint-Denis. La dite église est composée d'un corps de bâtiment avec 3 chapelles sur la gauche. Le tout couvert en tuiles.

Le clocher est construit en charpentes, avec son beffroi et couvert en ardoises, à droite, au dehors de la dite église, est un petit appentis qui conduit au cimetière ;

2° En un cloître, derrière la dite église, ouvert en arcades, ayant son entrée sur l'avant-cour ;

3° En un grand corps de logis à droite en entrant et au fond du dit cloître, le dit bâtiment en forme d'équerre, dont l'un des côtés fait face sur le jardin et celui à droite fait face sur la cour ; le dit corps de logis est élevé d'un rez-de-chaussée, du premier étage carré et d'un deuxième étage lambrissé dans le comble, qui est couvert en tuiles, à deux égouts ;

4° En un petit jardin fleuriste, à droite, attenant le réfectoire, clos en murs d'appui, de forme circulaire, basse-cour derrière ;

5° En un grand bâtiment adossé au mur du grand jardin et faisant face sur le petit, le dit bâtiment à usages de remises, bûchers et latrines, couvert en tuiles, au-dessus du rez-de-chaussée ;

6° En un grand jardin clos de mur, dont la majeure partie est cultivée en potager, avec puits et verger, plantée d'arbres fruitiers, avec partie de vignes, l'autre partie est plantée en bosquets.

Tous les dits bâtiments et dépendances contiennent environ 5 arpents cinquante perches de superficie ou environ.

L'adjudicataire entrera en jouissance du jour de l'adjudication.

Estimés 30.500 livres.

II. — Bâtiments et cours, faisant partie du susdit couvent, détaillés ci-après, savoir :

Un bâtiment simple en profondeur, attenant la porte charretière, et joignant le cimetière de la paroisse, dont la partie attenante la dite porte, est élevée de deux étages au-dessus du rez-de-chaussée, et composée d'une pièce à chaque étage, avec escalier en saillie et comble à deux égouts, couvert en tuiles, l'autre partie est élevée seulement d'un rez-de-chaussée avec couverture en chaume. Un corps de logis à côté de ladite porte charretière, élevé d'un étage, couvert en tuiles avec un petit appentis couvert en chaume; attenant et en aile à gauche de la grande cour, sont deux pièces par bas, couvertes en appentis, et à droite de ladite cour, sont des appentis avec greniers, couverts en tuiles. Au fond de la dite grande cour, à droite, est un bâtiment élevé d'un rez-de-chaussée, et d'un premier couvert en tuiles ; à gauche est un autre petit élevé d'un rez-de-chaussée avec perron pour y monter, composé de deux pièces, avec comble couvert en tuiles et cave sous le dit bâtiment. Ensuite dudit bâtiment, dans la longueur du passage qui conduit au puits, est un bâtiment à deux égouts, couvert en tuiles, et du côté opposé du passage, sont des bâtiments, aussi couverts en tuiles, joignant l'article III ci-après.

Le puits sera commun avec l'acquéreur du dit article 3.

Ensuite de la cour est une seconde cour au fond et à la droite de laquelle sont divers bâtiments couverts en tuiles et chaume.

Tous les dits bâtiments contiennent environ 39 perches en superficie.

Loués au citoyen Gois et sa femme par bail emphytéotique, passé chez le citoyen *Boulard*, notaire à Paris, le 10 octobre 1786, pour 99 années, qui ont commencé le 11 novembre de la même année, moyennant 600 livres de loyer par année. Le dit bail revêtu de lettres patentes.

Estimés 13.264 livres 8 sols.

III. — Maison, cour et jardin, situés à Courbevoye, rue Saint-Denis, à droite, attenant la cour d'entrée du couvent des Pénitents, consistant savoir :

1° En un corps de logis, sur la rue Saint-Denis, élevé d'un rez-de-chaussée, d'un étage et greniers au-dessus, couvert en tuiles à deux égouts : le dit corps de logis est composé au rez-de-chaussée d'une cuisine et d'une salle avec passage et deux petits escaliers. Le premier étage est composé de 3 pièces ;

2° En un petit édifice en aile, à droite, couvert en appentis, adossé contre les bâtiments loués au citoyen Gois, faisant l'article II ;

3° En une cour et un petit jardin, avec puits mitoyen avec l'article II, au fond dudit jardin.

L'emplacement de la dite maison et dépendances contient environ 14 perches de superficie.

L'adjudicataire entrera en jouissance du jour de l'adjudication.

Estimée 4.000 livres.

IV. — Une petite maison, cour et jardin d'environ 40 perches, clos de murs ; la dite maison située à Courbevoye, rue Saint-Denis, à gauche du couvent ; elle consiste :

1° En un corps de logis, occupé par un menuisier, élevé d'un étage au-dessus du rez-de-chaussée, avec comble à deux égouts, couvert en tuiles ; le rez-de-chaussée composé d'une boutique, et le premier étage d'une chambre ;

2° En une petite cour derrière ladite maison, avec hangar et escalier en aile à gauche ;

3° En un jardin au fond, planté d'arbres fruitiers

et d'espaliers, et cultivé en potager, avec puits mitoyen avec la maison du citoyen Jacques Colombier.

L'appentis à droite pris sur la cour du couvent ne fait pas partie de la vente, et la communication avec cet appentis sera bouchée aux frais de l'adjudicataire de l'article 1, lequel sera aussi tenu de boucher la porte d'entrée actuelle du jardin qui donne sur la cour.

La superficie de cet emplacement contient 42 perches un tiers ou environ.

L'adjudicataire entrera en jouissance du jour de l'adjudication.

Estimée 2.500 livres.

Suivant l'avis qui en avait été donné, les biens des Tertiaires réguliers furent mis en vente à Saint-Denis, le 11 juin 1793, et l'adjudication donna les résultats suivants :

V. le tableau, p. 156.

Ainsi fut morcelé le domaine des Tertiaires réguliers de Saint-François.

Des religieux et de leur couvent, il ne reste plus guère maintenant à Courbevoie que le souvenir. C'est à peine si quelques vestiges subsistent encore, englobés dans les locaux qu'occupe à l'heure actuelle le Patronage du Sacré-Cœur, fondé par M. l'abbé Blauvac et dirigé maintenant par M. l'abbé Petit. Mais quel changement dans ce qui fut un asile de recueillement et de méditation ! Les portes qui, jadis, restaient jalousement fermées, comme pour mieux protéger la retraite des Pères, sont maintenant largement ouvertes et laissent pénétrer une foule mêlée d'enfants, de jeunes gens et de pères de famille. Le silence qu'autrefois troublaient seuls les tintements de la cloche appelant aux offices, est de nos jours rompu à tout instant par les éclats de voix et les rires d'enfants

N° 120. — DISTRICT DE SAINT-DENIS
VENTE DES BIENS NATIONAUX DU 11 JUIN 1793

SITUATION des BIENS	NATURE des BIENS	CORPS OU BÉNÉFICIERS Qui en jouissaient	PRIX des Estimations ou Evaluations	PRIX des Adjudications	NOMS ET DEMEURES des ADJUDICATAIRES
Courbevoye.	I. Maison, couvent et dépendances.	Les Pénitents du Tiers Ordre de Saint François.	30.500	61.200	Pierre Quantinet, charpentier, faub. Saint-Honoré, n° 40.
	II. Bâtiments, etc.	Id.	13.264.8	13.500	Jean Nicolas Francastel, ancien joaillier, quai de l'école, n° 7, Paris.
	III. Bâtiments, etc.	Id.	4.000	8.500	Le dit Francastel.
	IV. Bâtiments, etc.	Id.	2.500	6.500	C. Gilbert Solope fils, rue Saint-Honoré, à Paris, n° 10.
			50.264.8	89.700	

L'estimation est de 50.264.8. — La vente excède l'estimation de 39.435.12 sols.

joyeux et remuants. Le sol qu'effleurait à peine la marche silencieuse des solitaires, résonne à présent des ébats d'une bruyante jeunesse. Mais, si les lieux ont changé d'aspect, l'atmosphère qu'on y respire est toujours imprégnée de foi, d'amour divin et de sacrifice.

CHAPITRE XII

LES CHATEAUX DE LA MONTAGNE DES MOINES ET DES COLONNES.
LA LÉGENDE DE GABRIELLE D'ESTRÉES.

Au coin des rues Saint-Denis et de la Montagne des moines s'élève fièrement, au sommet de la colline, un immeuble que l'on désigne à Courbevoie sous le nom de château de la Montagne ou de pavillon de la belle Gabrielle.

Comme architecture il n'a rien de remarquable; avec ses hautes fenêtres il rappelle les constructions du début du XVIIe siècle. Si on n'en avait fait le théâtre de nombreuses légendes, nous n'en parlerions pas.

On prétend, à Courbevoie, que dans ce pavillon Gabrielle d'Estrées recevait les visites de son royal ami Henri IV et même on y montre une fenêtre, en forme d'œil de bœuf, d'où la marquise de Monceaux guettait la venue du Vert-Galant. On s'est plu aussi à écrire que cette propriété avait été le siège du couvent des Pères de N. D. de Nazareth et que la chapelle qu'on voit dans la cour intérieure était, avant la Révolution, très fréquentée par la Noblesse. De bonnes langues racontent que dans les caves se trouve l'entrée d'un souterrain qui, passant sous la Seine, aboutissait au château de Villiers et que dans ces sombres caveaux des gardes-suisses et des moines furent massacrés pendant la Terreur.

Autant de mots, autant d'erreurs.

La chapelle fréquentée par la noblesse avant la Révolution fut tout simplement construite en 1873 sur les ordres de M. l'abbé de Villequier, pour répondre aux besoins religieux de l'œuvre des fleuristes qu'il avait

Le château de la Montagne (vu du parc)

fondée avec Mlle Barnabé et qu'il avait transportée dans cet immeuble lors de sa nomination au 1er vicariat de Courbevoie. Cette œuvre quitta ce château en 1881 pour résider quelques années à Neuilly ; elle est de nouveau installée à Courbevoie, rue de Colombes 41, et Mlle Guichard en a assumé la direction.

Le massacre des gardes-suisses et de religieux dans le château de la Montagne est une affirmation qui manque absolument de base historique. Tout semble indiquer le contraire : les gardes-suisses après la journée du 10 août 1792, les massacres de septembre, le pillage de la caserne, avaient quitté Courbevoie; les quatre religieux qui occupaient le couvent du Saint-Esprit s'étaient, lors de la suppression des Congrégations,

Aile est du Chateau de la Montagne

dispersés ou réunis à leurs frères installés à Picpus. La preuve qu'ils n'ont pas été égorgés, c'est qu'en 1793 l'un deux adressait au district de Franciade une demande d'indemnité pour la confiscation de ses meubles et recevait une allocation de 150 livres.

Si cette propriété eût été au moyen-âge un château

féodal avec une garnison, on comprendrait que le seigneur eût voulu, en cas de siège, se ménager une sortie. Mais ce n'était qu'une bicoque qui abritait simplement un bon villageois. Ce sont probablement les caves de cette demeure qui ont donné lieu à cette supposition.

Le nom de rue de la Montagne des moines, donné au chemin qui longe à l'Est les murs du parc, a fait supposer que les Tertiaires réguliers de Saint-François avaient habité cet immeuble. Ainsi que nous le disons dans un chapitre consacré à ce couvent, le monastère du Saint-Esprit se trouvait rue Saint-Denis 17 à 21 et la porte d'entrée était placée dans l'axe de la rue de la Montagne.

Voilà donc plusieurs légendes détruites, reste celle de Gabrielle d'Estrées.

On le sait, l'imagination populaire, toujours encline au merveilleux, s'est plu à désigner quantité de maisons comme ayant abrité les amours de Henri IV et de Gabrielle. Comme nous interrogions un jour M. Sellier, du musée Carnavalet, qui visita et écrivit un article dans le *Vieux Paris* sur le château de la Montagne, il nous répondit : « Dès qu'un immeuble semble, par sa construction, appartenir à la fin du XVIe siècle, on n'est pas surpris d'entendre dire : Henri IV et Gabrielle d'Estrées ont habité ici. S'il fallait compter, rien qu'à Montmartre, toutes les bicoques qui passent pour avoir reçu le Béarnais et sa maîtresse, il n'y en aurait pas assez pour border les deux côtés de la rue Marcadet qui n'a pas moins de trois kilomètres de longueur. »

Le séjour de la duchesse de Beaufort à Courbevoie doit prendre rang, croyons-nous, parmi ces contes fantaisistes. Nous ne demandons pas mieux qu'on nous démontre le contraire, en attendant nous donnons de notre opinion les preuves suivantes qui ont été puisées aux Archives nationales.

D'abord Gabrielle d'Estrées n'a jamais possédé cette propriété car la chronologie des propriétaires qui nous

Chateau de la Montagne (cour d'honneur et communs)

Chateau de la Montagne (ancienne entrée rue Saint-Denis)

est fournie, au delà de 1607, par un aveu de MM. Eustache Le Bossu et Bon de Serres aux religieux de Saint-Denis, nous en donne l'énumération suivante :

« Item deux solz parisis et deux chappons de cens sur plusieurs maisons et environ deux arpents de vigne qui furent à Jehan et Antoine Coste, sciz au hault de Corbevoye, et de présent appartenant les dictes maisons et vignes à Pierre Bontemps laisné, à cause de Estiennette Coste, sa femme, auparavant veufve de Martin-Villet. La veufve Mathurin Coste, Loys Charpentier, Nicollas Laumosnier, Pierre Bonneval et Michel Coste ; tenant les dictes maisons d'un costé à Pierre Delacourt, bourgeois de Paris, aboutissant par hault au chemyn qui conduict du dict Corbevoye à Asnières (rue Saint-Denis) et daultre aux vignes de la coste (1). »

Gabrielle d'Estrées ne figure donc pas dans cette liste comme propriétaire de cette maison. En outre on peut conclure que ce n'eût pas été chez de petites gens comme Pierre Bontemps que Sa Majesté le roi de France serait venu avec sa maîtresse chercher asile. Si Henri IV avait voulu venir à Courbevoie, il serait, comme plus tard son fils Louis XIII, descendu à la maison seigneuriale, chez M. Moreau d'Auteuil.

Dans les papiers des dames de Saint-Cyr, conservés aux Archives nationales, figurent deux plans dont nous donnons la reproduction. L'un, qui a les allures d'un plan cadastral, fut dressé en 1670 par le voyer de la Pairie de Saint-Denis. Ce levé topographique mentionne chaque immeuble et se réfère pour la teneur et l'évaluation superficielle à l'aveu fourni le 27 mars 1607 par MM. Le Bossu et Bon de Serres.

Si on examine ce plan, dont on ne saurait contester l'exactitude, on arrive à cette conclusion inattendue, c'est que le château, dans sa situation actuelle, n'existait

(1) Arch. Nat., S. 2346, *Adveu et denombrement du fief de Courbevoye.*

pas. En effet, l'immeuble, représenté sur le dessin, est situé sur le bord de la rue de la Montagne et sa façade est orientée au midi; le château actuel au contraire, séparé de la rue de la Montagne par une large cour, est perpendiculaire à cette dernière voie et sa façade principale est tournée à l'est.

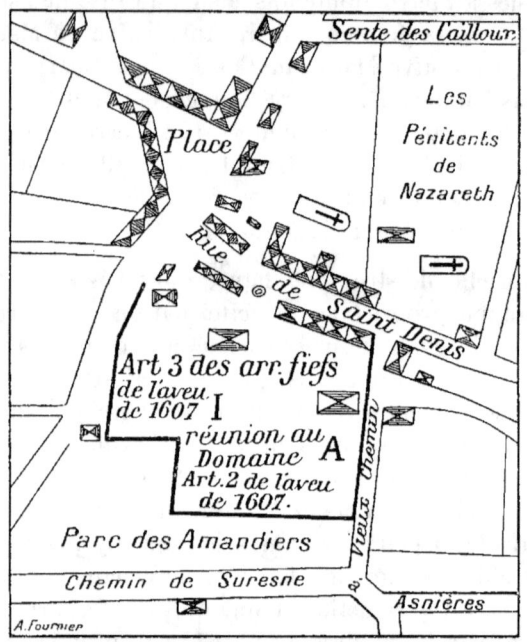

Plan dit des Dames de Saint-Cyr
(Dressé en 1670)

Le second plan (1) est justement un croquis partiel de cette propriété; il est accompagné de la notice explicative suivante qui semble confirmer notre hypothèse et indiquer que sur l'emplacement des maisons qui ont appartenu à Jehan et Antoine Coste et depuis

(1). Arch. Nat. S. N., n° 152.

à Pierre Bontemps, le château a été édifié postérieurement à la mort de la duchesse de Beaufort qui mourut à Paris, chez la dame de Sourdis, le 8 avril 1599 :

« M. Thévenin : A — Une grande maison et cour close de murs contenant *(en blanc)*, *faisant partie et emplacement des maisons* qui ont appartenu à Jean et Antoine Coste et depuis à Pierre Bontemps, l'aîné, à cause de Etiennette Coste, sa femme, auparavant veuve de Martin Villet, la veuve Mathurin Coste, Louis Charpentier,

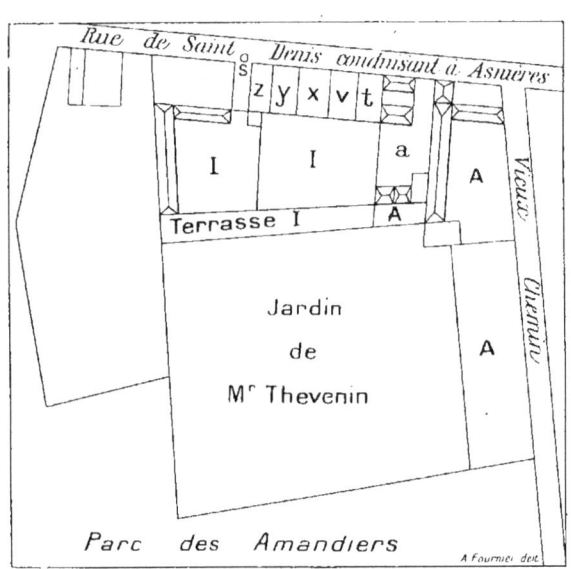

PLAN DE LA PROPRIÉTÉ DE M. THÉVENIN
(Dressé au commencement du XVIIIe siècle)?

Nicolas Laumosnier, Pierre Bonneval, et Michel Coste, sise au haut Courbevoie, désignée dans l'aveu du fief de Thuillier du 29 mars 1607, article 2. (Nous avons cité plus haut cet article).

« Ledit sieur Thévenin, un demi arpent de terre autrefois planté de vigne, aussi désigné audit article 2, faisant aujourd'hui partie du jardin dépendant de la dite maison.

A — Portion de la terrasse, *édifiée sur une partie du fond et emplacement de la dite maison.*

u — M. de la Thanne, à cause de la dame son épouse, et Antoine Lucas, trois petites maisons et cour et un pressoir *aussi édifié sur le fond et emplacement des dites maisons.*

1 — M. Thévenin, une basse-cour où sont un saloir et plusieurs écuries et remises de carrosses, jardin et portion de terrasse *édifiés sur le fond et emplacement d'une maison qui a appartenu à Pierre Delacourt*, et depuis à Martin Lespine, désignée au dit aveu de l'année 1607, article 1er des fiefs mouvants de la dite seigneurie de Thuillier.

t — Pierre Cirier, dit Bon Jésus, une petite maison et cour.

v — Denis Bonneval, une maison et cour.

x — Nicolas Manchin, dit Laroche, une maison et cour.

y — Claude Guillois et consors, une maison et cour.

z — Pierre Lespine, une maison et cour.

Ces documents indiquent clairement que sur l'emplacement de ces maisons un nouvel immeuble fut construit.

La note explicative du dernier dessin nous donne comme propriétaire du château M. Thévenin. Les registres paroissiaux de Courbevoie où il signe, le 16 août 1727, l'acte d'inhumation de Mme Marie-Anne de Vandeuil, épouse de M. Jacques-Joseph Thorin de la Thanne, nous font connaître sa qualité. Il était secrétaire du roi.

Lachenaye-Desbois, dans son dictionnaire de la Noblesse, nous donne sur M. Thévenin les intéressants renseignements suivants :

Jean Thévenin, fils de Claude Thévenin, ancien greffier en chef du Parlement de Bordeaux, et de Jeanne de Palmes, veuve de François de Burin, décédée le 10 juillet 1735, fut reçu conseiller au Parlement, le 16 mars 1731, fut reçu conseiller honoraire en 1752, fut appelé par la mort de son cousin Jean à la substitution de Tanley. Il prit, de ce fait, à ce moment le nom de Thévenin de Tanley, épousa Mlle Catherine Joly, fille de Nicolas, secrétaire du roi et de Catherine Françoise Pougin.

De son mariage sont issus :

1° Jean, né le 15 mars 1741, mousquetaire du roi dans la seconde compagnie ;

2° Etienne-Jean-Benoît, né le 8 février 1749 ;

3° Catherine, née le 8 février 1742.

En novembre 1791, nous retrouvons le citoyen Thévenin Tanley, ci-devant messire Etienne-Jean-Benoît Thévenin, marquis de Tanley, chevalier, premier président de la Cour des Monnaies, qui, moyennant la somme de 42.000 livres, se rend acquéreur de l'enclos de la Garenne qui avait été confisqué par l'Etat, lors de la suppression de la communauté des Dames de Saint-Cyr.

M. Fermé, de Colombes, possède dans ses dossiers le testament de ce personnage.

La légende du séjour de Gabrielle d'Estrées à Courbevoie a donné naissance à une autre fantaisie et nous n'avons pas été médiocrement surpris de voir au bas d'une carte postale, représentant l'église, ce renseignement historique :

Eglise de Courbevoie, ancien manège du château de Gabrielle d'Estrées !

*
* *

Rue de Colombes, où siège actuellement l'œuvre protestante, appelée du nom de son fondateur, asile

Lambrechts, on retrouve encore une ancienne maison de plaisance, appelée jadis Château des Colonnes. Blancheton nous en donne la description suivante (1) :

Cette habitation, créée par M. Paulze, fermier-général en 1769, a reçu des propriétaires qui lui ont succédé, et récemment de M. Moreau, qui la possède aujourd'hui, des embellissements qui la rendent l'une des plus jolies maisons de plaisance des environs de Paris.

Château des Colonnes

Le château se distingue par une gracieuse élégance. L'architecture peut en être proposée comme un véritable modèle ; il y a dans l'ensemble de l'édifice une harmonie et une variété qui lui donnent un aspect d'un effet aussi nouveau que pittoresque.

En avant de la façade principale règne un large perron dans toute son étendue, au-dessus duquel est une galerie formée par une colonnade de l'ordre

(1) *Vues pittoresques des châteaux de France.* Paris, s. d.

Pestum. A droite et à gauche, sur cette façade, sont deux pavillons en saillie, formant au premier étage des terrasses ornées de colonnes doriques ; le tout est surmonté d'une corniche du même ordre et d'une attique au centre.

Quant aux jardins, dessinés autrefois à la française, ils l'ont été depuis dans le genre pittoresque, par M. Brunton, architecte. Il ne reste des anciennes plantations qu'une grande allée de tilleuls, qui borde le parc dans toute sa longueur. Le bel effet qu'elle produit prouve que l'on peut combiner avec succès ces deux genres.

Du château, la vue générale embrasse une vaste étendue : d'une part, on voit en face s'élever majestueusement les flèches gothiques de Saint-Denis. A droite, on découvre les îles de Neuilly, au-delà les hauteurs de Montmartre ; à gauche, la vue s'étend jusqu'aux coteaux de Montmorency.

M. Moreau a ajouté aux agréments de son habitation une collection précieuse de statues et de bustes en marbre.

Au milieu d'une vaste pelouse plantée d'arbres des espèces les plus variées, on remarque surtout un groupe de lutteurs attribué à Canova, et les bustes des douze Césars, exécutés dans des proportions colossales.

Enfin, auprès de cette maison de plaisance se trouvent de magnifiques usines appartenant au même propriétaire, qui a su réunir ainsi aux délassements de la campagne les travaux utiles d'une active industrie.

DEUXIÈME PARTIE

Pierre Hébert, premier curé de Courbevoie

(1768-1794)

CHAPITRE PREMIER

PIERRE HÉBERT 1er CURÉ DE COURBEVOIE :
SA FAMILLE ; SA NAISSANCE ;
SON ORDINATION SACERDOTALE ; SA VENUE A PARIS.

Tout à fait en haut du Cotentin, dans le petit village de Breuville, canton de Bricquebec (Manche), vivaient, au xviiie siècle, deux pieux époux : Siméon Hébert et Foi-Renée Laniepce (1).

Le Seigneur bénit leur union et leur donna six enfants, trois filles et trois garçons. Ils répondirent tous à l'éducation chrétienne du foyer domestique et firent honneur aux sentiments religieux de tradition dans la famille.

Deux des garçons, Jean-Baptiste et Pierre furent prêtres ; l'un connut les amertumes de l'exil, l'autre couronna sa vie par le martyre ; un troisième, Charles-François-Siméon, donna son fils unique à l'Eglise. Une des filles, Jeanne-Marguerite, consacra sa vie à la tâche si dure et parfois si ingrate de l'instruction des petits enfants.

Jean-Baptiste, l'aîné de la famille, naquit le 1er mai

---

(1) Leur mariage fut célébré le 28 mai 1726.

1732. Il reçut le sous-diaconat en 1754, le diaconat en 1755 et la prêtrise en 1756. Pendant près de vingt ans, de 1759 à 1777, il exerça à Breuville, les fonctions de vicaire. Nommé curé d'Omonville-la-Petite, dans la Hague, en 1777, il y resta jusqu'au jour où mis en demeure de prêter serment à la Constitution civile du clergé, il préféra se démettre de ses fonctions. Il se retira alors au pays natal qu'il dut quitter, en septembre 1792, pour se réfugier à Londres.

Eglise de Breuville

Jeanne-Marguerite vit le jour le 17 novembre 1735. Dès l'âge de 16 ans, elle se dévoua à l'éducation de l'enfance et remplit cette noble tâche jusqu'à sa mort, en 1817, c'est-à-dire pendant 65 ans.

Aux jours de la tourmente révolutionnaire elle fit preuve du plus grand courage; malgré la défense formelle des autorités, elle continua son ministère. La municipalité de Breuville « pour empêcher que le fanatisme et l'anarchie ne fassent de plus en plus des progrès dans la commune, rapport à cette opinion particulière et malentendue dans laquelle exerce la maîtresse d'école » lui demanda de prêter le serment exigé de tous les fonctionnaires ou de quitter ses fonctions. Melle Hébert leur répondit : « Je n'ai jamais trahi personne, et sans l'avoir juré ; je continuerai à agir de même. » Révoquée et chassée de l'école, elle s'établit dans la maison de M. Nicolas Jourdan et continua d'instruire les enfants et de leur apprendre le catéchisme.

Bien des fois, M. l'abbé Le Sauvage, prêtre insermenté, vint clandestinement, dans son école, faire accomplir à des enfants qu'elle avait préparés le grand acte de la Première Communion.

Après ces mauvais jours, son école fut des plus fréquentées ; ses anciennes élèves disaient d'elle : « C'est celle-là qui est une sainte. Oh ! celle-là n'a jamais péché. »

Elle mourut à l'âge de 82 ans, le 25 avril 1817.

Charles-François-Siméon Hébert, sieur du Rocher, second fils de la famille, eut, de son mariage avec Marie Legret, quatre filles : Marie-Suzanne, Émilie, Antoinette, et Félicité, et un fils, Charles-François-Alexandre Hébert, né à Paris le 4 juin 1768 et baptisé à la paroisse Saint-Jean-en-Grève, qui comme ses oncles, embrassa l'état ecclésiastique. N'étant qu'acolyte en 1791, il refusa lui aussi de prêter le serment constitutionnel. Obligé de quitter Paris, il alla se réfugier à Breuville qu'il quitta, en 1792, avec son oncle Jean-Baptiste, pour s'exiler en Angleterre. Ordonné prêtre à Londres, en 1797, il revint à Breuville, après la Révolution, et y remplit jusqu'à sa mort les modestes fonctions d'instituteur. Il mourut le 15 juillet 1811.

Dans le petit cimetière du village, on lit sur sa tombe :

Ici repose le corps de vénérable homme, Alexandre Hébert, né à Paris le 4 juin 1768, ordonné prêtre à Londres le 10 juin 1797, décédé à Breuville le 15 juillet 1811. Bon parent, bon ami, bon et très digne prêtre, il fut aussi fort regretté qu'il méritait de l'être.

Maison natale de Pierre Hébert a Breuville

Le héros de cette biographie naquit le 20 octobre 1742. Présenté le même jour sur les fonts baptismaux, son acte de baptême fut ainsi rédigé : *Pierre Hébert, fils de Siméon Hébert et de Renée Laniepce, son épouse, né en légitime mariage, après avoir été nommé et tenu sur les fonts baptismaux par M. Pierre Mauger sieur du Parc, assisté de Marie Vicq, son épouse, a été baptisé par nous vicaire soussigné le 20 octobre de la présente année 1742.*

Mallet, vicaire, Mauger. Marque † de la susdite marraine (1).

(1) Registres paroissiaux de Breuville.

LES PREMIÈRES ANNÉES

Tout enfant, il entendit, au fond de son cœur, la voix du Maître qui lui disait avec un accent d'ineffable tendresse : « *Veni, sequere me.* » Viens, suis-moi. Il répondit généreusement à ce divin appel. Comme autrefois celle de Samuel, sa formation sacerdotale se fit dans le temple, près de son frère, à qui chaque jour il servait la sainte messe, et qui, avec zèle, entretenait en lui le feu sacré.

Ses études, commencées à Breuville, s'achevèrent au séminaire diocésain. Les registres de la paroisse de Breuville, où il signe plusieurs actes comme parrain, nous le montrent avançant chaque année régulièrement dans la hiérarchie ecclésiastique : en 1764 il est acolyte, puis sous-diacre, en 1766 diacre et enfin dans un acte du 6 avril 1767, nous le voyons signer : Pierre Hébert, sieur des Vaux, prêtre.

Dans le courant du même mois, Pierre Hébert quitte son village avec son frère Charles-François. Celui-ci se fixe, avec sa famille, à Paris sur la paroisse Saint-Jean en-Grève, et l'abbé Hébert vient à Courbevoie, dans la famille de Montmerqué pour y remplir les fonctions de précepteur. Que cette famille habitât Courbevoie, j'en ai trouvé la preuve dans les registres de comptabilité des Pères Pénitents, établis à Courbevoie : ces religieux, en 1748, avaient loué, pour la somme annuelle de 400 livres, une de leurs maisons à Mlle Montmerqué-Villeromain (1).

L'étude et les devoirs professionnels n'absorbaient pas tellement l'activité du jeune prêtre qu'il ne lui restât des loisirs à consacrer au service des âmes ; aussi, grâce à la recommandation de la famille Montmerqué, M. Bénard, curé de Colombes, l'agréa-t-il comme vicaire de la chapelle de Courbevoie qui dépendait de sa paroisse. La date de cette nomination nous est fournie

(1) Arch. Dép. de la Seine II. 1. Registre des comptes des Pénitents de Courbevoie.

par les registres de comptabilité de la Fabrique de Colombes. Nous y lisons la mention suivante : 1768, à M. Hébert, vicaire, lui avoir acheté de la cire, 3 livres, 8 sols.

Qu'était-ce que cette chapelle dont l'abbé Hébert venait d'être nommé vicaire, c'est ce que nous allons expliquer.

CHAPITRE II

LA CHAPELLE DE COURBEVOIE : LES VISITES
ARCHIDIACONALES EN 1458. — LA CONSTRUCTION DE LA
CHAPELLE. — LE JOURNAL DU CURÉ DE COLOMBES,
M. DESNAULT, EN 1623. — LES REGISTRES PAROISSIAUX
DE COURBEVOIE DE 1627 A 1791.
LES CURÉS DE COLOMBES ET LES VICAIRES DE COURBEVOIE
DE 1314 A 1785.

Jusqu'au XVIIIe siècle, Courbevoie, qui n'était dans le principe qu'un hameau de Colombes, demeura sous la juridiction des curés de cette paroisse ; ce n'est seulement qu'en 1785 que ce village s'affranchit de cette tutelle et eut un curé en titre. L'union religieuse de ces deux villages me met dans la nécessité de parler de Colombes.

L'un des plus anciens documents qui nous cite, au point de vue religieux, le chef-lieu de la paroisse, est le compte rendu des visites archidiaconales effectuées au XVe siècle par Jean Mouchard. A cette époque, l'évêché de Paris embrassait le territoire qui forme aujourd'hui les départements de la Seine, de Seine-et-Oise et une partie de celui de Seine-et-Marne. Il se divisait en trois archidiaconés : Paris, Brie et Josas ;

chacune de ces divisions ecclésiastiques se subdivisait elle-même en deux doyennés. Le doyenné représentait, pour me servir d'un exemple, le canton ecclésiastique ; l'archidiaconé, la sous-préfecture ; et l'évêché, le chef-lieu. Colombes-Courbevoie dépendait du doyenné de Châteaufort et relevait de l'archidiaconé de Josas.

Suivant les décisions des Conciles, les évêques étaient tenus de visiter annuellement toutes les églises de leur diocèse. Ils déléguaient cet office aux archidiacres qui participaient à l'administration diocésaine. Souvent ces personnages désignaient un de leurs secrétaires pour faire en leur lieu et place cette visite.

Au XVe siècle, Jean de Courcelles, archidiacre de Josas, délégua pour la visite de son archidiaconé, son vicaire-greffier, l'abbé Jean Mouchard, bachelier en Droit Canon et curé de Saint-Hermeland de Bagneux.

Le procès-verbal de son inspection commence ainsi :

« L'an du Seigneur 1458 (1), le dimanche 7 mai, moi, Jean Mouchard, j'ai commencé la visite de toutes les églises paroissiales de Josas. »

Après avoir procédé à Asnières et à Gennevilliers, il arrive le même jour à Colombes. « J'ai, nous dit-il, inspecté aujourd'hui l'église paroissiale de Colombes, placée sous le vocable des bienheureux apôtres Pierre et Paul. Le curé de cette paroisse est messire Etienne de Montigny ; le service religieux est assuré, en son absence et par permission de l'Ordinaire, par le curé d'Asnières, messire Pierre Dumoustier. Le nombre des paroissiens est de vingt ou environ. »

Les années suivantes, les visites se continuent ; l'abbé Mouchard nous dit que si les curés se succèdent, ils ne résident toujours pas dans leur paroisse, mais que le service religieux est néanmoins régulièrement

(1) Visites archidiaconales de Josas, l'abbé J.-M. Aillot. Paris, 1892, p. 2.

assuré par un auxiliaire. En 1460, Etienne de Montigny est suppléé par Pierre Adam ; en 1467, Pierre Lonier par Pierre Adam qui continue ses services jusqu'en 1470, en remplacement de MM. Hugo Langlois et Pierre Merebeuf. La seule chose notable à relever est, en 1470, une augmentation de dix paroissiens.

Ces chiffres si peu élevés n'indiquent pas un recensement complet de la population, mais mentionnent seulement le nombre des feux ou des chefs de famille. Pour trouver l'effectif réel des habitants il faut, en supposant chaque famille composée de cinq membres, multiplier par cinq les chiffres fournis par M. Mouchard. D'après cette méthode, Colombes n'eût possédé, en 1458, que cent habitants et, en 1470, que cent cinquante. Il ne faut pas s'étonner de cette faiblesse numérique, car à cette époque la France sortait de la guerre de Cent ans et Paris avait vu les Anglais qui avaient détruit ou chassé la population.

Des procès-verbaux de Jean Mouchard, il faudrait aussi conclure que la chapelle de Courbevoie, dont il ne fait pas mention, n'existait pas encore ; cependant, dans un aveu de fief fourni en 1301 par Jehan Chatelain à l'abbaye de Saint-Denis, nous relevons la mention suivante qui semble bien indiquer le contraire : « Derechef un setier d'avoine que le prêtre de Courbevoie lui doit sur la maison du presbytère. »

Il n'y a pas de presbytère sans église, pourtant une omission du visiteur nous paraît bien improbable. Pour se rendre d'Asnières à Colombes et de ce dernier village à Puteaux, il devait passer par Courbevoie ; son intérêt le portait encore à ne pas oublier une église, car, à son passage, les paroissiens lui faisaient une offrande. Il semble donc démontré que la chapelle de Courbevoie existait en 1301, mais que probablement détruite comme celles de Puteaux et de Suresnes, en 1358, lors de l'invasion anglaise et, en 1414, pendant les luttes des Bourguignons et des Armagnacs, elle n'avait pas encore été relevée de ses ruines en 1470.

Sa restauration était faite sous François 1er, car, sous le règne de ce prince, l'évêque de Paris en donnait des provisions comme d'un titre perpétuel. En 1583, Jean Gilbert, marchand laboureur, et sa femme Catherine Doré, y faisaient une fondation.

Le petit oratoire reçut dès 1601 de notables agrandissements; deux chapelles latérales lui furent ajoutées : l'une dédiée à Notre-Dame était un don de M. Eustache Le Bossu, seigneur de Courbevoie; l'autre sous le vocable de Saint-Sébastien, était l'œuvre de Mme Anne Hardy, veuve de M. Claude Le Bossu.

Au XVIIe siècle nous trouvons deux sources intéressantes de documents. C'est le journal (1) où M. Denis Desnault, curé de Colombes, consigne de 1623 à 1626 les menus faits de la vie paroissiale. Nous y trouvons de précieux renseignements sur l'intensité du sentiment chrétien de nos pères et sur les pratiques religieuses des villageois de cette époque. Ce sont ensuite les registres paroissiaux de la chapelle de Courbevoie de 1627 à la Révolution.

Voici les passages que nous avons relevés dans le journal de M. Desnault comme nous paraissant les plus dignes d'intérêt :

1623 : 1er Janvier, 1er jour de jouissance de ma cure ;

1er Mai, la messe de la procession à Nanterre ;

11 Mai, la messe de la procession à Saint Sébastien (2) ;

22 Mai, la messe de la procession à Asnières ;

23 Mai, la messe de la procession à Gennevilliers ;

24 Mai, la messe de la procession à *Corbevoye* ;

21 Août, enterrement d'un Suisse ;

8 Septembre, après la première messe, une messe

(1) Arch. Mun. de Colombes.
(2) Saint-Sébastien désigne la chapelle de Courbevoie.

haulte, vigile à 3 leçons et *libera* au cimetière pour les pèlerins de N. D. de Liesse;

4 Octobre, service complet pour deffunt M. le Sellier; fondation; la 1ʳᵉ messe M. Jeh. Duval, la 2ᵉ M. Jacques Goudailler, et la 3ᵉ M. le Curé;

Nota. — Qu'il fault envoyer prier les parents au logis, lesquels apportent pain et vin pour l'offrande.

30 Novembre, un mariage de Baltazard Huest et de C. Hornet, tous deux suisses de la compagnie de..., logés à Colombes il y a un an. Le mariage faict sur le certificat de M. l'aumosnier de tous les cantons et sous la responsabilité de M. le capitaine-enseigne M. Le Courrier. Le sergent de la dite compagnie en l'absence du capitaine et du lieutenant qui sont maintenant absents de la dite compagnie.

1624 : 20 Janvier, la messe à Saint Sébastien pour les *archers*.

22 Janvier, convoy et enterrement et service complet pour deffunt messire Guillaume Moustier, prebstre chapellain de céans. La 1ʳᵉ messe dicte par M. Neret; la 2ᵉ par un pbre de Saint-Roch, de ses amis; la 3ᵉ par M. le Curé. Nota que l'enterrement a esté faict solennellement avec aspersions et encensements;

4 Apvril, *Jeudi-Saint*, nota que l'office du matin se commence à 9 heures et demye; il y a environ 110 communions. Le dépouillement des autels à 3 heures précises. Nota l'année prochaine préparer une chapelle pour mettre le Saint-Sacrement;

5 Apvril, *Vendredi-Saint*, le prédicateur presche la Passion et doibt entrer un peu devant 7 heures du matin et tout l'office est faict ensuitte, offrande et adoration de la croix; offrande cent neuf soulz tournois. Les ténèbres se commencent à 4 heures précises après disner.

6 Apvril, *Samedi-Saint*, nota qu'il faut commencer la bénédiction du cierge bénist à 9 heures. Il y a environ 205 communians. Nota qu'après disner fault dire

complies à 3 heures et à la fin faire la bénédiction des enfants devant le crucifix avec une remontrance de l'obéissance à père et à mère et confesser le reste du soir.

7 Apvril, *Dimanche de Pasques,* nota qu'il fault sonner le 1er coup de matines à 3 heures et commencer un peu devant 4 heures et, à la fin de matines, laudes et prime on dict la 1re messe, à l'offrande de laquelle fault monter en chaire pour faire l'exortation et l'absolution et advertir du debvoir de chacun. Il y a en ce jour là 800 communians. Le dict jour les vespres se commencent entre deulx et trois heures où il y a sermon ; à cinq heures il y a vespres *« de beata »* sollement et ensuitte le sallut. Il y a des prières aux grandes vespres et aux secondes fault avoir le martyrologe et à la messe aussy.

8 Apvril, lundy, nota que le dit jour *matines* se commencent à 5 heures précises du matin et à 9 heures on sonne le dernier coup de la grande messe et après *tierce* on va à la procession autour du village et par dedans les murailles et au retour on dict la grande messe où il y a sermon. Aujourd'huy y a eu vingt et cinq communions. Aujourd'huy le sallut commence à 6 heures du soir.

Nota qu'à *Corbevoye* le chappelain a communié environ 35 personnes, à ce qu'il m'a rapporté, mais on m'a dit davantage. Somme toute, les communions se montent à 1220.

9 Apvril, mardy, nota qu'il fault advertir le carillonneur de carillonner le 1er coup le matin à 4 heures pour commencer un peu devant 5 heures pour dire la 1re messe pour après partir et aller à la procession à *Corbevoye.*

10 Apvril, mercredy, un petit convoy à Corbevoye d'un petit enfant nouriçon de Paris par M. François. J'ai fourny 4 pointes ; assistance payée. Nota que tous les jours jusqu'à samedy prochain à 6 heures du matin

on tintte trois fois les deux grosses cloches pour faire la procession autour du village avec la croix, le cierge bénit, surplis et estolle et après cela le sallut ordinaire, on chante Christus resurgens avec les autres répons et oraisons.

18 Apvril, jeudy, nota que ce jourd'huy M. l'Archidiacre de Josas a faict sa visite et a pris le *prandium* (déjeuner) luy, M. le curé de Meudon et M. Hotoir, son secrétaire, et l'homme de chambre de M. l'Archidiacre et un laquais avec quattre chevaulx. Nota que le dimanche précédent fault advertir au prosne et principallement enjoindre aux marguilliers et sages personnes (sages-femmes) de s'y trouver tous et advertir le peuple de déclarer leurs pleintes.

22 Apvril, lundy, la messe de procession à Nanterre par M. le Curé. Nota qu'il fault advertir ceulx de *Corbevoye* de partir au plus tard à 4 heures, touchant au retour.

1624 ; 1ᵉʳ May, mercredy, nota que le dict jour la procession de Nanterre vient à Colombes, fault dire au marguillier qu'il tienne un quart de vin et un pain, derrière le maistre authel pour faire boire les officiers.

8 Mai, mercredy, le dict jour la fête de Saint Clou ; on a dict une grande messe pour retenir le peuple à cause de la contagion qui est à Saint Clou.

15 Mai, mercredy, procession à Corbevoye, la 1ʳᵉ messe devant que partir et doibt estre dicte à 5 heures et un quart pour partir environ ce temps là et non plus tost affin de donner loisir à Suresne de dire leur messe à Corbevoye où ils vont en procession le même jour... Nota que ce mesme jour les processions d'Asgnières et de Genevilliers viennent à Colombes.

15 Aoust, jeudy, *Assumptio beatæ Mariæ*. Nota que les communians ont esté environ 300.

1ᵉʳ Novembre, vendredy, nota 200 communians ou 205. Le 1ᵉʳ coup de *matines* se sonne à 4 heures, fault commencer *Domine labia mea aperies* à 4 heures et demye; à Vespres dire vespres des morts et *Complyes* après lesquels Complyes *Libera me* en chappe au cimetière et après cela *Vigiles* à 9 leçons sollement et à la fin *Libera, de Profundis* et oraison pour M. Parfaict, fondation, et après cela Sallut où on chante le repons *Concede*, verset et *gloria* sans oraison, puis *Libera* tout au long, *de Profundis* et l'oraison *Fidelium*.

Nota que les sonneurs cessent de sonner à 9 heures du soir (le glas des morts).

Nota : Advertir les marguilliers d'apporter pain, vin, luminaire sollennellement à l'offrande de la grande messe de demain.

2 Novembre, nota : Que *Matines* se disent à 4 heures et demye, *laudes et prime* suivant et à 9 heures on dict *tierce*; fault lire les recommandations puis la procession, *libera* au cimetière, puis après on commence la messe où il fault apporter pain, vin, luminaire à l'offrande et après la messe on dict *None*.

Nota : 105 communians.

9 Décembre, lundy, *Conceptio beatissimæ Virginis Mariæ* remise à aujourd'huy; communians environ 50. Déposition du baston de la Confrairie de Nostre-Dame.

1625, 26 Mars, mercredy, *Ténèbres*. Après disner fault sonner le 1er coup à 4 heures et commencer environ vers les 5 heures pour ce que le monde revient des champs et ne pert pas tant de temps.

27 Mars, jeudy, nota : il serait bon de laver les pieds à XII pauvres et leur donner l'aumosne; la cérémonie est fort belle et édificatifve.

5 May, lundy, la 1re messe dicte basse doict estre dicte à 4 heures et demy affin de partir aussitost pour aller en procession à Asgnières pour estre les premiers pour ce que les vignerons sont plus matineulx que les laboureurs de Genevilliers lesquels vont aussi en procession à Asgnières.

3 Juing, mardy. Convoy et enterrement de Jacques

Lambert soubçonné d'estre mort de peste. J'ai fourny 2 torches et pointes. Messire J. Goudaillier absent. Enterré sans entrer dans l'église et sans cérémonie. Debet (il est du) 4 quars d'écus que j'ai payé à Philipe Potheron pour Jehan Lebrun qui a visité le mort de peste.

1er Juillet, mardy, le dict jour M. le vicaire est allé à Saint-Sébastien, avec les marguilliers, dire la messe pour toute la paroisse pour faire cesser les maladies et demain nous commencerons la neufvaine.

13 Septembre, mardy, mariage à *Corbevoye* de françois Roger Lesné, fermier de Bécon, avec Catherine Picard, la messe par M. le vicaire; offrande 3 sols 4 deniers.

5 Octobre, dimanche, le dict jour un baptesme à Corbevoye du gendre de Vast Bontemps; j'ay esté parain avec Mlle Le Bossu, fille de M. Le Bossu l'aisné, seigneur de Corbevoye.

1626 : 6 Janvier, mardy, *jour des Rois*, nota que ce jourd'huy j'ay esté dire la grande messe à Corbevoye et ay faict rendre le compte à Michel Jullien et l'ay cloz.

20 Janvier, mardy, nota que ce jourd'huy j'ay esté faire l'office de Saint-Sébastien à Corbevoye pour resgler la Confrairie. J'ay dict la grande messe et vespres et j'ay reçu d'offrande et de la queste pour la messe 20 soulz

J'ay par le mesme voyage porté l'extreme onction et l'ay estably aujourd'huy à Corbevoye pour la nécessité.

11 Mars, mercredy, Service complect de bout de l'an pour l'asme de feue Anne Gouffard vivante femme de François Roger de Bécon à Corbevoye; offrande 16 deniers.

9 Avril, jeudy, il y a eu 105 communians.

11 Avril, samedy, environ 8 vingt communians.

Dimanche 12, il y a eu de communians 870.

13 Avril, lundy, environ 60 communians.

A Corbevoye, aux pasques 50 communians, infirmes, qui font en tout le tout ensemble pour la paroisse onze cent quatre vingt et quinze.

17 May, dimanche, messe de dévotion pour M. Le Bossu à Corbevoye par M. le vicaire.

18 May : *Rogations*. La procession à Asgnières; la messe par M. le curé. Nota que nous avons party à 4 heures et néanmoins ceulx de Gennevilliers y estoient devant nous. Il sera bon de ne partir que à 4 hœures et demye; au retour vigile; Mardy la procession à Gennevilliers; mercredy, procession à Corbevoye;

21 May, jeudy, *Ascension*, messe de dévotion à Corbevoye pour M. Le Bossu par M. le vicaire.

Dimanche, dernier de May, *Pentecostes*, 6' vingts communians (120). Le prosne se faict succintement et puis la prédication.

2 Juin, mardy, le dict M. le vicaire a esté dire la grande messe à Corbevoye pour l'absence de M. Trippe. Payé X soulz.

29 Juin, lundy, *Saint-Pierre*, le dict jour j'ai envoyé à Corbevoye M. le vicaire pour faire l'office et déposséder M. Fargue. La grande messe et office canonial par M. le vicaire; offrande 29 soulz tournois. .

25 Juillet, vendredy, samedy, dimanche, lundy, mardy, le mercredy de mesme, nihil (rien) tout le monde (le clergé) malade.

4 Aoust, mardy, ce jourd'hui j'ai donné congé à M. Trippe.

8 Aoust, samedy, j'ay envoyé M. Pierre dire la messe à Corbevoye pour relever une femme en l'absence de M. Trippe.

9 Aoust, dimanche, le père Testefort a esté dire la messe de Corbevoye.

8 Octobre, le dict jour enterrement d'un suisse à Corbevoye et messe par M. Ratteau qui a reçu 5 soulz

pour son assistance, fault lui donner encore 5 soulz et restera pour mes droicts 11 soulz.

28 Octobre, le dict jour, à 9 heures du soir, enterrement de Jacques Meullard, mort de la contagion. Le dict jour, à mesme heure, enterrement de Pierre Garreau, fils de Jacques, avec deulx de ses petits enfans, tous morts de la contagion.

29 Octobre, jeudy, ce jourd'hui j'ay envoyé M. Seigneur, prebstre de Verneuil, avec les marguilliers, dire la messe à *Saint Sébastien*, à cause de la contagion.

30 vendredy, nous avons commencé la neufvaine à Saint Sébastien.

31 Octobre, samedy, nota que tous nos gens d'église ont tous esté malade.

Ces extraits du journal de M. Desnault nous montrent que, à cette époque, Courbevoie était un lieu de pèlerinage, et que l'on venait y prier Saint Sébastien et lui demander la fin de ces épidémies qui se renouvelaient si souvent. C'est probablement cette dévotion qui porta l'Archevêque de Paris à donner à cette chapelle, en 1670, le 28 décembre, le titre de Saint Sébastien. Dans mon enfance il me souvient d'avoir vu dans la chapelle Saint-Joseph, à Courbevoie, une statue de Saint Sébastien, précieuse relique de la dévotion de nos pères.

Les registres paroissiaux de Courbevoie abondent en renseignements précieux sur les vieilles familles de ce pays. Laboureurs et vignerons, bourgeois et seigneurs, y voisinent dans une égalité absolue. Tous ces actes de baptême, de mariage, de décès, consignés pendant près de deux siècles, pourraient nous fournir une ample moisson de documents, nous nous contenterons seulement d'en extraire ceux qui intéressent les familles dont nous parlons dans cet ouvrage.

L'abbé Goudaillier qui les commença les fait précéder de cette note :

« Registres des baptesmes et des mortuaires pour

l'église succursale de Saint Pierre de Corbevoye, commencé en avril 1627 par Jacques Goudaillier, vicaire au dit lieu sous vénérable et discrète personne Denis Desnault, prebstre, bachelier en droit canon, conseiller aumosnier de la reine mère du roy, curé de Colombes et du dit Courbevoye. »

Le premier acte est ainsi libellé :

Du lundy 5 avril 1627, a esté faict le 1er baptesme a Corbevoye et baptisé Louise Borgnet, fille de Pierre Borgnet et Jehanne Prévost Laguille, a esté nommée par damoiselle Louise de Picart, femme de noble homme Michel Fille, escuyer, sieur de la Coulombière, assistée de M. Claude Belle, greffier dudit Corbevoye.

Ces registres précisent que les gardes suisses, bien avant la construction des casernes, stationnaient à Courbevoie et logeaient chez les habitants. En effet, nous lisons : Vendredy, 2 novembre 1629 fut inhumé un suisse et fut mis dans le cimetière. Nous relevons encore en 1672 : le 9 janvier a été enterré dans le cimetière Robert de la Tour, soldat suisse de la compagnie de M. Reyding, logé dans la maison de M. Barbarin, en présence de Jean George Frank, chirurgien de la dite compagnie et de Charles Gubbing, porte-enseigne de la dite compagnie.

Le 21 novembre 1672, c'est un des cent suisses du roy, David Ducommun, qui se marie avec Anne, fille de défunt François Drouet.

Puis en 1639 le petit village de Courbevoie est mis en émoi : le lundi 22 décembre a été enterrée dans le cimetière une femme qui a été trouvée assassinée auprès du chemin de Bezons.

Les actes mortuaires nous fournissent aussi des renseignements intéressants concernant les notabilités de la paroisse :

Le 7e d'avril 1630, fut inhumé dans l'église, dans une tombe qui est devant le Crucifix, un prêtre de... en

Normandie qui s'appelait Pierre Potier et qui était chapelain en ce lieu.

Le 14 juillet 1637 a été inhumée la femme de Nicolas Coste, procureur fiscal de Courbevoie, chef d'hostel en cette paroisse.

Le 9 décembre 1669, décès de Catherine Polixane de Mondreville, fille de défunt Louis d'Auzouville, Séricourt et autres lieux, âgée de 31 ans, décédée chez Dame Anne Hardy, épouse Le Bossu.

Le 11 juin 1674, décès de Florence Hervé, veuve de Cléophas Deshalus, seigneur de Courbevoie.

Le 16 août 1727, décès de Marie-Anne de Vandeuil, épouse de M. Thorin de la Thanne, seigneur de Courbevoie.

Le 18 septembre 1729, inhumation dans l'église du couvent des Pères Pénitents, de M. Jean Thévenin, secrétaire du roi.

Le 18 novembre 1736, décès de Marie-Anne Leroux, veuve de Jacques-Joseph Thorin de la Thanne, gentilhomme suisse.

En 1740, inhumation dans le chœur de l'église du R. P. Victor, capucin, prêtre, aumônier des gardes suisses.

Le 3 août 1782, inhumation de Anne Nicole de Monmerqué, décédée d'hier en sa maison de campagne, âgée de 92 ans, de la paroisse de Saint-Nicolas des Champs, à Paris, rue Montmorency, en présence de messire Louis de Monmerqué, de M. Louis Nicolas Robert de Lierville, conseiller au Parlement, et de Philbert Noël Lallemant, avocat au Parlement. (C'est cette famille de Monmerqué qui facilita à l'abbé Hébert l'obtention du vicariat de Courbevoie).

Le 12 novembre 1783, inhumation dans le chœur de l'église du corps de haut et puissant seigneur Joseph-Edouard-Claude comte de Waldegrave, seigneur de Courbevoie.

Le 18 août 1788, décès de Dame Marie-Joseph-

Etiennette Thorin de la Thanne, comtesse de Waldegrave.

Le 22 décembre 1789, décès de Jacques-Louis Langlois, avocat au Parlement, notaire-royal, époux de Suzanne Madeleine Tremel, âgé de 52 ans. (M. Langlois fut le délégué de Courbevoie pour la nomination des députés aux Etats-généraux).

Terminons cet exposé nécrologique par le curieux acte suivant :

Je soussigné, docteur en médecine, membre de la société philosophique de Philadelphie et de plusieurs académies, certifie que M. Nicolas-Elie Marissal, prêtre, procureur des cy-devant religieux Minimes dit les Bons hommes de Passy, âgé d'environ 62 ans, est véritablement mort d'une maladie noire dont il était affecté depuis plus de 2 mois... en la maison des Minimes dont je suis usufruitier durant ma vie et dans laquelle est mort le sieur Nicolas Marissal.

Le 9 Mai 1792.

GERBIER.

M. Gerbier était usufruitier de cet immeuble, situé rue de Colombes, au coin de la rue Lambrecht, suivant un bail passé devant Mᵉ Gibert, notaire à Paris, le 2 mai 1791, et moyennant une redevance annuelle de 400 livres. La Nation s'empara de cette propriété et exigea que les loyers lui fussent payés.

Ces registres nous permettent encore de fixer l'état-civil de certains personnages qui vont jouer, dans la vie de Pierre Hébert, un rôle important.

C'est d'abord *Remond*, dénonciateur de Pierre Hébert au Comité de Sûreté générale, dont l'acte de mariage est ainsi libellé :

« Le lundi 23 janvier 1786, mariage de Etienne Remond, maçon, fils majeur de défunt Jean Remond et de Madeleine Houssé, présente et consentante, de

Vieux Courbevoie

1. La rue des Boudoux; 2. La rue de Colombes; 3. Vieille maison, 23, rue de Colombes;
4. Impasse des Épines.

cette paroisse auparavant de celle d'Arcueil, et de Louise-Anne Riobé, fille majeure de Michel Riobé, entrepreneur des chemins, et de défunte Elisabeth Lallier. »

C'est ensuite *Escoffon*, secrétaire du Comité révolutionnaire de Courbevoie, qui apparaît en 1783, à l'occasion du baptême d'un de ses fils :

« Le 24 août 1783, a été baptisé Charles-Auguste, né d'hier, fils de Joseph-Henri Escoffon, employé aux fermes du roi, et de Marguerite-Françoise Dulud, son épouse, de ce lieu. Le parrain Charles Dulud, oncle de l'enfant, de Neuilly, paroisse de Villiers-la-Garenne. La marraine a été Marie-Mathurine Escoffon, tante de l'enfant, de la paroisse de Saint-Sauveur à Paris. »

Le 11 mars 1787, lors du baptême de sa fille Marie-Marguerite-Denise, Escoffon est qualifié blanchisseur et en 1792 il est désigné comme secrétaire de la garde nationale.

Enfin *Georges Beller*, commandant de la garde nationale à Courbevoie, pendant la Terreur, est cité lors du baptême d'un de ses enfants :

« Le 21 avril 1782 a été baptisé Pierre-Jean, né d'hier, fils de Georges Beller, marchand fripier, et de Catherine Guilmin. La parrain a été Pierre Nouveau, domestique, qui ne sait pas signer, et Madeleine Duchemin, épouse de François Pontaux, cocher, tous deux de la paroisse de Puteaux. »

Toujours grâce à ces registres nous avons pu dresser une statistique assez exacte du mouvement de la population courbevoisienne. De 1628 à 1657, nous avons constaté une moyenne annuelle de 27 naissances. Si l'on comparait ces données aux chiffres de la natalité actuelle à Courbevoie, 620 pour une population de 30.000 habitants, il faudrait conclure que ces naissances représentent une population de 1258 personnes. Ce chiffre ne répond pas du tout à la réalité, car en 1801

Courbevoie ne comptait que 1311 habitants et seulement 1337 en 1817.

On ne peut guère admettre que, malgré l'appoint des gardes suisses qui contractaient mariage et fondaient famille à Courbevoie, la population soit, pendant deux siècles, restée stationnaire. Ou bien faut-il chercher l'explication de ce fait dans la mortalité extraordinaire de l'enfance à cette époque ? En effet, en 1637, 14 enfants décédèrent et 16 en 1638.

Dans la suite ces livres de catholicité, étant tenus avec plus de méthode, nous ont permis de dresser le tableau suivant qui pendant 20 ans indique le total annuel des naissances, mariages et décès :

ANNÉES	NAISSANCES	MARIAGES	DÉCÈS
1770	60	11	40
1771	61	14	46
1772	54	3	69
1773	61	11	48
1774	64	13	44
1775	58	21	49
1776	56	19	65
1777	58	18	34
1778	65	7	51
1779	55	13	76
1780	59	20	57
1781	70	13	49
1782	70	14	70
1783	64	15	65
1784	64	7	62
1785	63	14	52
1786	61	18	57
1787	70	14	72
1788	71	13	74
1789	69	18	110
1790	63	16	54

Enfin, à l'aide des signatures apposées au bas des divers actes rédigés par les vicaires de cette chapelle, et de documents complémentaires, nous sommes parvenus à reconstituer en partie la liste chronologique des curés de Colombes-Courbevoie et des prêtres desservant l'Oratoire de Courbevoie :

xiiie siècle. — Curé : *Martin* quondam presbyter de Columbis.
1314. — Curé : *Nicolas Hense*.
1415. — Curé : *Jean Michel*.
1458. — Curé : *Etienne de Montigny*.
1467. — Curé : *Pierre Lonier*.
1470. — Curé : *Hugo Langlois*.
1470. — 26 juillet. Curé : *Pierre Merebeuf*.
1546. — 28 juillet. Curé : *Louis Lesage*.
1585. — Curé : *Vast Gossier*.
1609. — Curé : *Pierre de Besse*, né à Meymond (Corrèze) vers 1568, mort à Paris en 1639.
1623. — 2 décembre. Curé : *Denis Desnault*, né à Argenteuil, seigneur du fief de Rebiolles, à Argenteuil, aumônier d'Anne d'Autriche.
1625. — Vicaire : *Trippe*.
1627. — Vicaire : *Jacques Goudaillier*.
1628. — Vicaire : *Breton*.
1628. — Vicaire : *Pierre Potier* (chapelain, 1630).
1642. — Curé : *Charles Bauvens dit Baudoin*, secrétaire de l'Archevêché de Paris, démissionnaire en 1642, décédé le 31 octobre 1665.
1649. — 29 janvier. Curé : *Marin Prévost de la Lancellière*, fougueux janséniste, décédé en 1673.
1664. — Vicaire : *Boire*, du 19 novembre 1664 au 25 février 1673.
1674. — 7 ou 9 août. Curé : *René de Longueil*, de 1674 au 3 août 1724.
1674. — Vicaire : *Alexandre*, du 5 mars 1674 au 24 octobre 1675.

LA CHAPELLE DE COURBEVOIE

1675. — Vicaire : *Richard le Conte*, chapelain de 1675 à 1691.

1675. — Vicaire : *Caron*, du 5 novembre 1675 au 18 juillet 1677.

1677. — Vicaire. : *De la Chevallerie*, du 5 août 1677 au 24 décembre 1681.

1682. — Vicaire : *François Nicolas Fromentin*, du 22 janvier 1682, au 5 mars 1685.

1685. — Vicaire : *Jean Prin*, du 12 avril 1685 au 25 juin 1706.

1706. — Vicaire : *Yvart*, du 16 juillet 1706 au 24 novembre 1711.

1711. — Vicaire : *Verrière*, du 21 décembre 1711 au 13 août 1721. Passe second vicaire à Saint-Etienne-du-Mont.

1721. — Vicaire : *Levasseur*, du 4 septembre 1721 au 12 mai 1722.

1722. — Vicaire : *Delobel* fait l'intérim du 18 mai 1722 au 19 juin 1722.

1722. — Vicaire : *Mazac*, du 19 juin 1722 au 26 juin 1726.

1724. — Curé : *J.-B. Albéric Chevallier* (1697-25 avril 1755), prêtre licencié de Sorbonne, chanoine pénitencier d'Auxerre, démissionne pour raison de santé en 1748.

1726. — Vicaire : *Chamarande*, du 28 juin 1726 au 29 octobre 1753.

1748. — Curé : *Claude-Amable-Gérard Bénard*, prêtre de l'Oratoire, du 8 juillet 1748 au 5 juillet 1779.

1753. — Vicaire : *Julhe*, du 31 octobre 1753 au 5 décembre 1768.

1768. — Vicaire : *Gardiol*, du 12 décembre 1768 au 12 juin 1769.

1768. — Vicaire : *Pierre Hébert*, du 14 juin 1769 (1).

(1) Vicaire dès 1768, Pierre Hébert ne signe son premier acte qu'à cette date dans les registres paroissiaux de Courbevoie.

1779. — Curé : *Béreux*. du 19 septembre 1779, refuse le serment en 1791 et meurt en exil.

Pierre Hébert est nommé vicaire de Courbevoie en 1769. Pendant seize ans, il remplit pieusement ces modestes fonctions jusqu'au jour où l'Archevêque, séparant Courbevoie de Colombes, lui donna la juste récompense de ses services et le nomma curé de la nouvelle paroisse.

CHAPITRE III

CRÉATION DE LA PAROISSE : LES REVENUS DE LA CURE
DE COLOMBES-COURBEVOIE EN 1730 ET 1756.
LA PROCÉDURE D'ÉRECTION
DE LA PAROISSE DE COURBEVOIE.

La création d'une paroisse n'est pas une œuvre abandonnée au caprice ou à l'arbitraire. C'est un acte important qui a pour but, en s'inspirant du besoin des fidèles, de leur faciliter l'accomplissement de leurs devoirs religieux.

Opération délicate d'autre part : il faut enlever à une paroisse en pleine activité une portion de son territoire et par là-même une partie de ses revenus. Aussi l'autorité ecclésiastique a-t-elle dû soumettre toute création paroissiale à une longue et minutieuse procédure. L'objet de cette procédure, réglée par les divers décrets « *de reformatione* » du concile de Trente et par la décrétale « *ad audientiam* » d'Alexandre III, est de contrôler la nécessité de la création paroissiale, de s'assurer des ressources de la nouvelle cure, et enfin de sauvegarder les intérêts des tiers.

D'après les règles du droit canonique, pour subvenir à l'entretien du clergé de la nouvelle paroisse, on devait prendre à l'église-mère une part des revenus proportionnée au territoire qu'on lui enlevait ; il en résultait que le curé de Colombes, du fait de l'érection de Courbevoie en paroisse, devait perdre une partie des revenus qu'il percevait de cette succursale.

La totalité des revenus de la cure de Colombes-Courbevoie s'élevait en 1730, suivant déclaration faite par Messire J. B. Albéric *Chevalier*, titulaire de la cure, à 1.903 livres 12 sols, et, en 1756, suivant attestation de Messire C. A. G. *Bénard*, son successeur, à la somme de 1. 391 livres 5 sols.

La succursale de Courbevoie figurait dans ces comptes pour l'appoint suivant :

Biens affermés. — La dixme du territoire de Courbevoye duquel le curé est seul décimateur ; il afferme les dixmes vertes et de grains, par un bail verbal, sur le même pied et prix que son prédécesseur, pour la somme de 130 livres.

Par un ancien accord entre les RR. PP. Bénédictins de Saint-Germain-des-Prés, il reçoit pour la dixme des vignes, que les habitants de Puteaux exploitent sur le territoire de Courbevoye, la somme de 72 livres.

Biens non-affermés. — La dixme du vin, dont le curé est seul décimateur tant à Colombes qu'à Courbevoye, produit, année commune, 45 demi-queues (1) de vin qui se vendent, année commune, 26 livres la demi-queue, soit 1170 livres.

Courbevoie, qui était surtout un pays vignoble et qui plus est réputé, figurait dans ces chiffres pour les deux tiers au moins.

En résumé, la succursale payait à son curé un revenu d'environ 800 livres. De ce chiffre il faut défalquer le traitement du vicaire, 250 livres, et ceux de

---

(1) Futaille employée à cette époque et d'une contenance de 225 litres.

l'instituteur et de l'institutrice, 175 livres. Outre ces 250 livres, le vicaire de Courbevoie recevait de la Fabrique une somme annuelle de 326 livres pour l'acquit des messes de fondation et un casuel d'environ 150 livres (1).

La séparation de Courbevoie d'avec Colombes devait donc susciter, de la part du curé dépossédé, une certaine opposition. Cette opposition aurait été d'autant plus légitime de la part de M. Bénard qu'il jouissait de cette cure depuis 1748, c'est-à-dire, puisque nous sommes en 1778, depuis 30 ans.

L'abbé Hébert qui comprenait fort bien qu'un placet, adressé à Mgr l'Archevêque, en vue d'obtenir l'autonomie de sa succursale n'aurait, en raison justement de la longue carrière fournie par M. Bénard et malgré la légitimité de la demande, aucune chance de réussite, résolut d'attendre une occasion favorable. Le décès de M. Bénard, survenu le 5 juin 1779, après une longue maladie, la lui fournit. On se hâta alors d'adresser, avant la nomination de son successeur, qui serait certainement opposé à ce démembrement de sa paroisse, une supplique à Mgr Christophe de Beaumont, archevêque de Paris.

Dans cette supplique, les seigneurs, syndic, marguilliers et habitants de Courbevoie exposaient, que, depuis l'érection, en 1627, de leur chapelle en église succursale, cette localité étant devenue, par suite de la construction de deux casernes et de l'inauguration du pont de Neuilly, une commune de 2.000 âmes, ils venaient solliciter de sa haute bienveillance la disjonction de cette succursale de la paroisse de Colombes, et son érection en cure et église paroissiale.

Les motifs de leur demande étaient les suivants :

Courbevoie, disaient-ils, jouit en fait depuis 1627 des

(1) Arch. Nat., Q¹, 1048. Revenus de la cure de Colombes-Courbevoie.

caractères et des attributs d'une paroisse ; son église est dotée d'une Fabrique, contient des fonts baptismaux ; on y célèbre les mariages, les services funèbres, et on y remplit le devoir pascal.

Elle possède un revenu de 1500 livres qui lui permet de couvrir les frais du culte, s'élevant à 500 livres, et de satisfaire aux dépenses imprévues. Cette église jouit moralement de son indépendance ; elle n'est tenue, en effet, envers la cure de Colombes qu'à une redevance de dix livres et à une procession que les habitants doivent faire, annuellement à Colombes, autour de l'église, le jour de la Dédicace. Enfin les habitants de Courbevoie forment un corps de communauté absolument distinct et séparé de celui de Colombes, et chacun de ces deux villages a son dîmage particulier.

Le dimanche 6 Juin 1779 (1), à l'issue de la messe paroissiale, les seigneurs et habitants de Courbevoie, donnaient, par acte dressé ledit jour par Me Langlois, notaire, contrôlé à Nanterre le 11 et homologué, par le Sr Intendant de la généralité de Paris, le 23 du dit mois, pouvoir aux sieurs Jean Regnault, syndic, Jacques Colombier, marguillier en charge, François Coquart, marguillier adjoint et Antoine Couturier, buraliste, de faire toutes démarches tendant à assurer le succès de leur demande. Pour suivre cette affaire auprès de l'Officialité diocésaine ces Messieurs passaient, le 27 Juillet, procuration à M. Valois, procureur en l'Officialité de Paris. En possession de cette supplique, Mgr de Beaumont, par son ordonnance du 19 Juillet 1779, saisit officiellement de cette affaire M. Vidal, vice-promoteur. Celui-ci entama immédiatement la procédure. Par son réquisitoire du 27 du même mois, il suppliait sa Grandeur de nommer un commissaire chargé de procéder

---

(1) Arch. Nat., X[IA], 8843, pages 433 et seq : Décret du Sr Archevêque de Paris, portant érection d'une cure à Courbevoie.

aux enquêtes habituelles. Sur cette demande, Mgr l'Archevêque nommait et commettait, le 29 Juillet, « Messire J. B. Desplasses, prêtre, docteur en théologie de la maison et société de Sorbonne, chanoine de son église métropolitaine, archidiacre de Brie en la même église, commissaire chargé d'entendre en leurs dires et réquisitions les habitants de Courbevoie et toutes personnes intéressées ou prétendant l'être, présentes ou dûment appelées, d'informer de la commodité et incommodité, utilité et inutilité de l'érection demandée et de faire toutes informations, instructions et procédures nécessaires jusqu'au décret exclusivement et de dresser du tout procès-verbal. »

Sur une visite des délégués de Courbevoie, M. Desplasses accepta de remplir les fonctions de commissaire dont l'archevêque l'avait investi et immédiatement il se mit à l'œuvre. Par l'huissier Couchot, il fit assigner, le 24 septembre, les personnes intéressées à cette affaire; il chargea des plans à dresser MM. Boulland et Pérard; les 6, 7 et 26 octobre il entendit les parties intéressées et le 10 octobre il visita la future paroisse, son église, son mobilier, son cimetière, ses écoles.

Naturellement nous ne suivrons pas M. Desplasses dans sa longue et minutieuse procédure dont le résumé, inséré dans le décret d'érection, comprend au moins 20 pages in-4°; nous nous contenterons d'analyser les dires des personnes intéressées. Le principal intéressé était M. l'abbé Béreux, qui venait d'être nommé curé de Colombes le 19 septembre; convoqué une première fois par M. Desplasses, il demanda du temps « pour choisir son parti et appuyer de motifs et de raisons la décision qu'il croirait devoir prendre ». C'était un peu vague, mais dans une seconde entrevue sa pensée se précisait : après avoir très habilement rendu hommage au droit que possède Mgr l'Archevêque d'ériger une nouvelle cure, quand le bien et l'utilité l'exigent, il conclut que justement, dans l'espèce, l'érection en cure et paroisse de Courbevoie ne lui apparaissait ni utile ni nécessaire ; mais que cependant, respectueux de l'autorité de ses supérieurs, il se soumettrait à leur décision, mais à la condition toutefois qu'on ne le déposséderait pas de la dîme qu'il percevait seul à Courbevoie et que sur son revenu il servirait au futur curé de Courbevoie la somme annuelle de 250 livres qu'il payait actuellement au vicaire desservant.

L'autre personnage intéressé était l'abbé Pierre Hébert, le vicaire desservant de Courbevoie. Sa conduite est plus simple ; il déclare attendre avec soumission et respect la décision qu'il plaira à Mgr l'Archevêque de prendre. Et qu'on ne voie pas dans cette déférence de P. Hébert une attitude plutôt qu'une conviction. Ecoutons les seigneurs de Courbevoie qui, eux, n'ont point d'intérêt direct à cette affaire.

M. le comte de Waldegrave et Mlle Geneviève Morel, représentée par son curateur onéraire, M. Château, reconnaissent le bien fondé de la requête et donnent leur consentement, sous la réserve cependant de leurs droits utiles et honorifiques. De même M. Astruc (1), intendant de la maison royale de Saint-Cyr, qui a succédé à l'abbaye de Saint-Denis dans ses biens et revenus. « Les Dames religieuses et supérieures de la maison royale de Saint-Cyr, dames de Colombes et décimatrices de la dite paroisse consentent, dit-il, à ce que la succursale de Courbevoie soit érigée en cure ; elles ne peuvent même s'empêcher de reconnaître que cette érection est non seulement utile, mais nécessaire, attendu que le lieu de Courbevoie, devenu très considérable, soit par lui-même, soit à cause des casernes et des écarts, exige la présence d'un curé en titre, car celui de Colombes ne peut par lui-même, à cause de l'éloignement, pourvoir à tous les besoins spirituels d'un peuple nombreux. D'ailleurs le bourg de Colombes

---

(1) Arch. Nat., L, 865.

retirera lui-même un grand avantage de cette érection, attendu que la vigilance de leur curé, se trouvant moins diversifiée et s'étendant sur moins d'objets, se trouvera plus concentrée dans le lieu même et ainsi tout se trouvera établi dans l'ordre nécessaire et convenable. » Cette déclaration ne fait cependant pas oublier à M. Astruc les intérêts de ses clientes, car il ajoute que, si cette érection paroissiale est nécessaire, « elle ne pourra néanmoins nuire ni préjudicier aux Dames de Saint-Cyr, relativement à leur dîme et seigneurie de Colombes, et qu'elles ne pourront, dans aucun cas, être tenues de contribuer, en tout ou partie, au paiement des honoraires du curé et du vicaire du Courbevoie, ni même de contribuer aux réparations du chœur et du cancel de la dite église de Courbevoie » ; puis, sur la délimitation de la nouvelle paroisse, il déclare que « le plan, dressé par les experts Pérard et Boulland, englobant, au bénéfice de Courbevoie, une superficie de 1699 arpents, alors que la totalité territoriale de cette localité n'est que 799 arpents, cette nouvelle démarcation de la future paroisse ne pourra leur être opposée relativement aux limites de leur seigneurie, et qu'à cet égard tous leurs droits de dîme, haute, moyenne et basse justice, censive, lods et ventes de leur seigneurie, droits d'enclaves et tous autres en dépendant, leur seront conservés ».

Après avoir entendu une dizaine de témoins, M. Desplasses arrive à la même conclusion. « Il résulte de notre information, dit-il, que l'église de Courbevoie est éloignée d'une demi-lieue de celle de Colombes ; que surtout pendant l'hiver les chemins sont difficiles ; que le village de Courbevoie renferme actuellement 2.000 communiants et qu'il y en a autant dans celui de Colombes ; que le village de Courbevoie, qui, au simple aspect, a déjà l'air d'une ville, augmente tous les jours et ne peut encore qu'augmenter par la suite, soit à cause de la construction des casernes, soit à cause de celle du pont de Neuilly ; que le nombre des soldats, dont les uns sont catholiques et les autres protestants, ne peut donner que beaucoup d'embarras à un simple vicaire qui, ne pouvant et ne devant rien prendre sur lui dans des circonstances délicates qui se présentent fréquemment, n'a souvent pas le temps d'aller consulter son curé ; que d'ailleurs l'église de Courbevoie est abondamment fournie de ce qui lui est nécessaire, qu'il y a des fondations particulières et que l'office s'y fait avec la plus grande décence ; que tous les témoins que nous avons entendus sont unanimes à constater la nécessité d'ériger en cure et paroisse la succursale de Courbevoie. »

M. Béreux ne s'incline pas devant ces conclusions, et le 17 mai 1780 il fait opposition à toutes les entreprises qui pourraient être faites contre l'intégrité de sa paroisse.

Convoqué devant l'Officialité, il fait défaut et, par sentence du 8 août 1781, il est condamné à donner mainlevée de son opposition. Signification de ce jugement lui étant faite, le 21 août, il fait appel de cette décision et un procès, qui devait durer deux ans, s'engage devant l'Officialité diocésaine. Le 29 mars 1783, une nouvelle et dernière sentence intervient disant que le sieur curé de Colombes est débouté de son opposition et que la procédure, entamée pour parvenir, s'il y a lieu, au décret d'érection de la succursale de Courbevoie, sera continuée.

Ce gros incident réglé, M. le Promoteur général diocésain remettait, le 19 septembre 1783, toute la procédure à Mgr l'Archevêque, et, considérant le bien fondé de la demande des habitants de Courbevoie, lui demandait qu'il lui plût d'agréer ses conclusions. Mgr de Juigné, qui avait succédé en 1781 à Mgr de Beaumont, sanctionnait de sa haute autorité la requête

CRÉATION DE LA PAROISSE

des habitants de Courbevoie et, le 28 avril 1784, signait le décret qui érigeait cette succursale en cure et paroisse.

« Tout vu et considéré, dit Mgr l'Archevêque dans ce décret, le saint nom de Dieu invoqué, nous avons, de notre autorité ordinaire, séparé et démembré, séparons et démembrons à perpétuité de la paroisse de Colombes, de notre diocèse, l'église succursale de Courbevoie, avons, de la même autorité, érigé et érigeons aussi à perpétuité la dite église, ci-devant succursale de Colombes, en titre de bénéfice, cure et église paroissiale, sous le titre et invocation de Saint Antoine, abbé...

« Voulant donner un digne pasteur à la dite nouvelle paroisse de Courbevoie, avons conféré et conférons la dite cure de Courbevoie, au sieur Pierre Hébert, prêtre du diocèse de Coutances, actuellement desservant de la dite église, ci-devant succursale de Courbevoie...

« Voulant conserver à l'église paroissiale de Colombes la reconnaissance qui lui est due par la dite église paroissiale de Courbevoie, ci-devant son annexe et érigée en cure par notre présent décret, ordonnons que le marguillier en charge, de la nouvelle paroisse de Courbevoie, rendra tous les ans, le dimanche dans l'octave de Saint Pierre, aux frais de la Fabrique de Courbevoie, le pain à bénir en la dite église de Colombes ; lequel marguillier sera tenu de donner, par forme de reconnaissance au curé de Colombes, trois livres d'offrande et pareille somme à la fabrique de Colombes...

« Donné à Paris, en notre palais archiépiscopal, sous notre seing, le sceau de nos armes et le contre-seing de notre secrétaire, le 28 avril 1784. Signé : Ant. Eléonore, archevêque de Paris ; et, plus bas, par Monseigneur, signé : Lecourt. »

Le roi Louis XVI sanctionnait ce décret, par ses Lettres Patentes du mois d'août 1784, et le Parlement l'enregistrait, le 22 mars 1785. et lui donnait ainsi force de loi.

Suivant les règles du droit canonique, M. l'abbé de Malaret, archidiacre de Josas, mettait, le 30 mars 1785, M. l'abbé Hébert en possession de la cure de Courbevoie.

Le même jour, le nouveau curé consignait cet événement sur les registres de sa paroisse (1).

Le plus curieux, en cette affaire, c'est que les habitants de Colombes prirent fait et cause pour leur curé et qu'une animosité, injustifiée du reste, s'établit entre les populations de ces deux paroisses. Il était devenu dangereux pour les Courbevoisiens de s'aventurer à Colombes. Nous en trouvons un exemple dans un procès-verbal du bailliage de Colombes :

« L'an 1787, le 29 janvier, 6 heures de relevée, en l'hôtel du greffe et pardevant nous, Jean Bernard... Est comparu Gratien Boucher, vigneron, demeurant à Courbevoie..., stipulant l'intérêt d'Alexis-Pierre Boucher, son fils mineur, âgé de 20 ans ou environ. Lequel es-nom, a dit et fait plainte que comme son fils était cejourd'huy venu se promener en ce lieu avec le fils d'Hilarion Gillet, son amy, aussi de Courbevoye, ils furent arrêtés dans les rues de ce lieu par Jacques Leroux qui leur dit qu'ils étaient deux mouchards et plusieurs autres impertinances de ce genre, qu'il les suivit avec quelques jeunes gens de ce lieu qui se joignirent à Leroux pour les insulter..., qu'ils dirent au fils de lui plaignant : « Recommande-toy à Dieu, nous t'allons tuer icy ; qu'enfin Leroux lui porta plusieurs coups de poings sur la teste dont il est malade au lit..., que sans doute ils l'auraient tué s'il ne fut entré chés ladite dame Olivier, bourgeoise de ce

---

(1) Ces registres sont déposés à la mairie de Courbevoie.

lieu, qui lui ouvrit sa porte pour le sauver des mains de ces furieux... »

Fort heureusement ce temps est passé et tous, gens de Colombes et de Courbevoie, vivent en bonne intelligence.

CHAPITRE IV

RECONSTRUCTION DE L'ÉGLISE.

Le nouveau pasteur dut se préoccuper aussitôt d'une œuvre importante : la reconstruction de l'église.

Elle était bien vieille, la petite église de Courbevoie; bâtie dans les commencements du xvie siècle, restaurée en 1601, elle tombait en ruines en 1770 et sa voûte menaçait de s'écrouler.

En outre, ses dimensions ne répondaient plus, comme nous l'avons vu, aux exigences de la population, et le dimanche, bien des fidèles, ne pouvant pénétrer dans l'enceinte de l'église, devaient rester sur la place et assister ainsi aux offices.

L'abbé Hébert avait déjà, n'étant que simple vicaire, appelé l'attention des pouvoirs publics sur cette triste situation.

En 1772, il avait adressé au Roi un placet sollicitant la faveur d'une allocation, prise sur les bénéfices des loteries, pour reconstruire son église. Louis XV avait accueilli avec bienveillance cette requête et décidé qu'une somme de 40.000 livres serait affectée à cette œuvre. La mort du Roi empêcha la réalisation de sa promesse.

CONSTRUCTION DE L'ÉGLISE

L'abbé Hébert ne se découragea pas ; il savait que les œuvres sont d'autant plus difficiles qu'elles sont plus grandes et plus belles et que la confiance en Dieu et la persévérance sont indispensables à leur succès.

En 1774, il renouvelait sa requête ; cette fois il la faisait apostiller par M. le comte d'Assy et fortement recommander par M. le comte d'Artois. M. Bertin,

Vue de l'Église et de l'ancienne Mairie de Courbevoie
d'après Ogier (1)

contrôleur général des Finances, en considération de ces hautes influences, invita M. de Sartines, lieutenant général de police, à faire constater par M. Egrepet, ou

(1) *Géidographie du département de la Seine*, par T. Ogier. Paris, 1814.

à son défaut par M. Chalgrin, qui construisait alors l'église Saint-Philippe-du-Roule, le bien fondé de cette demande.

Le 14 août 1774, M. de Sartines informait M. Bertin du résultat de l'enquête et lui transmettait les observations de M. Chalgrin qui concluait à l'impossibilité de restaurer l'église, à la nécessité de la rebâtir et d'affecter à la reconstruction une somme de 59.165 livres 18 sols, montant du devis qu'il avait établi. En outre M. de Sartines proposait au ministre, dans le cas où il jugerait ses disponibilités insuffisantes, de répartir sur trois années le versement de cette somme.

Malgré des avis aussi favorables, des influences aussi puissantes que celle du frère du Roi, le ministre répondit par une fin de non recevoir.

Déçu mais non découragé, l'abbé Hébert résolut d'attendre une occasion favorable pour tenter de nouvelles démarches.

Installé curé de Courbevoie, le 30 mars 1785, et jouissant, à ce titre, d'une plus grande autorité, il entreprit de reprendre le projet qui lui tenait tant au cœur.

L'effondrement d'une partie de la voûte, pendant les offices de la messe de minuit, à la Noël de 1788, et les graves blessures que cet accident occasionna à de nombreux paroissiens, lui fournirent, ainsi qu'à ses amis, des arguments péremptoires pour renouveler leurs instances. (1)

Le 19 mars 1789, M. le comte d'Assy annonçait cet événement à M. Feydeau et le priait d'intercéder auprès de l'Archevêque de Lyon pour qu'il daignât lui accorder sur les fonds destinés aux bâtiments sacrés ou sur ceux de l'Economat les sommes nécessaires à l'édification d'un nouveau temple.

Le 25 avril, M. de la Thanne écrivait, de son côté, à Sa Grandeur et lui transmettait le placet que « le curé

---

(1) Arch. Nat., G⁹, 130.

CONSTRUCTION DE L'ÉGLISE 213

les marguilliers, syndic et habitants de Courbevoie » lui adressaient.

Dans cette supplique, après avoir exposé l'accident survenu pendant la messe de minuit, ils concluaient

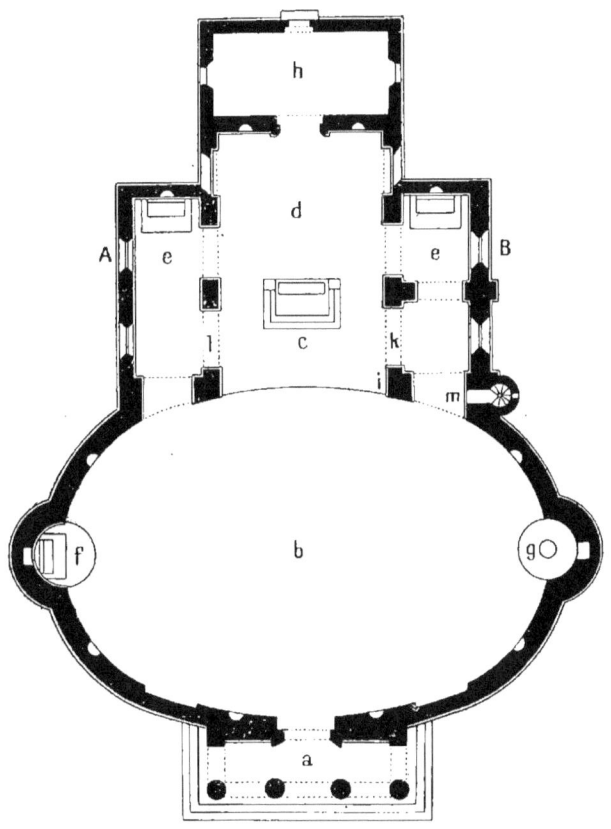

PLAN DE L'ÉGLISE CONSTRUITE PAR PIERRE HÉBERT
a. Péristyle ; b. Coupole ; c. Maître-autel ; d. Nef ;
ee. Bas-côtés collatéraux ; f. Autel ; g. fonts-baptismaux ; h. sacristie ; i. Colonne ;
k. l. Entre-colonnements ; m. Clocher ; — A. B. Vitraux.

que la vie des citoyens et des soldats des deux bataillons du régiment des gardes-suisses qui assistaient aux offices religieux n'étant plus en sûreté dans cet édifice, la construction s'imposait et qu'en prévision d'une prompte solution ils avaient fait dresser par M. Le Masson, architecte de l'administration paroissiale, au diocèse de Saint-Germain, les plans d'une nouvelle église. Pour rendre moins onéreuse la subvention sollicitée, ils avaient ouvert, parmi les paroissiens, une souscription dont le chiffre s'élevait à 8.000 livres. Mme de Waldegrave, sœur de M. de la Thanne, avait à elle seule souscrit 6.000 livres.

Le 6 mai, Mgr l'Archevêque de Paris joignait ses instances à celles des habitants de Courbevoie.

Les 8 et 12 mai, l'Archevêque de Lyon répondait à l'Archevêque de Paris et à M. de la Thanne que la situation de la caisse des loteries, surchargée par les anciennes grâces accordées par le Roi, ne permettait pas de proposer à Sa Majesté aucune distribution prochaine pour cette œuvre.

Le 19 mai, M. de la Thanne, persévérant dans son dessein, adressait à l'Archevêque de Lyon, une nouvelle lettre, mais, cette fois, en qualité de seigneur de Courbevoie et de commandant du bataillon des gardes-suisses. La responsabilité qu'il assumait, devant le Roi, de la vie de ses subordonnés l'obligeait à tenter une nouvelle instance. Pour hâter et faciliter la conclusion de cette affaire, il offrait d'avancer tous les fonds nécessaires à la reconstruction de l'église, si Sa Grandeur voulait bien lui en garantir, dans l'avenir, le remboursement.

Cette requête, M. Comu la transmettait à un de ses puissants amis pour la remettre à l'Archevêque de Lyon et il l'accompagnait de la lettre suivante :

« Vous verrez par la lettre que Mgr l'Archevêque de Paris a écrite à M. de la Thanne, seigneur de Courbevoie, que la route que vous m'indiquiez, pour obtenir des secours pour la reconstruction de notre église, a été suivie et la réponse que Mgr l'Archevêque de Lyon y a faite, et que je vous fais passer, vous instruira de ses dispositions.

« Comme l'exécution des promesses qu'il veut bien donner pourrait être retardée et que le besoin est pressant, M. de la Thanne s'est déterminé à faire l'avance des secours dès que la quotité en aura été décidée. C'est l'objet de la lettre qu'il a écrite à Mgr l'Archevêque de Lyon et que je vous prie de lui remettre. Ce sera une occasion bien favorable de l'entretenir de cette affaire et je me flatte que vous voudrez bien ajouter, aux

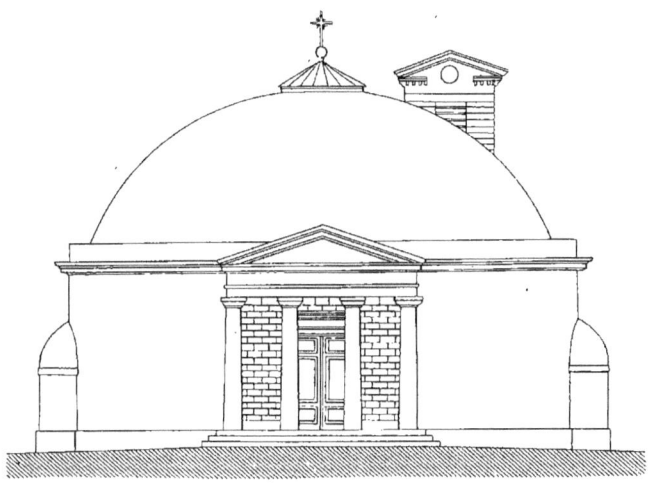

Façade de l'Église

marques d'amitié que vous m'avez données, celle d'appuyer notre demande. Vous voyez qu'il ne s'agit pas d'un secours actuel mais d'une simple assurance pour l'avenir.

« Vous ne voudriez pas qu'une chute de plafond vînt m'interrompre dans mes prières, et quoiqu'on ne puisse être surpris en meilleur lieu, mon épouse et mes enfants m'assurent qu'il faut que je fasse encore pénitence.

« Je m'y résous et j'espère que par vos bons offices nous pourrons en toute sécurité faire notre salut à Courbevoie.

« J'aurais désiré vous porter moi-même ce paquet, mais j'ai craint de vous dérober des moments précieux. »

Cette démarche n'eut pas plus de succès que les précédentes. Le 12 juin 1789, Mgr l'Archevêque de Lyon annonçait, en ces termes, son refus à M. de la Thanne :

« Je désirerais bien sincèrement seconder vos vues bienfaisantes, en faveur de la paroisse de Courbevoie, pour la restauration de son église ; mais les grâces, précédemment accordées par le Roi sur les fonds destinés à ces objets, les ayant absorbés pour longtemps, je ne puis pour le moment vous donner l'assurance positive que vous me demandez.

« Je vous prie de recevoir tous mes regrets. »

Malgré ces échecs successifs, l'abbé Hébert ne se découragea pas ; tant qu'il avait pu espérer une subvention de l'Etat, il s'était rallié au projet de M. Chalgrin, concluant à la nécessité de démolir le vieil édifice et d'affecter à sa reconstruction une somme de 59.165 livres 18 sols. Mais du jour où il constata l'inanité de ses démarches, dès l'instant où l'Archevêque de Lyon lui notifia l'impossibilité de lui accorder un secours financier, il résolut d'utiliser le vieil édifice en le faisant restaurer et de l'agrandir en lui adjoignant une annexe. C'était là une grosse difficulté ; aussi, pour la résoudre, il en appela à la science de M. Le Masson. C'était un architecte de haute valeur, en relation avec Perronet et les constructeurs distingués de son temps.

Né en 1743 (1), à la Vieille-Lyre (Eure), M. Louis Le Masson était entré en 1770 à l'Ecole royale des ponts

---

(1) Discours de M. de Prony, Bibl. Nat., L n. 27, 12309.

et chaussées, sous les auspices du maréchal de Broglie. Elève-ingénieur, il coopéra aux travaux des ponts de Saumur, de Tours, de Sainte-Maxence, où son rare talent le signala à l'attention de ses supérieurs.

Nommé ingénieur en 1776, il fut envoyé en Italie aux frais du Gouvernement pour y étudier les merveilles de l'art antique. Quatre ans après, il fut attaché en qualité de professeur d'architecture civile et militaire, à la personne des princes, Enfants de France.

Sa science, son zèle lui valurent, en 1787, le titre

Coupe longitudinale de l'Église

d'inspecteur-chef du département de Seine-et-Oise. C'est à cette époque que le curé de Courbevoie lui demanda un plan de restauration et d'agrandissement de son église.

Comme l'abbé Hébert, M. Le Masson connut les mauvais jours ; destitué en 1793, il fut décrété d'arrestation et dut, pour éviter le Tribunal révolutionnaire, fuir et se cacher.

Ici se place un trait de dévouement féminin, qui

mérite notre admiration au même titre que l'héroïsme de l'antique Eponine. Après la disparition de son mari, Mme Le Masson fut arrêtée et mise en demeure, sous peine de mort, de révéler la retraite de son époux. A cette demande, malgré la menace, la courageuse femme opposa un refus formel, déclarant que la mort était préférable à la trahison. Ses bourreaux irrités lui firent couper les cheveux, lugubre préliminaire de son exécution. Heureusement, des amis riches et puissants intervinrent et l'arrachèrent à prix d'or des mains de ses persécuteurs. Elle ne survécut que peu de temps à ces cruelles émotions.

La terreur passée, M. Le Masson fut rappelé à l'activité et nommé, en 1795, ingénieur en chef de la Seine-Inférieure. Son talent, sa science, ses travaux, lui méritèrent, en 1815, des titres de noblesse. En 1821, occupant les fonctions d'adjudant-commandant du château de Rambouillet, il prit sa retraite et occupa ses loisirs à coordonner les nombreux documents d'architecture qu'il avait ramassés pendant sa longue carrière. Il mourut en 1826, à l'âge de 83 ans.

Le projet demandé à M. Le Masson par l'abbé Hébert et par M. de la Thanne, qui subvenait aux dépenses, peut se résumer ainsi : agrandir l'église, la mettre en rapport avec la population et utiliser en même temps la portion rectangulaire de la vieille chapelle. A première vue, ce dessein semble facile, et pourtant il comportait une grosse difficulté. Si le terrain en largeur se prêtait à un agrandissement, en longueur, au contraire, il était très limité. C'est dans l'espace très restreint du vieil édifice et des maisons de la rue de l'église qu'il fallait trouver l'agrandissement demandé. L'architecte (1) prit le parti ingénieux de gagner sur la largeur ce qu'il lui était impossible de

---

(1) Bibl. hist. de la ville de Paris, 17.559. ALEXIS DONNET. *Environs de Paris*, 1824, p. 397.

trouver sur la profondeur ; en conséquence, il donna à la nef principale *b* la forme d'une ellipse, dont il établit le grand axe (d'environ 60 pieds) sur la largeur du terrain. Il fit précéder cette rotonde elliptique d'un petit péristyle de quatre colonnes *a*, faisant face à la rue, et donnant entrée à l'église. En regard de cette entrée, il plaça le sanctuaire *d*, de forme rectangulaire, et ses collatéraux *ee* portant sur des pieds-droits ; il éclaira cette partie de l'édifice par des croisées ouvertes en face des arcades. Une grande porte bien ajustée, et correspondant à celle du péristyle, décora le fond du sanctuaire et donna entrée à la sacristie *h*, placée derrière l'église. Le chœur ou sanctuaire *d*, et ses collatéraux *ee*, sont ouverts en arcade sur la rotonde et font pénétration dans sa voûte sphérique ; ces trois axes reposent sur la corniche dorique qui couronne le mur lisse de la rotonde dans son pourtour intérieur et reçoit la retombée de la voûte en calotte. L'extrémité supérieure de cette voûte est ouverte par un œil, qui donne à cette partie de l'église un jour tranquille, très convenable au recueillement. Deux grandes niches, pratiquées aux deux extrémités du grand axe, sont destinées aux chapelles des fonts et des mariages ; d'autres niches, moins grandes, correspondent aux collatéraux et accompagnent la porte d'entrée.

Les deux belles portes, la corniche dorique d'un bon style, les niches et l'œil de la coupole, sont la seule décoration de l'intérieur de cet édifice, qui doit toute sa beauté à la disposition ingénieuse de son plan et à la sagacité avec laquelle l'architecte fit l'application des parties décoratives et distribua les effets de lumière.

L'extérieur se compose du corps peu élevé de la rotonde, sur lequel se dessine, en avant-corps, un petit péristyle de quatre colonnes lisses, d'un ordre grec pœstumien, qui est élevé de quelques marches sur le sol de la rue, et que couronne un fronton triangulaire, dont la corniche de l'entablement d'ordre toscan règne dans tout le pourtour extérieur de la rotonde. Une belle porte, composée d'un chambranle et d'une corniche, décore l'intérieur du péristyle, dont le mur est orné de bossages; au-dessus de la corniche s'élèvent trois gradins qui, faisant amortissement, lient la coupole à la partie inférieure de l'édifice. Le caractère de l'ensemble de cette élévation, le style sévère de sa décoration et les belles proportions du péristyle peuvent faire considérer cet édifice comme un exemple des bonnes productions de l'art vers la fin du dix-huitième siècle, et comme un nouveau modèle du caractère à donner aux édifices religieux dans les campagnes.

Coupe transversale de l'Église.

La voûte de la rotonde et celle de la nef sont construites en poterie, avec armature en fer, et recouvertes d'un enduit en plâtre, sur lequel était fixée l'ardoise qui formait la couverture. Les travaux furent mis en adjudication le 31 janvier 1790, et la première pierre fut posée solennellement le 9 mai suivant (1).

Thiollet comme Donnet, qui ont visité cette église,

(1) Alex. Donnet prétend que l'église fut construite en 1789, mais des documents recueillis à Breuville mentionnent les dates ci-dessus que nous croyons plus exactes.

conviennent qu'elle était fort bien, et que l'aspect extérieur était d'un bel effet.

Cependant, il faut en convenir, cet édifice produit aujourd'hui une impression désagréable, et suscite de légitimes critiques. La raison en est bien simple, c'est que les transformations qu'il a subies lui ont fait perdre son aspect primitif.

Abandonné (1) pendant la révolution, laissé sans réparations pendant vingt-cinq ans, le temps y accomplit son œuvre de destruction; durant cette période la toiture se détériora, donna passage aux eaux pluviales qui abimèrent les enduits de la voûte et trois à quatre mètres de l'entablement intérieur.

En 1819 (2), grâce à un don de 15.000 francs de Madame la duchesse d'Angoulême, un ingénieur répara non seulement les dégâts, mais encore modifia l'aspect de l'édifice : il exhaussa la rotonde, suréleva le portail et changea le dessin de l'entablement intérieur.

En outre, il y a quarante ans, un nouvel agrandissement étant jugé nécessaire, un architecte fit détruire la sacristie et reconstruire, sur son emplacement, le chœur actuel, allongeant ainsi le vaisseau central.

Tous ces changements, toutes ces mutilations rompirent l'harmonie des lignes, et firent perdre à cet édifice sa physionomie primitive.

(1) THIOLLET. *Choix de maisons et monuments publics*, 1830, p. 8, planches 22 et 23.
(2) E. DE LABEDOLLIÈRE. *Environs de Paris*, p. 78.

CHAPITRE V

LA CONFRÉRIE DU SAINT-SACREMENT.
LES ŒUVRES CHARITABLES.

Le zèle du curé de Courbevoie ne se dépensait pas uniquement dans la réalisation de ces projets matériels, mais il se donnait aussi carrière dans la sanctification des âmes. Le rétablissement de la Confrérie du Saint-Sacrement en est une preuve. Aimer Jésus, présent dans la Sainte Eucharistie, c'est le bonheur du chrétien ; mais, lui faire rendre un culte, des honneurs, c'est la noble fonction, la sainte mission du prêtre.

Cette Confrérie avait été fondée, le 16 juin 1729, par messire J.-B. Albéric *Chevalier*, curé de Colombes-Courbevoie ; mais, dans la suite, elle s'était éteinte doucement. En 1780, l'abbé Hébert la ressuscite, et lui donne un nouvel élan. En tête d'un grand registre, il fait recopier l'acte de fondation et le fait suivre des noms des 197 adhérents que son zèle a su recruter. Nous y trouvons avec les noms des vieilles familles courbevoisiennes, les Cochefert, Huré, Hanet, Ledoux dit la Goye, Colombier, Manchain, Riobet, etc..., ceux de M. Louis Langlois, procureur fiscal, et de Mme de

Waldegrave, sœur de M. de la Thanne, seigneur de Courbevoie.

Tous les ans, à la Grande Fête (Fête-Dieu), les marguilliers de cette œuvre lui rendaient compte du chiffre des adhérents, des cotisations encaissées et de l'emploi des fonds. De 1781 à 1784, ces comptes sont approuvés par l'abbé Hébert qui signe avec le titre de prêtre-desservant; mais, le 10 avril 1785, il ajoute à son nom la qualité de curé.

SIGNATURE DE PIERRE HÉBERT
et des Marguilliers de la Confrérie du Saint-Sacrement

L'abbé Hébert, avec une tendre charité, s'occupait aussi de cette partie si intéressante de son troupeau que l'on appelle les pauvres. Pour remplir cette mission de bienfaisance, le prêtre disposait alors de ressources qui nous montrent les sentiments de nos pères. *Tempora mutantur!* Que les temps sont changés !

Dans les procès-verbaux de la Prévôté de Courbevoie (1) nous lisons que, « le mercredi 3 août 1784, M. Claude-Nicolas La Laure, avocat au Parlement, prévost, juge civil, criminel et de police de la Prévôté des Haut et Bas Courbevoie, accompagné de son greffier s'étant rendu chez les boulangers pour constater si les pains mis en vente comportaient bien le poids exigé,

(1) Arch. Dép., Seine. Prévôté de Courbevoie.

saisit chez MM. Maye et Liancourt et chez M⁰ Monnasson un total de 44 pains, auxquels il manquait à chacun un poids de 2 à 6 onces » et qu'il les fit porter chez le vicaire de Courbevoie, l'abbé Hébert, pour les distribuer aux pauvres.

Puis c'est une adjudication curieuse, la mise aux enchères du droit de vendre de la viande de boucherie pendant le carême. Cette adjudication eut lieu (1) ainsi qu'il était d'usage tous les ans, le mercredi 15 janvier 1777. M. François Breton, boucher à Courbevoie, fut déclaré adjudicataire, pour le prix de 48 livres, à la charge de verser, ès-mains du vicaire, ladite somme, pour être distribuée aux pauvres et encore à la condition de ne pouvoir vendre la viande de bœufs, veaux et moutons, aux habitants du dit lieu, un plus haut prix que celui de 8 sols la livre et aux pauvres à raison de 5 sols la livre, le tout bon, loyal et marchand et d'avoir toujours son étal suffisamment garni de viande.

Pierre Hébert n'assumait pas seul la charge pastorale, depuis le 20 février 1788, il s'était adjoint un vicaire, l'abbé Louis Leroux, qui resta avec lui jusqu'au 25 mars 1791.

Ce secours lui était nécessaire, car, à plusieurs reprises, il avait dû solliciter le bienveillant concours des religieux, fixés sur sa paroisse. Tombé gravement malade en octobre 1778, il s'était relevé le 1ᵉʳ janvier 1779 pour baptiser un enfant de M. Langlois et avait dû reprendre le lit jusqu'en février. En juillet et août 1781 il avait dû encore se reposer. Pendant tout ce temps, MM. Narcisse de Powentrui et Louis de la Calprenède, capucins et aumôniers des gardes-suisses, et le père Théophile Sauvage, procureur du couvent du Saint-Esprit, le remplacèrent charitablement dans ses fonctions.

Le 30 mars 1791, la signature de l'abbé Hébert

(1) Arch. Dép., Seine. Prévôté de Courbevoie.

disparaît des registres de la Confrérie et de la Paroisse pour faire place à celle d'un nouveau curé, l'abbé Jean-Pierre *Boursier*. C'est un patriote ! Le 24 juin 1792, l'an quatrième de la Liberté (sic) il fait extraire du coffre de la Confrérie 105 livres en espèces sonnantes et les fait convertir en papier (assignats) ayant cours dans le royaume.

Pourquoi l'abbé Hébert disparaît-il, pourquoi est-il remplacé par l'abbé Boursier ? C'est que mis en demeure de prononcer le serment schismatique, imposé par la Constitution civile du Clergé, il n'hésita pas à renoncer à sa cure, à quitter sa chère église, à s'éloigner de son troupeau plutôt que de faillir à son devoir et de trahir la cause sacrée de l'Eglise. Il est déjà confesseur de la foi, il deviendra martyr !

Pour comprendre la conduite de Pierre Hébert et les causes de son martyre, il nous faut faire un historique succinct de la Révolution. Cette étude du reste nous fournira des renseignements intéressants sur Courbevoie pendant cette période.

CHAPITRE VI

LA RÉVOLUTION : LES ÉTATS GÉNÉRAUX.
ÉLECTION DES DÉPUTÉS. — CAHIER DES DOLÉANCES
DES HABITANTS DE COURBEVOIE.
CAHIER GÉNÉRAL DES DOLÉANCES. — PROTESTATION
DE M. LANGLOIS, DÉLÉGUÉ DE COURBEVOIE.

Une révolution, comme celle de 1789, n'éclate pas subitement ; elle suppose une longue préparation. Cette préparation éloignée fut l'œuvre des Encyclopédistes, de Diderot et de ses collaborateurs : d'Alembert, Voltaire, etc., qui semèrent dans les esprits des doctrines pernicieuses, destinées à saper les croyances religieuses, à propager l'athéisme, à ruiner la monarchie. Dans ce rôle néfaste, une large part revient à l'idéologue J.-J. Rousseau, surtout à son *Contrat social* et à l'*Emile*.

La préparation prochaine fut l'œuvre de la Franc-Maçonnerie et des nombreux clubs politiques, qui, dissimulés sous des étiquettes littéraires et philanthropiques, faisaient dans toute la France, sous l'impulsion active de Mirabeau, Brissot, Target, Lafayette, une propagande effrénée en faveur d'une complète réforme sociale.

En 1788, la Révolution était dans les esprits à l'état latent ; Louis XVI allait la déchaîner, en convoquant les Etats-Généraux pour solutionner la crise financière que traversait la France.

En 1788, la dette publique s'élevait à 3 milliards ; en deux ans, elle s'était accrue de 247 millions. Pour solder cette dette de 3 milliards, la Révolution allait creuser un déficit de 45 milliards, et, sous le Directoire, faire banqueroute des deux tiers de son passif !

Louis XVI, ne voyant pas d'autre moyen de rétablir l'équilibre du budget que dans des impôts nouveaux, sanctionnés par la Nation, promettait, le 23 septembre 1788, la réunion des Etats-Généraux. A la suite du Conseil du 27 décembre 1788, il décidait : que le nombre des députés serait d'environ un millier ; que ce chiffre serait proportionné, dans chaque bailliage, à la population et aux contributions, et qu'enfin la représentation du Tiers-Etat serait égale à celle des deux autres Ordres réunis. Quand, à cette dernière décision, le roi ajoutera la votation par tête et non par Ordre, la Révolution sera faite.

Le 24 janvier 1789, la Chancellerie lançait les lettres de convocation aux Etats-Généraux, qui fixaient au 27 avril la date de la réunion, à Versailles, des députés.

A cette assemblée solennelle, la France devait être représentée par les trois grands corps sociaux de l'Etat : le Clergé, la Noblesse, le Tiers-Etat. Chacun de ces corps devait nommer ses députés personnels chargés de les représenter et de porter leurs réclamations et plaintes consignées dans un cahier.

Le mode d'élection des députés avait été fixé pour la France par un règlement daté du 24 janvier, et, pour la grande banlieue de Paris qui embrassait les communes rurales de la Seine et une grande partie de Seine-et-Oise, par un second règlement du 28 mars 1789.

Ce règlement fixait ainsi qu'il suit, pour chaque Ordre, le mode d'élection et la qualité d'électeur :

Noblesse. — Deux catégories : Les nobles possédant fief et les nobles âgés de 25 ans, ayant la noblesse acquise et transmissible ; les premiers seuls pouvaient se faire représenter par un fondé de pouvoir.

Clergé. — Quatre catégories d'électeurs : Tous les ecclésiastiques possédant un bénéfice (évêques, curés), avaient droit de suffrage direct pour nommer leurs députés ; — les chanoines n'avaient qu'une voix par fraction de 10 membres ; — les ecclésiastiques non pourvus de bénéfice (prêtres habitués) disposaient d'une voix par fraction de 20 membres ; — les corps de communautés d'hommes ou de femmes n'avaient qu'une seule voix quel que fût le nombre de leurs membres.

Tiers-Etat. — Tout Français âgé de 25 ans et payant un droit de capitation (1) de 6 livres était rangé, suivant sa situation, dans une des quatre catégories suivantes : les habitants des *villes* avaient droit à 2 voix par fraction de 100 électeurs ; — les habitants des *campagnes* avaient 2 voix pour 200 feux et au-dessous, 3 voix au-dessus de 200 feux, 4 au-dessus de 300, etc. ; — les *corporations ouvrières* disposaient de 1 voix par fraction de 100 membres ; — les *corporations d'arts libéraux*, négociants, armateurs, possédaient 2 voix par fraction de 100 membres.

Chaque classe d'électeurs choisissait donc un nombre de délégués proportionné à son importance numérique ; ces délégués se réunissaient ensuite dans une ville déterminée et nommaient alors les députés. C'est le mode actuellement employé pour l'élection des sénateurs.

(1) Contribution personnelle à laquelle tous les Français étaient astreints. Le taux était fixé selon un tarif divisé en 22 classes ; la première payait 2.000 livres, la dernière 20 sols.

Les règlements prescrivaient encore pour le Tiers-État que les délégués, une fois rendus au lieu de rassemblement, devaient, pour éviter une trop grande agglomération et diminuer les frais de séjour, réduire leur effectif, par un vote, au quart des membres présents. Les derniers élus devaient enfin fondre en un seul cahier les divers cahiers de doléances, et nommer les députés.

Le 4 avril 1789, M. de Boulainvilliers, prévôt de Paris, notifiait à la grande banlieue parisienne, qui portait le titre de Prévôté et Vicomté de Paris hors les murs, les lettres de convocation du roi.

Dans cette ordonnance, il statuait : 1° que ces lettres et les règlements y annexés seraient publiés, le dimanche 10 avril, au prône de la messe paroissiale et, à l'issue de la messe, à la porte de l'église ; 2° que les assemblées primaires du Tiers-État, chargées d'élire leurs délégués, auraient lieu dans les trois jours qui suivraient cette publication, c'est-à-dire du 12 au 16 ; 3° que les délégués nommés dans les assemblées primaires se réuniraient le samedi 18 avril, à 7 heures du matin, dans la grande salle de l'Archevêché, à Paris, pour présenter leurs cahiers de réclamations et réduire leur effectif au quart des membres présents ; 4° que l'assemblée générale des trois Ordres chargés de nommer leurs députés, était fixée au vendredi 24 avril, à 7 heures du matin ; que l'ouverture des États-Généraux aurait lieu le 5 mai, à Versailles.

Conformément à ces décisions, les communes de la banlieue parisienne nommèrent leurs délégués (1).

Courbevoie choisit : MM. Jean-Louis Langlois, procureur fiscal ; Nicolas-Jean Gillet, vigneron ; Jean-René Doré, vigneron. Colombes : MM. Bailly, syndic ; Jean-Baptiste Durand, Pierre Poisson, Bernier, Garreaux, Barbu, tous vignerons. Puteaux : Guillaume

(1) Arch. Nat., B^{III}, 102.

Moison, Michel Gilbert, Philippe-Joseph Gœult. NANTERRE : Jérôme Bareau, Gouvet, procureur fiscal ; Jacques Dallichamp, Jean Maitzer. SURESNES : Petit, juge ; Lostain, procureur fiscal ; Bougault, Coret. ASNIÈRES : Dieudonné de Gueldre, bourgeois ; Eléonor Garreau, laboureur.

Chacune de ces localités rédigea son cahier de réclamations ; nous ne citerons que celui de Courbevoie, mais nous dirons que la plainte unanime de ces communes portait surtout sur les déprédations commises par le gibier des chasses royales :

Les habitants rendent de très humbles actions de grâces au Roi de ce qu'il a convoqué les Etats Généraux de son Royaume et a admis les représentants du Tiers-Etat, en nombre égal à celui des deux autres ordres.

ARTICLE PREMIER. — Ils supplient Sa Majesté de supprimer les capitaineries des chasses, lui observant qu'Elle a le droit de chasser dans tout son Royaume, et qu'il n'y a pas un Seigneur qui ne regardât comme un bonheur de La voir chasser sur ses terres.

Ils conviennent que Sa Majesté trouvera moins de gibier que par le passé, mais ses sujets en seront plus heureux, et ils sont persuadés qu'Elle sacrifiera volontiers le plaisir d'un moment au bonheur de ses peuples.

Ils observent que la multiplicité du gibier de toute espèce détruit leurs semences ; que depuis douze ans, ils sont souvent obligés de semer à deux fois les mêmes légumes et grains ; qu'ils ne peuvent conserver leurs vignes et leurs jeunes arbres pendant l'hiver qu'en les enveloppant de paille pour les garantir de la dent des lièvres, espèce de gibier que les gardes-chasses ont soin de multiplier à l'infini ;

Ils observent enfin, à cet égard, que le terroir de Courbevoie, placé dans la conservation de Mgr le Comte d'Artois, ne sert pas au plaisir de ce Prince, mais qu'il semble destiné aux délassements d'une comédienne (1);

Dans le cas où Sa Majesté ne jugerait pas à propos de supprimer les Capitaineries et notamment celle de Saint-Germain-en-Laye, ils la supplient de permettre :

1° La destruction des lapins, sans être obligé de faire visiter le terrain par aucun délégué ni commissaire, pour éviter les longueurs, les faveurs et la corruption ;

2° Que chacun puisse faucher son foin, quand bon lui semblera, pour en éviter le dépérissement ;

3° Que chacun puisse faire enclore son champ de murs, sans être obligé d'en obtenir la permission de la Capitainerie ;

4° Que les instances, pour faits de chasse, soient portées aux tribunaux ordinaires ;

5° Qu'il soit libre aux malheureux, dont les champs auront été dévastés ou endommagés par le gibier, de former, contre les conservateurs ou même contre les Capitaines des chasses, des demandes en indemnité devant les Juges ordinaires ;

6° Et enfin, qu'il ne puisse être infligé aucune peine corporelle pour faits de chasse, seulement et lorsque les délinquants ne seront pas convaincus d'avoir voulu maltraiter les gardes.

Art. 2. — Ils supplient Sa Majesté, pour encourager l'agriculture, de permettre aux propriétaires des terres qui avoisinent les doubles allées adjacentes au pont de Neuilly, de les cultiver, chacun en droit soi, en laissant un sentier pour l'entretien des arbres.

Art. 3. — Ils supplient Sa Majesté de supprimer les droits d'aides, sauf à payer l'impôt d'une autre manière ; et, dans le cas où cette suppression ne pourrait pas avoir lieu, d'abolir entièrement le droit de gros

(1) Allusion à Mlle Duthé, de l'Opéra, amie du comte d'Artois.

manquant, droit d'autant plus odieux qu'il suppose une fraude qui n'existe pas le plus souvent, et qu'il est fréquemment une double punition de cette fraude, lorsqu'elle existe, contre la règle de droit et la saine raison qui ne veulent pas qu'on soit puni deux fois pour la même faute.

Art. 4. — Ils supplient aussi Sa Majesté de supprimer ou diminuer les droits sur le sel, comme denrée de première nécessité.

Art. 5. — Ils supplient Sa Majesté d'établir un impôt unique sur tous les biens-fonds du Royaume et qui soit payé par tous les propriétaires ou usufruitiers sans distinction, en observant la répartition la plus exacte.

Art. 6. — Comme les impôts doivent nécessairement augmenter à raison des charges de l'Etat, ils supplient Sa Majesté de mettre des bornes à ses libéralités, de n'accorder de dons et de pensions qu'aux personnes qui auront rendu des services réels et utiles à l'État et de retrancher celles qui ne seraient pas méritées et singulièrement celles accordées aux histrions, aux maîtresses et aux espions des ministres.

Art. 7. — Ils supplient Sa Majesté de supprimer l'usage des lettres de cachet, de sauf-conduit et des arrêts de surséance qui attirent à la nation française le mépris des autres nations et peuvent faire le plus grand mal, par les surprises auxquelles Sa Majesté est exposée, sans jamais faire le moindre bien.

Ils s'en rapportent à Sa Majesté et aux grands personnages qui composent l'Assemblée des États, soit pour la consolidation de la dette nationale, soit pour le changement à faire dans le Ministère et l'Administration, soit pour fixer le retour des États-Généraux, soit pour établir des lois somptuaires, soit pour la révocation de l'Edit qui permet l'exportation des blés chez les étrangers, soit pour la réforme de la justice et l'abréviation des procès. Ils observent cependant que les abus dans cette partie résultent de la multiplicité des degrés de juridiction, de la vénalité des charges de magistrature, et de l'inexpérience des magistrats.

> *Signé :* Jacques Colombier, syndic; Jean Regnault, Etienne Doré, Nicolas Lépine, Langlois; J.-F. Charpentier; Jean Béhuré; N.-Louis Charpentier; Morel; Jean-Claude Colombier; Pierre Hanet; Lépine; René Doré; Jean Charpentier; Louis-Denis Cotereau; Claude Lépine; Simon et Nicolas-Jean Gillet.

Le samedi 18 avril 1789, suivant l'ordonnance du prévôt de Paris, se tint à l'Archevêché l'assemblée préliminaire des délégués du Tiers-État de la Prévôté et Vicomté de Paris, hors les murs. 453 communes, représentées par 1.055 délégués, répondirent à l'appel; 66 communes firent défaut ce jour-là. Chaque délégué dut exciper de sa qualité et, sur ses pouvoirs, on apposa les mots : « Vu bon », qui devaient lui donner accès aux séances.

Réduction au quart des délégués. — Le lendemain dimanche on procéda, suivant le règlement du 24 janvier, à la réduction au quart des délégués présents. Les membres se formèrent alors en groupes de 4, 8 ou 12 personnes et procédèrent eux-mêmes à l'élimination des trois quarts de leur nombre. Courbevoie s'unit aux délégués de Chatou et de Croissy pour former le nombre 8. MM. Gillet et Doré furent éliminés, et M. Langlois fut élu avec M. Nicole, marchand de bois, à Chatou. Du fait de cette sélection, les électeurs du Tiers-Etat de la banlieue, chargés d'élire 8 députés et leurs suppléants, se trouvèrent réduits à 269.

Nomination des Commissaires. — On procéda ensuite à l'élection des commissaires chargés de la rédaction du cahier général des doléances et des réclamations.

De nouveau, on se forma par groupes de 8 électeurs, avec mission de nommer un commissaire par groupe. Les 31 élus devaient ensuite se diviser en plusieurs bureaux, composés de membres de professions diverses, pour élaborer le cahier. M. Langlois ne fut pas désigné, mais M. Nicole eut cet honneur.

On remit ensuite à M. Target les 200 liasses, représentant les cahiers particuliers de chaque commune.

Assemblée des trois Ordres. — Le vendredi 24 avril, eut lieu l'ouverture solennelle de l'assemblée des trois Ordres. Tous les électeurs se réunirent à la cathédrale, où Mgr de Juigné entonna le *Veni Creator* et célébra la messe pour appeler les bénédictions de Dieu sur les travaux de l'assemblée.

Les trois Ordres se réunirent ensuite en réunion plénière, sous la présidence de M. de Boulainvilliers, qui prononça un discours exposant les résultats que l'on devait attendre de cette réunion.

On procéda ensuite à l'appel et à la vérification des pouvoirs pour chaque Ordre.

Le clergé du canton de Courbevoie (1). — Les membres présents du clergé du canton étaient pour : *Courbevoie*, M. Pierre Hébert, curé ; le père capucin Louis de la Calprenède, chapelain des gardes-suisses ; le frère Nespoulous, supérieur du couvent des Pères de Nazareth ; *Asnières*, M. Fouché, curé ; *Colombes*, M. Béreux, curé ; *Gennevilliers*, M. Chapillon, curé ; *Mont-Valérien*, M. Desplasses, fondé de pouvoir des Pères ermites du Mont-Valérien ; *Nanterre*, M. Delabarre, curé ; *Puteaux*, M. Noël, curé ; *Suresnes*, M. Porchet, curé.

Noblesse. — Nous n'avons relevé dans les assemblées de la Noblesse aucun nom de noble habitant Courbevoie.

Tiers-État. — Les électeurs du Tiers-État du canton

(1) Arch. Nat. B^{III} 112.

de Courbevoie étaient pour : *Courbevoie,* M. Langlois, procureur fiscal ; *Asnières et Gennevilliers,* M. Antoine Dalligou ; *Nanterre et Puteaux,* MM. Jacques Dallichamp et Guillaume Moison ; *Suresnes,* M. Petit ; *Colombes,* M. Bailly.

Nous ne donnerons pas le compte rendu des séances des trois Ordres, cela sortirait de notre sujet ; nous nous contenterons de nommer les députés élus.

Députés du Clergé. — Furent élus députés : le 29 avril, M. Leguen, curé d'Argenteuil ; le 30, M. Melon de Pradou, prieur-curé de Saint-Germain-en-Laye ; le 1er mai, Mgr J.-B. de Beauvais, ancien évêque de Senez ; le 1er mai au soir, M. de Coulmiers, de l'ordre des Prémontrés, abbé régulier d'Abbécourt. Furent nommés ensuite députés suppléants : M. Papin, curé de Marly-la-Ville ; M. Gandolphe, curé de Sèvres.

Réclamation de M. Béreux. — Le 2 mai, avant l'élection des députés suppléants du clergé, se place un incident qui intéresse directement Courbevoie ; c'est la plainte de M. Béreux, curé de Colombes, qui n'avait pu encore, après quatre ans, se consoler de la perte de sa succursale de Courbevoie.

« Avant l'élection des suppléants, dit le compte rendu des séances, M. le curé de Colombes se plaignit de ce qu'on avait commis, à son égard, une injustice sans exemple, et que, malgré la loi sacrée qui défend de toucher aux propriétés, on l'a dépouillé de son revenu pour ériger en cure une succursale (Courbevoie) qui relevait de lui ; que pour cela on lui a fait supporter les frais d'un procès inouï jusqu'alors et qui ont monté à 5.000 livres ; qu'enfin on l'a placé à se réduire à la portion congrue (1) dans une paroisse de 2.000 habitants, dont 600 au moins sont très pauvres ; on voit par là qu'on lui a ôté absolument son existence. »

(1) La portion congrue était une pension alimentaire de 700 livres, que le percepteur des grosses dîmes d'une paroisse payait au curé.

L'assemblée lui donna acte de sa plainte, et ce fut toute sa consolation. Pauvre M. Béreux, qui ne se doutait pas qu'il allait bientôt perdre sa paroisse de Colombes, fuir à l'étranger, et mourir en exil !

Nous ne dirons rien de sa plainte, nous en avons fait justice en citant l'opinion des Dames de Saint-Cyr.

La Noblesse. — Les nobles de la banlieue choisirent comme députés : MM. Duval d'Epresmenil, le duc de Castries, le président d'Ormesson, le bailli de Crussol, et comme députés suppléants : MM. le comte Bozon de Talleyrand, le comte de Broglie, le comte de Rougé, de Blaire.

Tiers-Etat. — Les députés de la banlieue de Paris furent : MM. Pierre Afforty, laboureur à Villepinte ; Pierre-Charles Duvivier, laboureur à Bonneuil-en-France ; Etienne Chevalier, vigneron à Argenteuil ; Guy-J.-B. Target, ancien avocat, membre de l'Académie ; François-Jacques Ducellier, ancien avocat et cultivateur à Combault ; François-Louis Legrand de Boislandry, négociant à Versailles ; J.-J. Lenoir de la Roche, avocat ; Louis-Marie Guillaume, avocat, etc.

Les députés suppléants furent : MM. Lucy, avocat et cultivateur à Epiais ; Busche, procureur ; Picault, avocat ; Gaillard de Graville, avocat ; Béjot, cultivateur ; Dartis de Narcillac, avocat ; Rouvre, propriétaire ; Ramart, propriétaire.

Cahier général des doléances. — Les 31 commissaires, choisis parmi les électeurs, avaient reçu la mission de condenser, en un rapport unique, les cahiers des doléances et réclamations des habitants des communes suburbaines. Bien loin de s'en tenir à ce mandat précis, ils élaborèrent, ou plutôt sortirent de leur poche, un plan complet de constitution politique et religieuse. Il fallait s'y attendre, car tous ces rédacteurs n'étaient que des légistes, avocats ambitieux, dissimulés sous les titres de vignerons et laboureurs.

Leur rapport débute par un exorde qui en indique nettement l'esprit : Une glorieuse révolution se prépare. La plus puissante nation de l'Europe va se donner à elle-même une constitution politique, c'est-à-dire une existence inébranlable dans laquelle les abus de l'autorité soient impossibles...

Après cette entrée en matière, on comprendra facilement que, dans ce projet, le roi n'est plus le chef qui gouverne, mais seulement l'exécuteur des lois votées par les députés de la Nation.

Après avoir fait du roi un soliveau, cette constitution entend régenter l'Eglise. « Le Concordat, dit-elle, sera aboli ; la fameuse déclaration de 1682, qui, comme on sait, énonçait, en quatre articles, les prétendues libertés de l'Eglise gallicane, sera approuvée par la Nation et deviendra loi constitutionnelle ; les prières liturgiques se feront en français ; les curés ne seront plus nommés par les évêques, mais seront élus par les paroissiens ; les dîmes seront supprimées, etc. »

Comme on le voit par ces quelques citations, c'était bien la Révolution qui s'annonçait et s'affirmait.

Nos braves paysans de la banlieue, qui comprenaient que tout cela n'était que viande creuse et qui savaient qu'ils avaient mission, non pas de donner une constitution au pays, mais de demander des améliorations, réclamèrent aigrement et firent entendre que, comme le coq de La Fontaine, le moindre grain de mil ferait bien mieux leur affaire.

Pour les calmer, on rédigea un second cahier, qui énonçait les réclamations locales.

Dans ce nouveau mémoire nous trouvons exposée, sous la rubrique de Courbevoie, la demande suivante : Qu'il soit permis aux habitants de faire valoir, à leur profit, les terrains des doubles allées adjacentes au pont de Neuilly, chacun en droit soi, en laissant un sentier pour le labour et l'entretien des arbres.

Cette concession ne donna pas satisfaction au

délégué de Courbevoie, M. Langlois; il se refusa, avec quatre-vingt-dix de ses collègues, à signer le cahier général des doléances de la banlieue, et, de plus, adressa à M. Angran d'Allerai, lieutenant civil du Châtelet de Paris, un mémoire de protestation contre le cahier général, en l'accompagnant de la lettre suivante :

« 5 mai 1789 (1).

« Monsieur,

« J'ai été si mécontent de notre assemblée du Tiers-Etat, hors des murs de Paris, que je crois devoir réclamer contre tout ce que j'y ai trouvé de déraisonnable et d'injuste et notamment contre notre cahier.

« C'est en vos mains que je dépose ma réclamation comme en celles du magistrat le plus digne et le plus vertueux.

« Je suis, etc.

« LANGLOIS. »

Le mémoire contient une critique très juste des procédés employés par les commissaires pour imposer aux habitants de la banlieue des opinions qu'ils n'avaient pas :

« Ce 4 mai 1789 (2).

« Je, soussigné, membre du Tiers-Etat de la Prévôté et Vicomté de Paris, hors des murs, et l'un des députés nommés dans l'assemblée du 19 avril, pour assister à l'assemblée des trois Etats, indiquée au 24 du même mois.

« Déclare que n'ayant osé faire entendre ma grêle et faible voix dans toutes les assemblées qui se sont tenues depuis le 18 du dit mois, jusques et y compris le 3 mai présent mois, pour marquer mon improbation de plusieurs des motions qui s'y sont faites.

(1) Arch. Nat., B^III 102, f° 663.
(2) Arch. Nat., B^III 112, p. 748 à 753.

« Je désapprouve :

« 1° Les motions qui se sont faites, le 18, contre tous les nobles, à l'exception de celle contre l'un des députés de Pont-Chartrain, dont l'élection était nulle à raison de ce qu'il avait été électeur ;

« 2° La motion qui a été faite contre MM. les députés nobles de Versailles, motion d'autant plus injuste qu'ils étaient du nombre des députés réduits au quart avant de se présenter à l'assemblée générale ; que je trouve l'exclusion des nobles d'autant plus injuste que les députés des différentes paroisses n'étant que des mandataires chargés de porter les cahiers et de procéder à la réduction au quart et à l'élection des députés pouvaient être pris indistinctement dans les trois ordres ;

« 3° La motion qui a été faite pour augmenter le nombre des députés, motion faite par des ambitieux qui, désespérant d'être élus s'il n'y avait que six députés, espéraient l'être s'il y en avait un plus grand nombre, ce que l'événement a justifié ;

« 4° Contre l'admission qu'on a faite de l'humble réclamation de M. le comte de Moreton-Chabrillant, en ce que ce n'est pas au Tiers-État à disposer ni à se mêler des emplois militaires.

« Je déclare, en outre, que je proteste *contre le cahier général* de la Prévôté et Vicomté de Paris, hors des murs, dont je n'ai pu entendre que deux lectures et que je n'ai pas voulu signer :

« 1° Parce que, dans ce cahier, on substitue la démocratie à la monarchie, ce qui est contraire à l'ancienne constitution du royaume et *qui ne pourrait s'opérer sans répandre beaucoup de sang* ;

« 2° En ce qu'on y prétend que la Nation a seule le droit de faire des lois, ce qui donne au souverain la simple qualité d'exécuteur des lois de son peuple ;

« 3° En ce qu'on ôte au souverain le droit de supprimer ou destituer les officiers militaires ; ce qui, en temps de guerre, pourrait donner lieu à la perte des batailles, à la défaite des armées et à l'invasion des ennemis jusqu'au centre du royaume ;

« 4° En ce qu'après avoir déclaré que les Etats généraux ne seraient pas permanents, on veut astreindre le Roi à ne nommer des magistrats dans les cours souveraines que sur la présentation qui lui serait faite, de trois sujets, par les Etats généraux non permanents, ce qui peut rendre les cours souveraines désertes par le décès des magistrats d'une tenue des Etats à l'autre ;

« 5° En ce que, après avoir dit que les impôts ne seraient abolis que pour un temps et en avoir défendu la perception, après l'expiration du terme sous peine d'exaction, on y menace les sujets du Roi, qui lui payeraient volontairement les impôts, d'être poursuivis comme infracteurs des droits de la Nation ;

« 6° En ce que l'on veut y forcer le seigneur à recevoir le remboursement de droits de sur-cens, champarts et autres, ce qui est une atteinte à la propriété ;

« 7° En ce qu'on y veut supprimer les droits de banalité des fours et des moulins, sans accorder aucune indemnité aux seigneurs, ce qui est une atteinte à la propriété ;

« 8° En ce qu'on y demande, aux Etats généraux, la remise des fêtes solennelles aux dimanches, ce qui leur suppose le droit de réformer ou changer les lois de l'Eglise.

« Je me réserve, si le cahier est imprimé, de faire, par la suite, toutes autres protestations contre les articles qui me paraîtront déraisonnables.

« Je m'en rapporte à la prudence de M. le Lieutenant civil, pour faire de la présente déclaration l'usage qu'il trouvera convenable.

« A Courbevoye, ce 4 mai 1789.

« Langlois. »

CHAPITRE VII

LA PERSÉCUTION RELIGIEUSE. — SUPPRESSION DE LA DIME.
LA CONSTITUTION CIVILE DU CLERGÉ. — LE SERMENT.

Dans la nuit du 4 août 1789, le clergé avait renoncé à son antique privilège de la *Dime*, mais sous la condition formelle de rachat, suivant un mode qui serait réglé par les assemblées provinciales.

Lorsqu'il s'agit, dans la séance du 10 août, de transformer ce vote en une loi, Mirabeau, qui voulait briser la puissance du clergé, faire du prêtre indépendant un fonctionnaire salarié, pour décatholiciser la France, demanda l'abolition pure et simple de la dîme. Dans un discours qui a servi depuis de modèle à tous les spoliateurs, pour justifier les abus de pouvoir et les confiscations dont le clergé a été, encore de nos jours, la victime, il prétendit que la dîme n'était ni une propriété, ni une possession, mais une simple contribution, un impôt destiné à rétribuer le service public rempli par les ministres des autels. C'est le subside, dit-il, avec lequel la Nation *salarie* les officiers de morale et d'instruction. La Nation est donc en droit d'abolir cet impôt, si elle le trouve trop onéreux, et il lui appartient de le remplacer d'une manière moins dispendieuse et plus légale (1).

L'abbé Sieyès, avec beaucoup d'énergie et de courage, dans un discours d'une logique irrésistible, réfuta facilement les sophismes du fougueux tribun. Mais que pèsent le droit, la justice, la vérité, dans une assemblée de sectaires où la force est l'ultime raison ?

Sieyès traita la question de droit et la question de fait.

En droit, dit-il en substance, l'Assemblée n'a pas qualité pour trancher cette question. La dîme n'est pas un impôt concédé par la Nation, mais un don libre et volontaire fait par le propriétaire primitif du sol en faveur de l'Eglise. Ce droit a été reconnu, de temps immémorial, dans tous les contrats qui ont eu pour objet l'achat ou la vente de terres, et il a été sanctionné par le paiement par tous de la dîme. Quand la Nation, ou plutôt la Loi, a parlé pour la première fois de la dîme (2), il y avait déjà trois siècles qu'elle se percevait régulièrement. La dîme échappe donc au pouvoir de la Nation, car elle est une charge imposée à la terre, non pas par la Nation, mais par le propriétaire lui-même, libre de disposer de son bien à telles conditions qu'il lui plaisait.

La perception de la dîme présente, ajouta Sieyès, de multiples inconvénients ; mais s'ensuit-il que si on veut affranchir la terre de cette servitude, il faille faire un présent de 70 millions de rentes aux propriétaires fonciers ? C'est un procédé qui, pour soulager le paysan, consiste à enrichir celui qui possède des terres, dans des proportions d'autant plus grandes qu'il est plus riche (3).

---

(1) Cf. *Moniteur* du 9 au 10 août 1789, nos 39 et 40.
(2) Allusion à deux capitulaires de Charlemagne, de 779 et 794.
(3) Par l'abolition de la dîme, la valeur de la terre se trouvait augmentée d'un septième et certains propriétaires réalisèrent un bénéfice de 30.000 francs de rente.

L'Assemblée a arrêté, le 4 août, que la dîme était rachetable, et, lorsqu'il s'agit de la rédaction de cet article, on propose que la dîme ne doit pas être rachetée. Soutiendra-t-on qu'il n'y a, dans ce changement, aucune différence de rédaction ? Certes, la plaisanterie est déjà trop léonine... On veut abolir la dîme ; ne serait-il pas plus urgent, avant de supprimer ce revenu, de rechercher d'abord le moyen d'assurer des ressources au clergé ? Non, ne supprimez pas la dîme, mais déclarez-la rachetable, faites payer à chaque propriétaire l'abandon de ce droit et, avec les sommes que vous recueillerez, constituez un capital destiné, avec les intérêts, à nourrir les curés, les vicaires, et tant d'autres ecclésiastiques qui vont mourir de faim en attendant qu'on ait avisé aux moyens de leur procurer des ressources.

A ces arguments si judicieux, l'Assemblée passa outre et vota, le 11 août, la loi qui supprimait les dîmes de toutes natures, possédées par les corps séculiers, réguliers et les fabriques, sauf à aviser aux moyens de subvenir d'une autre manière à la dépense du culte divin, à l'entretien des ministres des autels, au soulagement des pauvres, aux réparations et reconstructions des églises et presbytères, et à tous les établissements, séminaires, collèges, hôpitaux, communautés et autres, à l'entretien desquels elles sont actuellement affectées.

C'est sur cette confiscation de la dîme et des biens du clergé par l'État, c'est sur cette loi du 11 août 1789, qu'était basée l'allocation accordée au clergé par le Concordat du 15 juillet 1801, et que nos modernes jacobins ont supprimée, lors de la loi de Séparation. Il était bon de le rappeler, car tant de braves gens l'ignorent !

Deux mois après cette mainmise sur ses revenus, le 29 septembre 1789, le clergé était dépouillé de ses vases sacrés, des chefs-d'œuvre d'un prix inestimable que contenaient ses églises, et ordre lui était donné de les porter à la Monnaie. Le 2 novembre suivant, l'Assemblée, continuant son œuvre de spoliation, rendait ce décret : « Tous les biens ecclésiastiques sont mis à la disposition de la Nation. » Que de choses intéressantes et instructives il y aurait à dire sur ces vols sacrilèges et sur les concussions et les dilapidations dont ces biens furent l'objet !

L'Assemblée constituante avait promis de pourvoir aux besoins du Culte ; elle tint sa promesse en publiant, les 12-24 juillet et 24 août 1790, la fameuse Constitution civile du clergé.

Ce jour-là l'Assemblée fit fausse route ; en prétendant imposer à l'Eglise catholique une constitution calquée sur les Eglises protestantes et schismatiques, elle sortit de son droit, de ses prérogatives législatives, elle dévia de sa route, elle se lança dans l'arbitraire et la tyrannie, et conduisit la France à la tragédie la plus sanglante que l'histoire des peuples ait enregistrée.

De quel droit, en effet, l'Etat laïque se permet-il de réformer la Constitution, la hiérarchie, la discipline de l'Eglise ? Qu'il s'occupe des intérêts matériels des peuples, qu'il promulgue des règlements pour les fonctionnaires de ses administrations, qu'il détermine le cercle de leur autorité, c'est son droit strict et absolu, et personne n'y contredit ; mais qu'il s'arroge le pouvoir de toucher aux choses spirituelles, de réformer la Constitution de l'Eglise, de la modifier à son gré, de constituer des diocèses et des paroisses, de faire du prêtre un fonctionnaire à ses ordres, c'est un abus de pouvoir, une tyrannie, une usurpation que l'Eglise ne peut admettre sans sacrifier la cause sacrée qui lui est confiée.

La Constitution civile du Clergé avait justement cette prétention de réformer la discipline ecclésiastique ; elle décrétait la suppression des 135 évêchés existant en France, et les remplaçait par 83 nouveaux diocèses, déterminés chacun par un département ; elle donnait

LA PERSÉCUTION RELIGIEUSE

aux électeurs des départements et des districts, fussent-ils juifs ou protestants, pourvu qu'ils eussent assisté à une messe avant les élections, le droit de choisir et d'élire les Evêques et les Curés ; elle refusait au Pape le droit d'investiture canonique ; elle défendait aux Evêques et aux Curés la faculté de s'absenter quinze jours de leurs diocèses ou de leurs cures sans avoir obtenu, au préalable, l'autorisation de l'autorité civile. Comme compensation des biens dont on les avait dépouillés, elle accordait aux membres du Clergé une pension de 1.200 à 6.000 livres. Enfin cette constitution mettait les ecclésiastiques en demeure de l'accepter et de souscrire à sa rédaction par un serment.

Pour mettre un terme à l'agitation religieuse que produisait cette loi dans le pays, la Constituante décrétait, le 27 novembre 1790, sur la proposition de Voidel : que les évêques et ci-devant archevêques, les curés conservés en fonctions, seraient tenus de prêter le serment auquel ils étaient assujettis ; que ce serment serait prêté un jour de dimanche, à l'issue de la messe, par les curés et leurs vicaires, dans l'église de la paroisse, en présence du conseil général de la commune et des fidèles, que ceux qui n'auraient pas prêté ce serment seraient réputés avoir renoncé à leur office, et que, s'ils continuaient à s'immiscer dans leurs anciennes fonctions, ils seraient poursuivis comme perturbateurs de l'ordre, et condamnés comme rebelles à la Loi.

La prestation du serment avait été fixée aux dimanches 9 et 16 janvier 1791.

Deux curés seulement, dans tout le canton de Courbevoie, refusèrent purement et simplement de se soumettre à cette injonction : ce furent le Curé de Courbevoie, l'abbé Pierre Hébert, et celui de Colombes, l'abbé Béreux. Tous les autres, s'abritant derrière l'approbation donnée par Louis XVI à cette loi, ou encore mus par la peur ou par la crainte de se trouver sans ressources, prêtèrent ce serment.

Nous avons retrouvé aux Archives la formule du serment et les noms des prêtres jureurs, les voici : (1)

Asnières. — Serment de M. *Jean-Jacques Fouché,* prêté le 23 janvier 1791 : « Je jure, dans toute la sincérité de mon âme, de veiller avec soin sur tous les fidèles de cette paroisse qui m'a été confiée, d'être fidèle toute ma vie à la Nation, à la Loi, au Roi, et de maintenir de tout mon pouvoir la constitution décrétée par l'Assemblée et sanctionnée par le Roi. »

Son vicaire, l'abbé *François-Hubert Douet*, s'exprime ainsi : « Je jure de remplir fidèlement toutes les fonctions du Saint Ministère qui me seront confiées, d'être fidèle à la Nation, à la Loi et au Roi, et de maintenir de tout mon pouvoir la constitution civile décrétée par l'Assemblée nationale et sanctionnée par le Roi. »

Colombes. — *Auguste Roussel,* vicaire.

Gennevilliers. — *Alexandre-François Chapillon,* curé.

Puteaux. — *Eustache-Louis Noël,* curé; *Louis-Denis Pointin,* vicaire.

Nanterre. — *Louis Mellier,* chanoine régulier desservant; *Jean Geujon,* chanoine régulier; *Louis Ravoisé,* chanoine régulier, 1er vicaire; *Anselme-Louis Coulon,* chanoine régulier, 2e vicaire; *Joseph Hazard,* directeur de l'École militaire nationale; *Antoine-Alexandre Bovant,* ci-devant religieux pénitent.

Suresnes. — *Denis Porchet,* curé; *Lefort,* 1er vicaire; *Sébastien-François Pommier,* 2e vicaire.

Aux termes de la Constitution civile, les électeurs devaient procéder, au siège du district, à Saint-Denis, à l'élection de nouveaux curés pour remplacer ceux qui avaient refusé le serment.

Les électeurs pour le canton de Colombes, étaient au nombre de 8, et représentaient environ 800 citoyens;

(1) Arch. Nat., D^{XIX} § 2, n° 703.

c'étaient MM. *Bailly,* Denis-Charles, bourgeois, 56 ans, à Colombes, président du district et électeur ; *Liré,* Jean-Baptiste, maçon, 29 ans, à Colombes ; *Escoffon,* Joseph, blanchisseur, à Courbevoie ; *Charpentier,* Antoine, vigneron, à Courbevoie ; *Ravasse,* Joseph, fermier, 42 ans, à Gennevilliers ; *Fournier,* Jean-Mathieu, laboureur, 45 ans, à Asnières ; *Beaudry,* Thomas-Ancelle, bourgeois, capitaine des grenadiers, 32 ans, à Asnières ; *Pourcel,* Denis, fermier, à Gennevilliers.

Le dimanche 6 février 1791, ils élurent aux lieu et place de l'abbé *Hébert,* M. Jean-Pierre *Boursier,* vicaire jureur de Saint-Nicolas, et en remplacement de M. *Béreux,* M. Auguste *Roussel,* son vicaire.

Le 13 février, M. Boursier fut proclamé curé de Courbevoie, et il entra en fonctions.

Le curé constitutionnel de Courbevoie était né en 1754 ; il était fils de Pierre Boursier, maître boissellier, et de Marie-Simone Gleton. Il avait un frère, Simon-Jean, qui contracta mariage avec Hélène-Félicité Onfroy, le 11 Fructidor an XI (30 septembre 1802). En 1790, il était sous-diacre d'office à Saint-Nicolas-des-Champs où il prêta le serment en 1791. Après un séjour de deux ans environ à Courbevoie, il abdiqua le 25 novembre 1793 (1), et il vint demeurer chez son père, marché de Saint-Jean, 6 (place des Droits-de-l'Homme, 10), et nous le retrouvons alors, en 1796, à Notre-Dame de Bonne-Nouvelle, exerçant son ministère sous l'œil bienveillant de la Police. Il passa ensuite à Saint-Gervais où, avec la qualité de second vicaire, il signa, en 1802, comme premier témoin du mariage de son frère, et, en 1803, le 22 août, comme témoin de l'acte de décès de son père. En 1809, il quitta le diocèse de Paris pour passer dans celui de Versailles, où il occupa le poste de curé de Chenne-

(1) Arch. Nat., F 19 889.

vières-sur-Marne jusqu'au jour de son décès, survenu le 28 juin 1834.

A l'intrus qui avait pour lui la loi, Pierre Hébert remit les clefs du presbytère et de l'église qu'il avait fait construire. Que va-t-il faire maintenant? Va-t-il rester à Courbevoie, au milieu de son troupeau? C'est impossible. Si l'abbé Hébert a gardé la confiance des habitants qui savent que le nouvel élu est excommunié, s'il a conservé l'estime, l'affection de ses paroissiens, au milieu desquels il a vécu depuis vingt-cinq ans, il a contre lui la haine de la petite bande jacobine de Courbevoie qui l'accuse de fanatisme, de rébellion à la Loi, de conspiration contre le nouvel ordre social. Mieux vaut partir, s'éloigner et attendre, dans le calme et le silence, des jours meilleurs. Aussi est-ce la mort dans l'âme qu'il quitte sa chère paroisse et qu'il s'en va loger, 15, rue de la Fraternité (rue Saint-Louis-en-l'Ile), au 4e étage d'un modeste immeuble. Là il vivra pauvrement jusqu'au jour où Etienne Remond, Escoffon, Plista et Lirong, membres du Comité révolutionnaire de surveillance de Courbevoie, iront le dénoncer au sinistre Comité de sûreté générale et le faire jeter en prison.

CHAPITRE VIII

ARRESTATION DE PIERRE HÉBERT, SON EMPRISONNEMENT
A LA FORCE. — LA SOCIÉTÉ POPULAIRE
DES SANS-CULOTTES ET LE COMITÉ RÉVOLUTIONNAIRE
DE COURBEVOIE.

La Constitution civile du Clergé n'était que le prologue de la persécution religieuse. Ne pouvant soumettre le Clergé à leurs exigences, la Constituante et les Assemblées qui lui succédèrent résolurent de le briser. Perte des droits civils, exil, déportation et mort, telles sont les sentences portées successivement contre les prêtres insermentés. Pour comprendre comment ces lois furent appliquées, il suffit de se rappeler les bateaux à soupape de Carrier à Nantes ; les pontons de Rochefort ; les déportations à Cayenne ; les prisons des îles de Ré et d'Oléron ; les massacres de septembre 1792, au couvent des Carmes, au séminaire de Saint-Firmin, à la prison de l'abbaye de Saint-Germain-des-Prés, à la Conciergerie, au Châtelet, à la Force, etc.; les scènes horribles qui ensanglantèrent les villes de Versailles, Reims, Meaux, Avignon, Lyon, Caen et Bordeaux ; la guillotine élevant ses bras sinistres et rougis de sang et réclamant chaque jour de nouvelles victimes.

Pour qu'aucun prêtre ne pût échapper à sa vindicte, la Convention publia, le 27 septembre 1793, la terrible loi des suspects, et décréta, les 20 et 21 octobre, que tout ecclésiastique qui n'aurait pas prêté le serment ou qui l'aurait rétracté, ou qui serait dénoncé pour incivisme, serait passible de la déportation. Terrible instrument d'oppression que ces lois qui permettaient de jeter en prison, de traduire devant les tribunaux, de déporter, de faire condamner à mort, quiconque s'était montré, par sa conduite, ses relations, ses propos, ses écrits, partisan de la tyrannie et ennemi de la *liberté*, ou qui, agent prétendu des émigrés, n'avait pas constamment manifesté son attachement à la révolution. Ces expressions vagues, imprécises, élastiques, fournirent toujours à des tyranneaux de village, formés en comité de surveillance, le moyen de satisfaire leurs rancunes et d'assouvir de basses vengeances en dénonçant tous ceux qui, prêtres ou seigneurs, avaient détenu, sous l'ancien régime, une parcelle d'autorité. L'abbé Hébert va en faire l'expérience.

Le curé de Courbevoie avait quitté sa cure dans les premiers jours d'avril 1791 ; sa dernière signature sur les registres paroissiaux est du 30 mars ; il s'était retiré dans l'île Saint-Louis et c'est là que, en attendant l'heure de retourner au milieu de son cher troupeau, il vivait dans la prière et le recueillement.

Sans rien abdiquer de ses convictions, sans rien sacrifier de sa dignité, il avait cru nécessaire, comme plusieurs de ses confrères, de satisfaire à certaines formalités qui n'infirmaient pas sa première attitude, moins encore engageaient sa conscience. Du reste, s'exposer au danger par pure bravade ne fut jamais le signe du vrai courage ; on sait qu'à l'époque des persécutions l'Église l'interdisait formellement aux premiers chrétiens (1). Il avait donc prêté le serment de Liberté et d'Egalité, décrété obligatoire pour tout fonctionnaire ou pensionnaire de l'Etat, par la Législative, les 14 août et 3 septembre 1792. La formule de ce serment : « Je jure d'être fidèle à la Nation et de maintenir la Liberté et l'Egalité ou de mourir en les défendant », ne faisait aucune mention de la Constitution civile et ne contenait aucun engagement contraire à la Religion.

Pierre Hébert avait aussi joui de la pension à laquelle lui donnaient légalement droit les vingt-deux années passées dans le ministère paroissial, et il avait réclamé à sa section sa carte de civisme. En règle avec l'autorité, évitant d'aller à Courbevoie, s'efforçant de passer inaperçu, il se croyait à l'abri de toute dénonciation et de toute poursuite. C'était une erreur ; déjà son nom avait paru dans une plainte portée contre Mme Marie-Adélaïde Besnier, veuve de M. Le Canut (2). On accusait cette dame, dont le mari avait été guillotiné, « de tenir chez elle des rassemblements de prêtres réfractaires, de femmes qui avaient émigré et autres aristocrates liaisons avec le ci-devant curé de Courbevoie, prêtre réfractaire, et de se réjouir avec ses invités, en buvant du bon vin, des revers des armées républicaines ». Bien que ces *rassemblements* se bornassent à deux prêtres, un chanoine de la cathédrale et le curé de Courbevoie, cette dame fut arrêtée et ne recouvra sa liberté que grâce à l'influence du député Moreau. Celui-ci déclara que si Mme Le Canut

---

(1) Ceux qui sont au courant de cette triste période de notre Histoire ne trouveront pas surprenantes les concessions aux lois purement civiques. L'un des prêtres du clergé de Paris les plus documentés sur l'histoire ecclésiastique de cette époque, M. le chanoine Pisani, a constaté que des membres les plus honorables du clergé parisien d'alors, restés à Paris, remplirent les formalités légales prescrites, dans la mesure où le leur permettait leur conscience.

(2) Arch. Nat. F^7 4474^8.

était pieuse, elle n'était point fanatique, et que ses opinions n'avaient jamais été un sujet de trouble.

Etre soupçonné de complicité d'incivisme, c'était grave et suffisant pour être déclaré suspect et arrêté. Mais il allait se produire, contre l'abbé Hébert, une dénonciation formelle.

Courbevoie, comme les plus modestes localités, avait vu se constituer, dans son sein, une société populaire, composée de tous les démagogues ennemis de l'ordre et qui trouvaient, dans la perturbation sociale, mille occasions d'assouvir leurs bas instincts. Elle avait pris le nom de *Société populaire des Sans-Culottes de Courbevoie*. Là trônaient le fripier Georges Beller, ancien garde-suisse, chassé du régiment après avoir été fouetté publiquement, devenu commandant de la garde nationale et surtout notable commerçant depuis le pillage de la caserne ; Etienne Remond, le maçon-épicier, bombardé officier municipal ; Joseph Escoffon, ancien commis des fermes royales, devenu blanchisseur et secrétaire de la garde nationale et du comité de surveillance ; à côté d'eux, des comparses comme Lirong et le jardinier Plista. Entraînés par ces jacobins, on vit nos braves vignerons de Courbevoie se présenter à la barre de la Convention nationale. Le 13 octobre 1792, nous lisons dans les procès-verbaux de cette assemblée :

« La commune de Courbevoie se présenta, accompagnée de plusieurs officiers municipaux de Paris, pour offrir à la Convention cinq drapeaux des Suisses de Courbevoie. On a trouvé ces drapeaux enterrés dans une cave de la caserne. L'Assemblée les reçoit et accorde aux citoyens qui sont à la barre les honneurs de la séance. »

Ce n'était pas assez. Un groupe de gardes nationaux de la même commune demanda qu'on l'admît à défiler dans la salle. L'assemblée, peu soucieuse de cette démonstration, envoya quatre commissaires lui annoncer que, malgré tout le plaisir qu'elle aurait de le voir défiler dans son sein, elle était obligée de s'y refuser pour ne pas ravir un instant aux affaires importantes qui l'absorbaient.

Cet échec ne causa point à la Société populaire un ressentiment durable. Son zèle civique n'en fut point ralenti. Bien au contraire ; et nous la voyons, le 10 ventôse an II, fièrement offrir à la Nation un cavalier armé et équipé. La Convention décréta « la mention honorable de cette offre patriotique et l'insertion au bulletin ». Encouragée par cette distinction, une nombreuse députation de la Société populaire et des autorités de Courbevoie revient trois mois après, le 30 floréal, féliciter la Convention sur ses travaux et son énergie, et l'inviter à continuer courageusement son œuvre. « La haine pour la tyrannie, disent ces citoyens, nous fait quitter nos travaux journaliers pour nous occuper à la fabrication du salpêtre ; nous venons vous en offrir les prémices ; voilà la foudre préparée ! guerre éternelle aux despotes ! c'est le cri terrible qui se fait entendre de tous les points de la République. »

Si la Société populaire des Sans-Culottes de Courbevoie s'était seulement livrée à ces démonstrations et à ces tirades olympiennes, on ne pourrait voir là que la manifestation d'un état d'esprit alors endémique, mais ses chefs qui faisaient partie du Comité de surveillance agissaient. Créé le 21 mars 1793, le Comité révolutionnaire de Courbevoie était composé des citoyens Gallez, Colombel, Gillet, Petit, Plista, avec, pour secrétaire, Escoffon et, pour président, Lirong. Il avait mission de surveiller et de faire arrêter les suspects. La lettre suivante de son président aux membres du Comité de sûreté générale témoigne de son zèle :

Cliché Pottier

UN COMITÉ DE SURVEILLANCE SOUS LA TERREUR
(D'après une peinture de Fragonard fils, gravée par Malapeau)

« Citoyens,

« Je vous fait part des auxpérations de notre Comité, il a apposé le Cellet dans trois maisons de notre commune, par mesure de sureté général : la 1re, chez la veuve Tourton, sidevant banquière adjoint de Ravel, demeurant Cul-de-Sac tete bout, n° 10, à Paris ; la 2e, le dit Bonefin, sidevant régisseur générale des cuires, rue Feideau, vers la rue Saint-Honoré, à Paris ; la 3e, et Doureville, régisseur générale des cuires et undes le commissaire nommé par le cide vant tyran, rue Mon martre, n° 126, Paris.

« J'ose vous assurées lactivité et la marche rapide et révolutionnaire de notre Comité.

« Salut et fraternité.

« LIRONG. »

En marge : « Le 8 a été arrettée qu'une lettre qui nous a paruts suspect serait envoyé au Comité de Surté générale. »

Cette lettre, dont nous respectons l'orthographe, est datée du 12 ventôse an II (2 mars (1794).

Mais le Comité avait déjà fait ses preuves car, à diverses reprises, plusieurs de ses membres s'étaient présentés au siège de la Section de la Fraternité et avaient, sans succès, engagé ses chefs à faire arrêter l'ancien curé de Courbevoie. Battus de ce côté, ils se rendirent, une nuit, au Comité de sûreté générale, qui avait mission d'appliquer la loi des suspects, et dénoncèrent Pierre Hébert comme prêtre réfractaire. Sur l'heure, Maillard l'aîné rédigea le mandat d'arrêt suivant (1) : *Du 26 brumaire an II (16 novembre 1793). Le Comité de sûreté générale arrête que Pierre Hébert, ci-devant curé de Courbevoie, demeurant actuellement à Paris, isle et rue de la Fraternité, sera envoyé à la Force, en état d'arrestation, ou toute autre maison*

(1) Arch. Nat., F7, 4739.

d'arrêt, pour y rester jusqu'à nouvel ordre, sous la plus grande responsabilité du concierge; ordonne, en outre, que les scellés seront apposés sur ses papiers par le Comité révolutionnaire de la section. Signé: Vadier, Lavicomterie, Voulland, Panis, Louis et Guffroy.

L'abbé Hébert devait être un suspect de marque (1), car Maillard se réserva de présider à son arrestation. Le 19 novembre, il se rendit dans la nuit au siège du Comité révolutionnaire de la Section de la Fraternité et requit ses membres de lui fournir une escorte et de l'accompagner pour arrêter le citoyen Hébert. Arrivé 15 rue de la Fraternité, Maillard heurta le marteau de la porte cochère et somma le concierge, Jacques Thiéville, de le conduire avec sa troupe au logement du prêtre. Le portier lui fit monter quatre étages et lui indiqua l'appartement de l'abbé. Maillard frappa et l'ancien curé de Courbevoie vint lui-même ouvrir. Aussitôt commencèrent les perquisitions : secrétaire, armoire, commode, tout fut fouillé et inventorié ; rien ne fut oublié, ni la cuisine ni la cave. Les commissaires saisirent quelques papiers et un petit service en argent composé de six couverts de table, deux cuillers à ragoût, six cuillers à café et un gobelet de quatre pouces et demi de hauteur. Puis, sur les meubles et sur la porte d'entrée, on posa les scellés en cire rouge, à l'empreinte du commissaire aux accaparements ; le concierge, M. Thiéville, en fut établi gardien, et tous les assistants, P. Hébert, Maillard, Lebout, Thiéville, E. Garnier, commissaire, Girod, secrétaire, signèrent le procès-verbal.

Ces opérations terminées, Pierre Hébert, entouré de *piqueux*, fut conduit par Maillard aîné à la prison de la Force.

La Force, ancien hôtel Saint-Paul, puis propriété des ducs de la Force, avait été acquise par l'État en 1782. Lors

(1) Arch. Nat., F^7, 4739.

de la désaffectation, pour cause d'insalubrité, du Petit Châtelet et du For l'Évêque, elle était devenue maison de détention. Située rue du Roi-de-Sicile, elle formait d'un côté coin d'angle avec la rue des Ballets ; sa porte d'entrée était dans l'axe de cette ruelle. La rue des Ballets a aujourd'hui disparu pour faire place à la rue Malher. De la prison on voit encore, au fond d'un jardin, au 11 de la rue de Sévigné, un mur de clôture. La rue des Ballets évoquait le douloureux souvenir des massacres de septembre 1792. C'était dans cette ruelle, qu'avaient été égorgés lâchement, du 2 au 7 septembre, 171 prisonniers de la Force. C'était sur la borne placée au coin de la rue, qu'avait été décapitée la princesse de Lamballe. Rien n'excusera jamais ces honteuses tueries, et, quoi qu'on écrive pour pallier la honte de ces actes, ceux qui les ont commandés et ceux qui les ont exécutés, resteront toujours marqués du stigmate de l'infamie.

A son arrivée à la Force, Pierre Hébert fut jeté dans la Souricière. C'était un cachot obscur où l'on déposait le prisonnier en attendant sa comparution devant Bault, le concierge. Un peu de paille à terre, un pot rempli d'eau et un baquet, composaient tout le mobilier. A l'aube du jour, lorsque Bault fut arrivé au greffe, Pierre Hébert comparut devant lui et son procès-verbal d'écrou fut ainsi rédigé :

Brumaire, an II (1). — Date d'entrée : *28 (lundi, 18 novembre 1793)*. — Noms des officiers qui ont décerné le mandat d'arrestation : *Voulland, Vadier, Dubarran* et *Panis, membre du Comité de Sûreté générale*. — Nom du prisonnier ; *Hébert, Pierre, ci-devant curé de Courbevoie*. — Motif d'arrestation : *Cause non expliquée*. — Sortie : *Conduit à Saint-Lazare le 11 pluviôse*.

(1) Arch. Préf. de Police, Registre des prisonniers de l'Hôtel de la Force, f° 66.

La Prison de la Force

Après cette formalité un geôlier (1), flanqué de deux chiens monstrueux, se saisit du prisonnier et le conduisit, après lui avoir fait franchir dix portes de fer et traverser de nombreuses cours, dans une cellule du département de la Police. Un chien de garde vint flairer le prêtre, qui était dorénavant sous sa garde. La cellule? Un local infect, aux murs noircis, sur lesquels l'ennui et la douleur avaient gravé de sévères maximes, et l'ineptie barbouillé de dégoûtantes images. L'ameublement? Une fenêtre grillée et barrée, huit grabats, un baquet pour les besoins de la nuit, une chaise pour le repos du jour.

Plusieurs infortunés, enfermés dans ce cachot, sommeillaient encore à l'arrivée de Pierre Hébert. Le bruit de son entrée, son installation, les aboiements furieux des deux dogues, le cliquetis de l'énorme trousseau de clefs, réveillèrent les prisonniers qui firent au nouveau venu un accueil plein de sympathie et de commisération : tous savaient que pénétrer dans cette prison c'était entrer dans l'antichambre de la mort.

Les jours y coulaient tristement vers le sombre avenir. Il fallait vaquer aux devoirs du ménage, faire les lits, balayer, assister aux différents appels, obéir à ces féroces geôliers, sourire à leurs cruelles inepties, payer largement le plus léger de leurs services et recevoir souvent leurs repoussantes accolades. Le soir, à l'heure de la retraite, chacun rentrait chez soi. Deux chiens couraient les corridors pour presser les paresseux. On faisait résonner les barreaux pour s'assurer de leur solidité. Comptés comme d'imbéciles moutons, les prisonniers étaient renfermés, jusqu'au lendemain matin, derrière trois portes de fer.

L'abbé Hébert était emprisonné depuis trois jours lorsqu'un geôlier vint lui ordonner de s'habiller et de

(1) *Souvenirs d'un jeune prisonnier*. Sans nom, Paris, An III, pp. 14 et seq.

se rendre au greffe. Etait-ce la liberté? et, son innocence reconnue, allait-il quitter ce séjour douloureux ? Bientôt s'évanouirent ces lueurs d'espérance. Au greffe, on l'informa que les commissaires du Comité de Sûreté générale de la Convention, après avoir pris connaissance du procès-verbal de perquisition et d'apposition des scellés, et constaté qu'on avait saisi, à son domicile, des couverts d'argent, avaient reconnu que cette argenterie n'était pas dans le cas d'être saisie, parce qu'elle n'était ni cachée ni enfouie, et décidé que ces couverts d'argent seraient remis, en sa présence, dans son appartement. L'ordre du Comité fut exécuté suivant ses instructions : l'abbé Hébert fut conduit à son domicile, assista à la réintégration de l'argenterie, à la pose de nouveaux scellés et rentra à la Force le même jour. Son retour à la prison nous est certifié par un procès-verbal, signé par Jeanne pour le concierge Bault.

Pierre Hébert avait des amis, notamment M. Tesson son compatriote; ils vinrent lui faire visite, l'encouragèrent et lui conseillèrent, pour se laver de l'accusation dont il était chargé, d'adresser au Comité de Sûreté générale un mémoire justificatif. Cédant à ces conseils, il rédigea et adressa le 5 frimaire an II (25 novembre 1793), aux citoyens députés composant le Comité de Sûreté générale de la Convention nationale, la lettre suivante :

« Citoyens,

« Le citoyen Hébert, ancien curé de Courbevoie, âgé de 52 ans, et sujet à des maux de tête presque continuels, a été mis en état d'arrestation, par vos ordres le 29 brumaire dernier.

« Le Comité de surveillance de la Section de la Fraternité où il demeure, après la plus scrupuleuse perquisition, n'a rien trouvé de suspect et a mis les scellés chez lui; il a été conduit à l'Hôtel de la Force où il est depuis ce temps-là, quartier de la Police; il vous prie de vouloir bien faire lever les scellés le plus tôt possible parce qu'il a grand besoin de plusieurs effets à son usage, qui sont sous les scellés, et que les frais du gardien seraient une grande charge pour lui qui n'est pas riche; il a la conscience qu'il s'est conformé aux lois dans tous les temps; il a quitté ses fonctions de Courbevoye, dès qu'il a pu être remplacé aux termes de la loi, ce qui est arrivé dans les premiers jours d'avril 1791; il vint alors établir son domicile dans l'isle Saint-Louis et n'a jamais retourné à Courbevoye depuis ce temps-là; il n'est même pas sorti de Paris depuis plus de deux ans et n'a jamais découché de chez lui; il a toujours rempli ses devoirs de citoyen. Dans son nouveau domicile, il a prêté le serment de liberté et d'égalité le trois octobre 1792, et de mourir en les défendant; il en a le certificat; il a sa carte de sûreté, ce qui ne lui aurait pas été accordé s'il était mauvais citoyen; il n'a jamais reçu de lettres de l'étranger; il a accepté la Constitution au mois de juillet dernier; il a fait, suivant ses facultés, ses offrandes pour les frais de la guerre de Vendée, pour les fêtes civiques de sa section, pour l'équipement d'un cavalier et, peu de jours avant son arrestation, il avait porté, au Comité de surveillance, une chemise et du vieux linge pour de la charpie, aussi le Département lui a fait payer, tous les trois mois, sa pension en sa qualité d'ancien curé de Courbevoye, excepté le dernier quartier qu'il n'a pas encore demandé.

« Il ignore de quoi on l'accuse; il ne connaît point ses dénonciateurs et il ne demande pas à les connaître, mais il ne craint pas qu'ils osent nier la vérité des faits allégués, ni qu'on puisse lui reprocher aucune action, ni aucune parole inciviques; il est assuré qu'on ne trouvera rien de suspect en levant les scellés.

« S'il était mauvais citoyen, il n'aurait pas échappé à la surveillance des citoyens du Comité de la section où il est domicilié depuis près de trois ans. Leur civisme est pur et leur zèle et activité pour le salut de la Patrie sont connus de tout le monde ; il espère donc de la justice des citoyens députés du Comité de sûreté générale que non seulement ils feront lever les scellés au plus tôt, mais encore qu'ils lui feront rendre la liberté.

« Hôtel de la Force, 5 frimaire, l'an 2⁰ de la République Française une et indivisible.

« Signé : HÉBERT. »

Cette lettre resta sans réponse, l'abbé Hébert en adressa une seconde le 17 frimaire (7 décembre) aux membres du Comité de sûreté générale. Ce mémoire est la copie du précédent, il en diffère seulement par l'insertion, après les mots : *« lui reprocher aucune parole ni aucune action inciviques »*, de la phrase suivante : « Il soupçonne cependant que ce sont quelques particuliers de Courbevoye qui l'ont dénoncé, mais il n'a plus rien à démêler avec eux depuis près de trois ans qu'il en est sorti, sans y être retourné une seule fois depuis ce temps-là ; il est sous la surveillance des citoyens de sa section, au milieu desquels il a mené une vie paisible et retirée, ses voisins lui rendront ce témoignage ; s'il s'était mal comporté il n'aurait pas échappé à la surveillance des citoyens composant le Comité révolutionnaire de la section. »

Ce plaidoyer réduisait à néant l'accusation de suspect portée contre lui. Mais que pouvaient la vérité, le droit, la justice devant les calomnies des jacobins de Courbevoie ? L'abbé Hébert est prêtre et c'est le seul grief qu'on ait contre lui ; aussi, comme son Maître, il lui faudra gravir les degrés du Calvaire qui conduisent au Golgotha et y mourir victime de la haine. Devant l'inanité de ses démarches, il s'attend au martyre ; son transfert à la prison Saint-Lazare, le 11 pluviôse, va le confirmer dans cette pensée et le préparer au sacrifice suprême.

CHAPITRE IX

PIERRE HÉBERT A SAINT-LAZARE. — LE COMPLOT DES PRISONS.

La loi des suspects produisit le résultat attendu ; les maisons d'arrêt furent trop étroites pour contenir la foule des prisonniers. Devant pareille affluence de détenus, la Convention nationale résolut d'ouvrir une nouvelle prison. Le 29 ventôse an II (18 janvier 1794), elle décréta que la maison de Saint-Lazare serait affectée à la détention des suspects.

Saint-Lazare ne semblait pas destinée à cet usage ; sur le terrain qu'elle occupait s'élevait anciennement une basilique chrétienne dédiée à Saint-Laurent ; puis vers la fin du xie siècle, après la destruction de cette église, on avait construit une léproserie. Quand le terrible fléau de la lèpre eut disparu de nos contrées, cette institution devint inutile, et, en 1632, André Le Bon, prieur des chanoines réguliers de Saint Victor, céda cet immeuble à Saint Vincent de Paul. Celui-ci en fit alors le siège de sa congrégation des Prêtres de la Mission.

Pour se préparer à la prise de la Bastille, le 13 juillet 1789, la populace, croyant que cet asile de

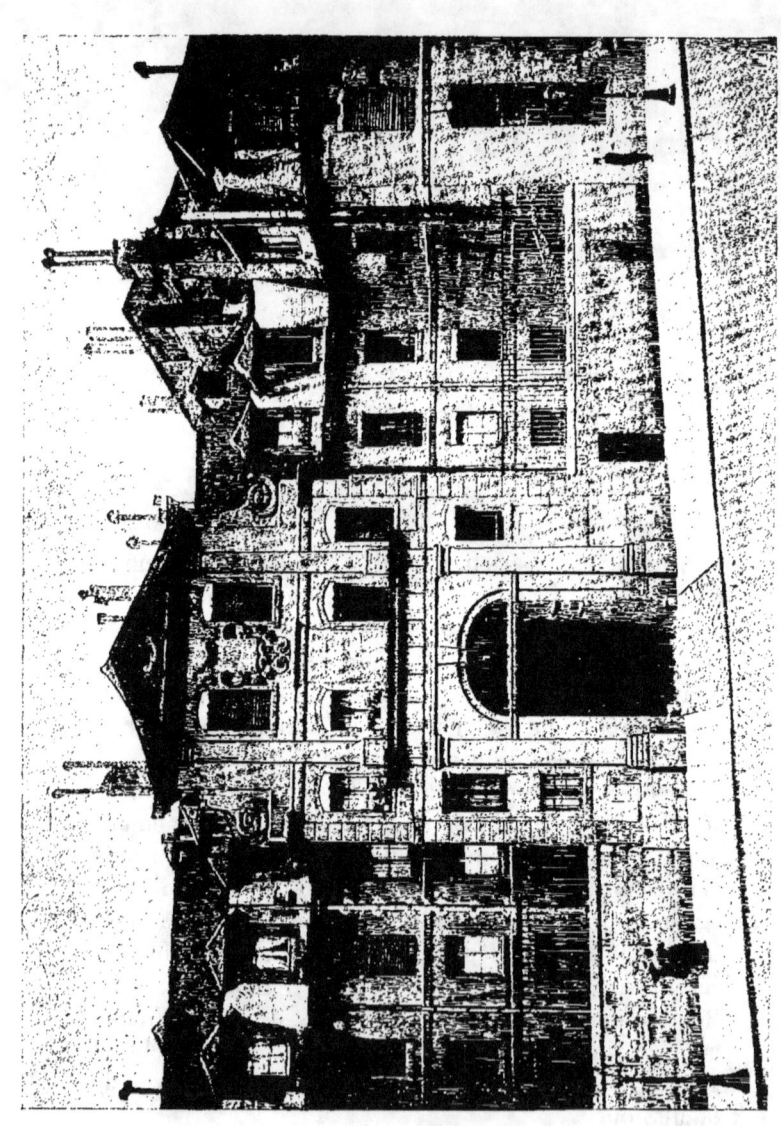

la prière contenait d'immenses approvisionnements, la mit à sac.

Le 18 août 1792, la congrégation des Lazaristes fut supprimée, et le 26, les délégués de la section des Poissonniers vinrent prendre possession de son immeuble, apposer les scellés et signifier aux religieux, assemblés dans la salle du chapitre, l'ordre de quitter leur demeure le lendemain mercredi, 27 août.

Après le départ des religieux, cette maison reçut bien quelques prisonniers, mais l'ouverture officielle de cette prison ne date réellement que du 18 janvier 1794.

Aussitôt paru le décret de la Convention nationale, de toutes les maisons d'arrêt, de Sainte-Pélagie, des Madelonnettes, de Bicêtre, de la Force, on dirigea tous les prévenus sur Saint-Lazare. A la Force, le 11 pluviôse an II, dans la nuit, les guichetiers se rendirent dans tous les corridors, firent l'appel d'un grand nombre de prisonniers et leur intimèrent l'ordre de descendre au greffe. Après un second appel, les détenus, montés sur des chariots, furent conduits, sous la surveillance de gendarmes, à la maison de Saint-Lazare.

L'abbé Hébert était du nombre des transférés. Le matin, il passa au greffe où l'on dressa son procès-verbal d'écrou qui nous donne le seul signalement que nous possédions de lui :

12 pluviôse an II (31 janvier 1794).

N° 338. *Pierre Hébert*, âgé de 52 ans, natif de Breuville, département de la Manche, ex-curé, demeurant à Paris, rue de la Fraternité, section idem, n° 15, taille 5 pieds 9 lignes (1^m 67), cheveux et sourcils châtains, front découvert, yeux gris, nez ordinaire, bouche moyenne, menton rond, visage ovale, plein.

Même ordre, même signature (DANGÉ).

Une prison est généralement un hôtel peu confortable ; à Saint-Lazare, tout faisait défaut, rien n'avait été prévu pour le logement des détenus. Chaque prisonnier dut donc se pourvoir, à ses frais, des objets les plus indispensables. Aussi le poète Roucher, qui le même jour que Pierre Hébert avait été transféré du Luxembourg à Saint-Lazare, écrivait-il à sa famille pour lui faire part de son dénuement et la prier de lui envoyer un lit de sangle, deux matelas, des couvertures, une table, une chaise, un balai, etc.

Naudet, le concierge de la prison, homme très doux et très bienveillant et qui n'avait du geôlier que le nom effrayant, s'empressa avec sa femme, ses garçons, ses porte-clefs, de se mettre à la disposition des prisonniers pour leur fournir les objets de première nécessité. Mais encore fallait-il que ceux-ci eussent de l'argent pour solder ces achats.

Dans des circonstances si douloureuses, les familles, si pauvres soient-elles, trouvent toujours le moyen, même en s'imposant les plus rudes privations, de venir en aide à leurs parents. Mais le prêtre, sur qui peut-il compter? sur sa famille? Il n'en a pas. Tout son espoir repose sur ces âmes généreuses et dévouées auxquelles il a donné, il a consacré généreusement sa vie. Mais visiter un prêtre, lui venir en aide, l'assister, c'est se signaler à la haine des sectaires, c'est devenir suspect, c'est courir le risque de partager son infortune.

Quelle ne dut pas être à cette heure la détresse du curé de Courbevoie? Pour tout avoir il n'a qu'un petit pécule. Encore doit-il le ménager avec soin, car il lui faut pourvoir à sa subsistance journalière, acheter des aliments par l'intermédiaire d'un commissionnaire qu'il gage, et, pour éviter de trop grands frais, préparer lui-même sa nourriture dans sa cellule, ou, comme le poète Roucher, au milieu du corridor.

Misère et privation, tel fut le lot des prêtres qui, comme Pierre Hébert, furent enfermés de longs mois dans ces prisons. Ce n'est pas sans un serrement de cœur que l'on songe à ce que durent souffrir ces confesseurs de la foi !

De doux qu'il était au début, sous Naudet, le règlement devient sévère, sur les ordres des administrateurs de police Michel et Gagnant, puis sous l'administration du concierge Semé, qui a remplacé Naudet, et sous la direction de Bergot, il se change en un régime tyrannique. Sous le prétexte de découvrir des documents, on visite les cellules et l'on en profite pour dépouiller les prisonniers de leurs ressources, leur enlever même leurs couteaux et leurs rasoirs, etc. On supprime tout rapport, toute correspondance, on interdit les visites, et on impose aux détenus l'obligation de prendre leurs repas en commun.

Dusaulchoy, dans sa brochure l'*Agonie de Saint-Lazare*, nous a laissé, sur ce réfectoire, la note suivante :

« Je ne parlerai pas des deux mortelles heures que l'on était forcé de passer à la porte de ce réfectoire, se coudoyant, se pressant, s'étouffant les uns les autres, je dirai seulement que pour nourrir des vieillards, des femmes délicates et faibles, on nous donnait, pour vingt-quatre heures, à chacun, deux harengs pourris, de la merluche empoisonnée et une chopine de composition de litharge, de betterave, et de bois d'Inde, etc., que l'on appelait vin... Si nous nous plaignions de la nourriture détestable que l'on nous donnait, Bergot se mettait en fureur : C'est encore trop, disait-il, pour de b... de conspirateurs que l'on va guillotiner. Puis il disait au cuisinier : Ne t'avise pas d'écouter ces b... là, s'ils ne veulent pas manger ce que tu leur sers, qu'ils se couchent à côté. »

A la décharge de Périnal, le traiteur, on doit dire que l'administration de police, pour lui céder le droit exclusif d'empoisonner les prisonniers, avait exigé de lui un pot de vin de 80.000 livres !

A ces souffrances déjà si pénibles allaient s'en ajouter d'autres plus cruelles et que Dusaulchoy, qui les a éprouvées, a appelées avec raison une agonie : l'accusation de conspiration. Cette œuvre policière va conduire quantité d'innocentes victimes à l'échafaud.

Qu'avaient fait toutes ces personnes enfermées à Saint-Lazare « dans (1) un de ces cimetières vivants où l'on parquait les victimes humaines avant de les immoler » ? Quel était le délit qu'ils avaient commis ? Sur quoi était basée leur détention ? Sur rien. Nous pouvons en juger par Pierre Hébert : De plainte écrite contre lui, il n'y en a pas ; au jour de son emprisonnement à la Force, le greffier de la prison mentionne seulement sur son registre : « Cause non expliquée ! » *Ab uno disce omnes.*

Pour mettre un peu d'ordre dans ce chaos, simuler un semblant d'information, donner à ces actes arbitraires et despotiques l'apparence de la légalité, la Convention décrétait, le 23 ventôse an II, qu'une commission populaire serait formée et chargée d'examiner les motifs de détention de tous les suspects qui encombraient les prisons. S'acquittant de cette tâche, la Commission demanda à la Section de la Fraternité des renseignements sur Pierre Hébert. Cette section lui adressa en réponse les notes suivantes, qui constituent les seules pièces d'accusation renfermées dans le dossier du Curé de Courbevoie : *(Voir tableau page 269.)*

Ainsi l'abbé Hébert n'a pas commis de délit : le Comité de sa section n'a rien pu relever de répréhensible contre lui ; mais devant l'inanité de son enquête, il se retranche derrière le mandat d'arrêt lancé par le Comité de sûreté générale et se contente de formuler quelques insinuations malveillantes qui ne pouvaient fournir aucune base juridique d'accusation.

(1) *Caron Nisas.*

TABLEAU A REMPLIR PAR LE COMITÉ DE SURVEILLANCE DE LA SECTION DE LA FRATERNITÉ.

Sous sa responsabilité, dans le délai de huit jours à compter du jour de sa réception

Nom du Détenu, son domicile avant son arrestation, son âge, le nombre de ses enfants, leur âge, où ils sont ; s'il est veuf, garçon ou marié ?	Le lieu où il est détenu ; depuis quand ; à quelle époque ; par quel ordre ; pourquoi ?	Sa profession avant et depuis la Révolution ?	Son revenu avant et depuis la Révolution ?	Ses relations, ses liaisons ?	Le caractère et les opinions politiques qu'il a montrés dans le mois de mai, juillet et octobre 1789 ; au 10 août, à la fuite et à la mort du tyran, au 31 mai et dans les crises de la guerre ; s'il a signé des pétitions ou arrêtés liberticides ?
Pierre Hébert est domicilié dans la section de la Fraternité depuis environ 3 ans ; il demeure rue de la Fraternité, n° 15 ; il est âgé de 52 ans, n'est point marié.	Il a été arrêté le 29 Brumaire par ordre du Comité de sûreté générale dont le citoyen Maillard était porteur. Après examen fait chez lui, n'avoir rien trouvé de suspect chez lui et avoir apposé le scellé. Il a été conduit à la Force et le 12 pluviôse transféré à Saint-Lazare. Le Comité de sûreté générale ayant donné les ordres directement, les motifs de cette détention lui sont réservés.	Il a été 22 ans curé à Courbevoie, près Paris. Il paraît qu'il a quitté en avril 1791 et s'est alors retiré dans la section de la Fraternité.	Il a environ 1400 livres de revenu, tant en pension qu'en rente viagère.	Ce particulier, jusqu'à son arrestation, a sans doute été fort circonspect dans la section depuis qu'il y habitait : il n'était parvenu au Comité aucun renseignement contre lui ; mais son arrestation le rend suspect, soit par lui-même, soit par ses liaisons.	Le Comité, par rapport au ci-devant curé Hébert, observe que c'est en quelque sorte un nouveau venu dans la section, d'après un genre de vie très retiré, d'ailleurs étant muni d'actes extérieurs de civisme, le Comité n'a pas eu connaissance de faits qui luy seraient contraires, mais comme c'est par ordre du Comité de sûreté générale qu'il est détenu, il est évident que cet ordre aura porté sur des causes qui peuvent faire suspecter ce citoyen sur ses opinions politiques ; le Comité ne peut donc que s'en rapporter à la décision du Comité de sûreté générale.

Certifié par Nous, membres du Comité révolutionnaire de la section de la Fraternité :

J. Munot, Leroylisa, Dutron, Mauluy, Bonnard, Bocquet, E. Garnier, Masson, Vellade.

Mais les membres du Comité de sûreté générale ne s'en souciaient guère. Ils ne s'embarrassaient point pour si peu. Manquant de preuves formelles, ils eurent recours, pour inculper tous les suspects, à un stratagème classique que tiennent toujours en réserve les tyrans et les politiciens aux abois, un complot.

Ce fut Hermann, noté par Robespierre, « homme éclairé et probe, capable des premiers emplois », qui, en envoyant, le 3 messidor an II, au Comité de Salut public le rapport suivant, posa les prémices d'où devait sortir le complot des prisons.

« C'est (1) une chose démontrée et trop notoire pour qu'elle ait besoin de développements que toutes les factions, qui ont été successivement terrassées, avaient dans les diverses prisons de Paris leurs relations, leurs affidés, leurs agents dans l'intérieur de ces prisons, les acteurs pour le dehors dans les scènes projetées pour ensanglanter Paris et détruire la Liberté.

« La Commission, chargée de la surveillance générale des prisons, ne peut s'empêcher de voir que tous ces scélérats qui ont trempé principalement dans ces projets liberticides, dans ces conjurations particulières, existent encore dans les prisons et y font une bande à part qui rend la surveillance très laborieuse et est une cause habituelle de désordre, une source continuelle de tentatives d'évasion, une assemblée journalière d'êtres dont toute l'existence se consume en imprécations contre la Liberté et ses défenseurs.

« Il serait possible de connaître ceux qui, dans chaque prison, servaient et devaient servir les diverses factions, les diverses conjurations, et qui, dans ce moment même, ne peuvent contenir leur rage, ni s'empêcher de prononcer tout ce qu'il sont. *Il faudrait peut-être purger de ces immondices, en un instant, les prisons et déblayer le sol de la Liberté de ces immondices,*

(1) Rapport Saladin, 28 ventôse an III. Pièces justificatives : n° XXIV.

de ces rebuts de l'humanité. Justice serait faite et il serait plus facile d'établir l'ordre dans les prisons.

« La Commission (des administrations civiles, police et tribunaux), demande à être autorisée à faire ces recherches, pour en donner ensuite le résultat au Comité de Salut public.

« En conséquence elle vous propose l'arrêt suivant :

« Le Comité de Salut public charge la Commission des administrations civiles, police et tribunaux de rechercher, dans les prisons de Paris, ceux qui ont particulièrement trempé dans les diverses factions, dans les diverses conjurations que la Convention nationale a anéanties et dont elle a puni les chefs ; ceux qui, dans les prisons, étaient les affiliés, les agents de ces factions et conjurations, et qui devaient être les auteurs des scènes tant de fois projetées pour le massacre des patriotes et la ruine de la Liberté pour en faire un rapport au Comité dans un court délai.

« La charge en outre de prendre, de concert avec l'administration de police, tous les moyens d'établir l'ordre dans les prisons.

« Signé : HERMANN ».

Approuvé : ROBESPIERRE, BILLAUD-VARENNE, BERTRAND, BARÈRE.

Le 7 messidor, le Comité de Salut public décrétait l'arrêté demandé et aussitôt la Commission des administrations civiles, police et tribunaux, procédait à son enquête.

Immédiatement elle découvre à la prison du Luxembourg un complot et dénonce à Fouquier-Tinville 159 conspirateurs. Celui-ci les traduit de suite devant le Tribunal révolutionnaire et les 19, 21, 22 messidor ils sont tous, sauf 13, condamnés à mort et exécutés.

Cette sinistre opération terminée, la Commission commence, le 23 messidor, à Saint-Lazare, une nouvelle instruction. Là, sa triste besogne fut préparée par

Un couloir de la prison de Saint-Lazare

un misérable, nommé Manini, qui s'intitulait homme de lettres. Le véritable travail que ce triste individu avait pratiqué dans les diverses prisons où il avait été détenu était surtout l'espionnage et son bagage littéraire se composait en grande partie de lettres de dénonciation. Par menace ou par promesse il s'était fait rapporter par un serrurier, appelé Coquery, détenu comme lui à Saint-Lazare, certains propos de table que ce dernier avait entendus en servant les prisonniers plus fortunés. Ces racontars fournirent à Manini la matière d'un rapport qu'il adressa au Comité de sûreté générale. Le Comité transmit immédiatement ce mémoire à la Commission civile, police et tribunaux, avec ordre d'informer. Dès le 23 messidor, Hermann, Faro, Lanne se transportèrent à la prison pour y faire une enquête qui correspondait si bien à leurs desseins.

Faro fit comparaître Manini et l'invita à lui donner le nom des auteurs et les détails du complot qui faisait l'objet de son rapport. Celui-ci lui dit (1) : « que le chef de la conspiration était un instituteur de 28 ans nommé Allain, et les principaux adeptes les sieurs Desisnard, Celle et Gautier. Tous ensemble, profitant d'une nuit noire et pluvieuse, devaient s'enfuir par une fenêtre grillée, dont Coquery aurait au préalable scié un barreau moyennant une gratification de 9.000 livres ; puis, au moyen de draps liés ensemble ou à l'aide d'une échelle de corde que des affiliés postés dehors leur feraient tenir, ils devaient gagner la rue et fuir en Espagne. »

Les prétendus conspirateurs comparurent ensuite devant Faro. Allain, Gauthier et Desisnard déclarèrent ignorer le premier mot de ces projets. Mais Scelle mal inspiré, en voulant expliquer la genèse de cette fable, en montrer l'inanité et se disculper avec ses amis de cette accusation, la rendit au contraire vraisemblable

(1) Arch. Nat., VV. 431, n° 968.

aux yeux des terroristes et leur fournit des arguments dont ils allaient tirer de graves conséquences.

« Dînant un jour, dit-il, avec les citoyens Allain, Gauthier et Desisnard, il fut dit que, si on voulait s'évader de la prison, rien ne serait plus facile, qu'il n'y aurait qu'à relier, avec une planche, la fenêtre du corridor du premier avec la terrasse qui se trouvait en face. Coquery, qui était présent, observa qu'il faudrait scier au moins un barreau de la fenêtre et posséder une scie d'horloger pour faire ce travail. De ce propos banal il n'en fut plus jamais question et jamais Coquery ne fut sollicité pour faire cette besogne et jamais d'offres d'argent ne lui furent faites. »

Ces paroles malheureuses de Scelle devinrent, comme nous le dit un prisonnier, la base du complot. Sur ce canevas (1) on broda une scène plus fantaisiste encore : ce n'étaient pas seulement les quatre conjurés qui devaient fuir par la brèche ouverte par Coquery, s'engager sur la planche formant pont, mais tous les prisonniers. Libres, ils devaient courir égorger les membres du Comité de Salut public et de Sûreté générale. Allain s'était réservé Robespierre, il devait lui arracher le cœur et le manger.

Comme imagination c'était faible, car que d'invraisemblances et d'impossibilités accumulées! Au-dessous de la fenêtre, dont Coquery devait scier un barreau, se tenait en permanence un factionnaire avec fusil chargé; le soldat ne devait pas entendre Coquery se livrer à son travail, ni voir la planche glisser au-dessus de sa tête ni apercevoir tous les prisonniers, véritables acrobates franchir un espace de 25 pieds; enfin parmi les personnes incriminées se trouvaient Mme de Meursin qui était paralysée des deux jambes et la vieille abbesse de Montmartre qui était plus que septuagénaire.

(1) *Tableau historique de la maison Lazare*. Paris, 1823, pp. 182 et 183.

Mais qu'importe, la fable fut acceptée, car, comme l'avait écrit Hermann, il fallait « purger, en un instant, les prisons et déblayer le sol de la liberté de ces immondices et de ces rebuts de l'humanité ».

Deux détenus se chargèrent de désigner les prétendus affiliés au complot. C'était Jeaubert, aide de camp et confident de Dalton qui faisait éventrer les femmes enceintes et écraser les enfants contre les murailles ; l'autre était un nommé Robinet, homme entièrement asservi à Jeaubert. Tous deux, sous le contrôle de l'administrateur de police Lanne et avec le concours de Ridon, le greffier, consultèrent les registres d'écrou et dressèrent la liste de tous les contre-révolutionnaires, aristocrates et prêtres qu'il fallait englober dans la conspiration. Cette nouvelle se répandit bientôt dans le prison et plongea les détenus dans l'angoisse.

Bravaches et insolents, forts de leur mission, sûrs de l'impunité, Jeaubert, Robinet, Manini et Coquery, qui savaient tenir en leurs mains la vie de ces infortunés, promenaient leur morgue et leur suffisance dans la prison, terrorisaient à plaisir les prisonniers, se jouaient de malheureuses femmes affolées par la pensée de la mort, et taxaient les hommes de larges contributions, menaçant les uns et les autres, en cas de refus, de les porter sur leur liste. Ils couronnaient même du parjure l'ignominie de leurs marchandages et certains prisonniers, malgré promesses et engagements, n'en prirent pas moins place sur la fatale charrette.

Leur travail fut bientôt terminé, et Lanne le remit à la fameuse Commission qui l'adressa ensuite au Comité de Salut Public. Celui-ci le fit tenir à Fouquier-Tinville, accusateur public au Tribunal révolutionnaire, avec ordre de faire comparaître à sa barre les prévenus.

La liste établie par Robinet et consorts fut transcrite par ordre de Fouquier-Tinville.

En voici la copie :

L'Accusateur public du Tribunal révolutionnaire contre (1).

   x   1 Scelle, ex-comte et entrepreneur de farine.
   x   2 Gotthier, ex-page.
   x   3 Allain, instituteur.
   x   4 Isnard.
  xx   5 Content, abbé.
xxx   6 Duclos, cy-devant chevalier de Saint-Louis.
xxx   7 Syna, cy-devant secrétaire du tyran.
  xx   8 *Hébert, prêtre.*
  xx   9 Raoul.
   x 10 Gigot, grand vicaire.
xxx 11 Regnard, dit Decoudré, ancien commis des guerres.
  xx 12 Dassy, ex-abbé.
   x 13 Champigny.
  xx 14 Malgane, ex-curé.
  xx 15 Buquet, ex-curé.
  xx 16 Trenke, cy-devant baron.
xxx 17 Prinprin, professeur de mathématiques.
xxx 18 Loizerole fils.
   x 19 ⎱ Maillé fils et son cousin du même nom
   x 20 ⎰ Alexandre Maillé, prêtre, grand vicaire du Puy-en-Velay.
xxx 21 ⎱ Defossé et sa femme, ex-noble et ex-cons-
xxx 22 ⎰ tituant du côté droit.
   x 23 Graindorge, se disant comte de Mesnil-Durand.
   x 24 Flavigny, se disant comte.
xxx 25 Augé, officier de paix.
xxx 26 Buster, américaine et ex-noble, femme d'émigré.

(1) Les secrétaires de Fouquier-Tinville ont par des signes divers, remplacés ici par des x, marqué la comparution successive des détenus au Tribunal révolutionnaire.

- xxx 27 Flavigni, ex-noble, et femme d'émigré se disant comtesse.
- x 28 Denisdaële, ex-noble et baronne.
- x 29 Fleury, ex-noble et marquise,
- x 30 Mursin, ex-noble et comtesse.
- xx 31 La Maillet, ex-noble.
- xxx 32 Boucher, secrétaire de Bailly.
- xxx 33 Maché, ex-noble américain.
- x 34 ⎰ Vergennes, père et fils, ex-noble et cy-
- x 35 ⎱ devant comte.
- x 36 Charleval, ex-noble, lieutenant-colonel de la garde constitutionnelle du tyran.
- xxx 37 Cambon, ex-noble, femme d'un conseiller au cy-devant parlement de Toulouze.
- x 38 Lagarde, ex-noble dont un officier des gardes françaises.
- xx 39 Serre, gouverneur de Chandernagor de Bordeaux, frère de Serre, mis hors la loy.
- x 40 Berulle, ex-noble, président ou conseiller au Parlement de Toulouze.
- x 41 De Saint-Agnan, cy-devant duchesse.
- x 42 De Saint-Agnan, cy-devant duc.
- xx 43 La cy-devant marquise d'Artigue.
- xx 44 Gauthier Saint Prés et femme d'émigré.
- xxx 45 Cavin, ex-noble, garde constitutionnel du tyran.
- xx 46 Dolchy, ex-noble, comte italien.
- xx 47 Voyot, prêtre.
- xx 48 Coitrelle, ex-noble, se disant baron.
- xxx 49 La cy-devant comtesse de Périgord, femme d'émigré.
- xx 50 Toussaint Megnier, prêtre.
- 51 Voyou, ex-prêtre (le même que Voyot n° 47).
- xx 52 Léonard Selles, ex-prêtre.
- x 53 Dagieux, officier dans la garde constitutionnelle du tyran.
- xx 54 Bourdeil, beau-frère de Lagarde.

xxx 55 ⎫
xxx 56 ⎬ Trudenne, les deux frères et Mico, beau-
xxx 57 ⎭ frère, employé au Parlement.
xx 58 Koesman, ex-noble, conseiller au Parlement de Paris de 1790.
xx 59 Crequi Montmorency, se disant prince.
xx 60 Roucher, auteur du poème aux saisons.
xx 61 André Chénier.
xx 62 Lenfant, prêtre, section de Bonconseil.
xxx 63 Blanchard, commissaire ordonnateur, ex-noble, père d'émigré.
xxx 64 Busson, ex-marquis et général d'armée dans l'ancien régime.
xxx 65 Brognard, prêtre.
xxx 66 Bosset, officier dans la garde du tyran.
xxx 67 Broquet, prêtre non assermenté.
xxx 68 Dervilly.
xxx 69 Dorival.
xx 70 Montalembert, ex-marquis.
xx 71 Oudelot, ex-noble.
xx 72 Gastel, ex-noble.
xxx 73 Jozeau, secrétaire de Pétion.
x 74 Louise Laval, abbesse de Montmartre.
xx 75 Montcrif, ex-noble, ancien garde du corps.
xx 76 Roclaure, ex-marquis.
x 77 Coppins, oncle et cy-devant baron.
78 Coppin, neveu et cy-devant chanoine.
xxx 79 Coessin Labeyray, ex-noble et émigré.
x 80 Laboulbenne, dit Montesquou, grand vicaire de Rouen.
81 (1) La femme du ci-devant Defossé, ex-constituant *(Biffé)*.
82 (1) Trudenne le jeune *(Biffé)*.

Arriva le jour où les prisonniers devaient être témoins du travail de ces « antropophages », suivant le

(1) Ces noms ont été rayés car ils figurent aux nos 21 et 55.

mot d'un prisonnier (1). « C'était le 5 thermidor, jamais ce jour-là et les deux qui l'ont suivi ne s'effaceront de ma mémoire. Sur les quatre heures de l'après-dîner deux longs chariots couverts sont introduits dans la première cour. Nos cœurs se serrent ; notre sang se glace en les apercevant de nos fenêtres. Qui vient-on chercher ? Est-ce un transfèrement dans une autre maison ? Est-ce pour le tribunal révolutionnaire ? Le bruit se répand que l'on vient chercher plusieurs détenus pour les transférer à Chantilly ; mais la joie que nous lisons sur le visage de Jeaubert et de Robinet, ne nous apprend que trop que la mission de ces deux chariots est d'enlever des victimes, pour assouvir la soif sanguinaire des ogres du tribunal de Robespierre. D'un air sombre et silencieux, une vingtaine de guichetiers se répandent dans les corridors ; ils se détachent trois par trois pour aller chercher ceux que l'on appelait. Mornes et tremblants, nous étions rangés en file ; bientôt passent ces infortunés que nous voyons pour la dernière fois ; la pâleur de la mort est sur le front des uns, le calme des âmes fortes sur celui des autres ; ils nous serrent dans leurs bras, ils nous disent adieu, ils nous invitent au courage : « Vous en avez plus besoin que nous, nous disent-ils, car vous restez ». Ils quittent la seconde cour où a eu lieu l'appel, traversent le couloir appelé casse-cou et nous les voyons monter dans les fatals chariots qui avaient été acculés au perron donnant sur le couloir ; « de là ils nous font encore signe de la main ; ils nous crient : Nous allons mourir innocents. Ils partent ; et nous voyons leurs yeux fixer sur nous de longs regards, où se peignent le regret et la douleur. Quelle nuit affreuse on passe après avoir été témoin d'un pareil spectacle ! Que le lendemain aussi fut terrible ! Nous les savions devant ces juges de sang auprès desquels l'innocence avait le même destin que le crime !

(1) *Les souvenirs d'un jeune prisonnier*. Paris, an III de la République.

Et quand nous apprîmes que leurs têtes à tous étaient tombées, quel fut notre espoir ! surtout lorsque nous entendions Jeaubert et Robinet répéter que trente détenus seulement seraient épargnés à Saint-Lazare. »

« On doit s'imaginer facilement, dit un autre témoin (1), combien nous étions pénétrés de douleur de voir ainsi le crime triompher et l'innocence opprimée. Nos âmes tristes et abattues ne voyaient plus que la mort. Un voile funèbre entoura la maison ; un morne silence la jeta dans un abattement affreux. Les jeux et la promenade furent bannis ; nos figures cadavéreuses peignaient l'anxiété dans laquelle nous étions ; le réfectoire, autrefois très gai, ne fut plus qu'un lieu de rassemblement de spectres ambulants qui se quittaient sans s'être parlé. »

Le 6 thermidor, jeudi 24 juillet 1794 (2), « les chariots, par un raffinement de barbarie, entrèrent à 3 heures et demie, quatre heures d'avance, afin de faire éprouver lentement à chacun le supplice affreux de douter s'il était ou s'il n'était pas du nombre des proscrits que les bourreaux attendaient. »

« L'entrée des chariots (3) nous frappa d'un coup de foudre, et nous perdîmes, pendant près de trois heures qu'ils restèrent dans la cour, et qui furent pour chacun de nous trois heures d'agonie, l'usage de la parole et de nos sens.

« Enfin l'huissier du tribunal arriva ; ses victimes comptées par Verney et Semé, avec un rire insultant, furent entassées sur les chars de la mort et se séparèrent de nous avec le courage qui caractérise si bien la pureté de la Conscience. »

(1) *Mémoires sur la Révolution*. Tableau historique de la maison Lazare, pp. 250 et seq.
(2) *Les souvenirs d'un jeune prisonnier*.
(3) *Mémoires sur la Révolution*. Tableau historique de la maison Lazare.

Pierre Hébert fut de ce lugubre convoi ! Il est de la seconde fournée !

L'huissier l'a appelé, bien loin de s'émouvoir de cette nouvelle il l'accueille avec joie et considérant ce jour comme le plus beau de sa vie, se préparant au sacrifice comme à une fête, il se pare de ses plus beaux vêtements. (1)

Suivons-le au Tribunal révolutionnaire où il va entendre la sentence qui va l'envoyer à l'échafaud et lui faire conquérir la palme des martyrs.

(1) Anecdote relatée par son ami M. Tesson.

CHAPITRE X

JUGEMENT ET EXÉCUTION DE PIERRE HÉBERT (1).

Les prisonniers arrivèrent, dans la soirée du 6 thermidor, à la Conciergerie. L'huissier du tribunal, Urbain-Didier Château, les remit entre les mains du concierge Richard, et le procès-verbal d'écrou fut ainsi rédigé :

« ... Et le 6 thermidor de l'an second de la République, les nommés : Roucher; André Chénier; la Maillet; Trenck, ex-baron; Montalembert; Oudelot, ex-noble; Gastel, ex-noble; Montcrif; Roquelaure; Créqui-Montmorency; Dolchy; Serre, gouverneur; Bourdeil; Koesman; Coitrelle, ex-noble; Raoul; Dartigues; Gauthier Saint-Pré; *Hébert;* Content, abbé; Dasy; Maldagne; Buquet; Lenfant; Toussaint Megnier; Voyot, ex-prêtre; Léonard Selle, tous actuellement détenus en la maison d'arrêt de la Conciergerie, ont été par moi, huissier au tribunal révolutionnaire,

---

(1) Sources : Arch. Nat. VV, 431, n°s 968 et 969. — CAMPARDON, *Histoire du tribunal révolutionnaire*. Paris, 1862. — WALLON, *Histoire du tribunal révolutionnaire*. Paris, 1900. — GUILLOIS, *Pendant la Terreur*. — BECQ DE FOUQUIÈRES, *Œuvres en prose d'André Chénier*.

soussigné, écroués et recommandés sur le présent registre, en vertu d'un acte d'accusation et d'une ordonnance de prise de corps, rendue ce jourd'hui par le tribunal, dûment signée, et à la requête du citoyen accusateur public du dit tribunal, lequel fait élection de domicile en son parquet, sis près icelui ; pour, par les susnommés, rester en la maison de céans comme en maison de justice, et ce, jusqu'à jugement définitif ; et je les ai laissés à la garde du citoyen Richard, concierge, lequel s'en est chargé et a promis de les représenter quand il en serait requis ; et je leur ai, en parlant à leur personne entre les deux guichets comme lieu de liberté, laissé à chacun séparément copie de l'acte d'accusation, de l'ordonnance et du présent.

« Chateau. »

La Conciergerie n'était pas préparée pour recevoir tant de détenus. Faute de documents précis sur le séjour de Pierre Hébert pendant cette nuit, les détails suivants que nous trouvons sur les derniers instants de Mme la Maréchale de Noailles et de ses enfants nous feront comprendre ce qu'était cette veillée de la mort :

« Le 21 juillet, à cinq heures, on vint chercher les prisonniers destinés à la Conciergerie, c'est-à-dire à l'échafaud. Ils arrivèrent à la prison brisés de fatigue. Comme il n'y avait pas assez de place pour leur faire des lits, une prisonnière, Mme Lavet, offrit le sien à Mme la Maréchale de Noailles, et on arrangea un grabat pour Mme d'Ayen qui s'y jeta tout habillée ; et voyant que sa fille restait debout et en méditation près d'elle, elle la pressa aussi de prendre un peu de repos. Mais la vicomtesse lui répondit : « A quoi bon se reposer à la veille de l'éternité ? »

Les lits, les grabats étaient réservés aux femmes, les hommes, plus forts, restaient debout ou s'asseyaient sur des escabeaux. Les prêtres formaient un groupe à part ; ils priaient, s'exhortaient au sacrifice et demandaient à Dieu que leur sang fût le dernier versé...

Le lendemain matin, à 9 heures, les prévenus furent appelés et conduits au tribunal révolutionnaire.

C'est le 10 mars 1793, sous l'influence des craintes patriotiques suscitées par l'invasion et la guerre civile et sur la proposition de Jean Bon Saint-André, que la Convention avait décrété l'organisation d'un tribunal criminel extraordinaire. Le 7 brumaire an II, lors du procès des Girondins, son nom fut changé en celui de Tribunal Révolutionnaire.

Cette cour de prétendue justice était divisée en deux sections qui siégeaient au Palais de justice ; l'une occupait la chambre des procureurs que l'on avait dénommée *salle de la Fraternité*; l'autre siégeait dans la salle Saint-Louis, l'ancienne Grand'chambre du Parlement, que l'on appelait *salle de la Liberté*. Ce local, incendié pendant la Commune et restauré dans la suite, est devenu le siège de la première Chambre civile.

C'est dans la *salle de la Liberté* que Pierre Hébert comparut devant ses juges.

D'après les gravures du temps, cette salle d'audience était une grande pièce rectangulaire, éclairée, à droite, par quatre fenêtres donnant sur la cour d'entrée de la Conciergerie ; au fond, des bustes de Marat, de Brutus et de Lepelletier ; au-dessous, entre deux quinquets, les tables de la loi. Sous ces emblèmes, sur une estrade élevée seulement d'une marche, la table où siégeaient le président et ses assesseurs ; devant le juge, un bureau de style, aux pieds ornés de griffons dorés, où s'asseyait l'accusateur public ; à droite, devant les fenêtres, les jurés de jugement, et, à gauche, sur des gradins, les prévenus.

Depuis la loi du 22 prairial, qui avait supprimé toutes les formes judiciaires et qui ne reconnaissait qu'une pénalité, la mort, la comparution à ce tribunal n'était qu'une formalité. Interrogatoire des accusés, audition des témoins, défense des avocats, tout cela n'était qu'un souvenir. Si un accusé se permettait une observation, le président lui répliquait par ces mots : « Tais-toi, tu n'as pas la parole. » Le prévenu récidivait-il, on le mettait hors débats. Epithètes injurieuses, ricanements insolents, constituaient toute la science juridique du président. Lorsque la Maréchale de Noailles, accusée d'avoir comploté au Luxembourg, parut à ce tribunal, elle objecta qu'étant sourde elle

Le Tribunal Révolutionnaire

n'avait pu se mêler aux conversations ; Coffinhal lui répondit : « Eh bien, alors vous complotiez sourdement ! » Au jour de la comparution de Pierre Hébert, un de ses compagnons d'infortune défia Manini qui soutenait effrontément les avoir vus conspirer pour s'évader, de les désigner chacun par leur nom en les regardant ; le témoin mit ses lunettes, mais il n'en put désigner aucun. Coffinhal, en les injuriant et les persiflant avec cruauté, ne les en regarda pas moins comme convaincus. En manière de conclusion, Fouquier-Tinville ajoutait : « Le tribunal en sait assez sur son compte. »

Telle était l'impartialité de Coffinhal.

Les jurés étaient dignes de ce singulier président. Des hommes ignorants, ne sachant même pas signer leur nom et n'ayant pour règle que « leur conscience éclairée par l'amour de la patrie dans le but du triomphe de la République et de la ruine de ses ennemis ». Et l'on sait le sens de cette pompeuse grandiloquence.

Faut-il parler de l'accusateur public, Fouquier-Tinville ? Il était âgé de 47 ans, quand la protection de son parent Camille Desmoulins le fit choisir pour ce sinistre emploi. Fils d'un cultivateur d'Hérouelles, près de Saint-Quentin, il avait fait ses études à Paris et avait manifesté ses tendances aristocratiques en s'affublant de la particule et en signant Fouquier de Tinville. En 1774, le 26 janvier, il avait acquis une charge de procureur au Châtelet et s'était marié avec Mlle Geneviève-Dorothée Sauguier. Veuf en 1782, il vend son étude 30.000 livres et se remarie à Mlle Gérard d'Aucourt. Sans position il en appelle à la bienveillance de Camille Desmoulins qui le fait nommer membre du jury d'accusation au tribunal criminel; et en 1793 il devient accusateur adjoint et remplace, comme accusateur public, Faure qui avait démissionné.

L'on connaît le portrait de ce personnage si tristement célèbre. Sa tête ronde, couverte de cheveux noirs et lisses, son front blême, bas et étroit indiquaient l'inintelligence et l'entêtement buté. Sa face trouée de petite vérole, ses yeux fixes et son regard bigle ajoutaient à sa laideur, et de l'ensemble de sa physionomie se dégageait une impression de dureté et d'impudente effronterie. Le moral répondait au physique et son visage était le hideux miroir de son âme. Etranger à la passion, automate rigide, il réclamait, avec une cruauté froide et impassible, la condamnation des innocents qui comparaissaient devant lui, et le jury docile faisait droit aux requêtes de ce « pourvoyeur de la guillotine ».

Le 7 thermidor, c'étaient bien des innocents qui allaient être condamnés et exécutés. Fouquier-Tinville le savait et, avec une barbarie qui rappelle les cruautés néroniennes, il demandait la mort de ces malheureux. Quand vint le jour où il dut rendre compte à la Société de ses forfaits (1), le tribunal fit alors comparaître des témoins qui avaient été mêlés au procès et tous déclarèrent que le complot de Saint-Lazare n'était qu'une fable. Pepin-Desgrouettes, qui témoigna contre les inculpés, reconnut qu'il n'avait point existé de complot à Saint-Lazare et ajouta tenir de Fouquier-Tinville ce propos : « le 14 thermidor on pourra mettre sur les maisons d'arrêt l'écriteau suivant : Maison à louer ». Verney, le concierge, déclara également qu'il n'y avait jamais eu de conspiration ourdie à Saint-Lazare. M. J.-B. Boucher, ancien détenu, accusa Manini, Verney, Coquery, Pepin-Desgrouettes, Roger, Lepecheux, Robinet, Joubert, Horace Moulin et Robert le Belge d'être les auteurs de la conspiration de Saint-Lazare.

Aucun crime, aucun délit, aucun complot ne pouvait être imputé à ces infortunés et cependant sciemment, de sang-froid Fouquier-Tinville les traduit à la barre du tribunal révolutionnaire, rédige, écrit à l'avance la sentence, et suprême ironie les fait complices de la conspiration de Dillon et de Chaumette, de Ronsin et d'Hébert, le directeur du journal « le père Duchesne. »

Lisons maintenant le procès-verbal de l'audience; il va nous faire assister à cette parodie judiciaire :

Procès-verbal de la séance du Tribunal criminel révolutionnaire établi par la loi du 10 mars 1793 et en vertu de la loi du 5 avril de la même année, séant à Paris au palais de justice :

Du sept thermidor de l'an second de la République

(1) Procès de Fouquier-Tinville; 19 nivôse, an III.

française une et indivisible, neuf heures du matin.

L'audience ouverte au public, le tribunal composé des citoyens :

Pierre-André Coffinhal, vice-président ;
Gabriel Deliège, juge ;
Antoine-Marie Maire, juge ;
Jean-Baptiste-Antoine Félix, juge ;
De Liendon, accusateur public, et de Neirot, commis greffier.

Sont entrés les citoyens Girard, Laurent, Despreaux, Magnin, Feneaux, Potheret, Meyère, Specht et Devèze, jurés de jugement.

Ensuite ont été introduits à la barre, libres et sans fers, et placés de manière qu'ils étaient vus et entendus du tribunal et des auditeurs, Roucher, Chénier..., Pierre Hébert, etc..., accusés.

Ensuite les témoins de l'accusateur public ont été pareillement introduits.

Le président, en présence de tout l'auditoire, composé comme ci-dessus, a fait prêter aux dits jurés, à chacun individuellement, le serment suivant : « Citoyen, vous jurez et promettez d'examiner avec l'attention la plus scrupuleuse les charges portées contre tous les accusés présents devant vous (ci-devant nommés), de ne communiquer avec personne jusqu'après votre déclaration ; de n'écouter ni la haine ou la méchanceté, ni la crainte ou l'affection ; de vous décider d'après les charges et moyens de défense et suivant votre conscience et votre intime conviction, avec l'impartialité et la fermeté qui conviennent à un homme libre. »

Après avoir prêté le dit serment, les dits jurés se sont placés sur leurs sièges dans l'intérieur de l'auditoire, en face des accusés et des témoins. Le président a dit aux accusés qu'ils pouvaient s'asseoir ; après quoi il leur a demandé leurs noms, âge, profession, demeure et le lieu de naissance ;

A quoi ils ont répondu s'appeler :

Jean-Antoine Roucher ;

André Chénier ;...

Pierre Hébert, ex-curé de Courbevoie, âgé de 42 ans *(sic)*, né à Breuville (Manche).

Le président a averti les accusés d'être attentifs à ce qu'ils allaient entendre, et il a ordonné au greffier de lire l'acte d'accusation. Le greffier a fait la dite lecture à haute et intelligible voix. Le président a dit aux accusés : « Voilà de quoi vous êtes accusés ; vous allez entendre les charges qui vont être produites contre vous. »

Les témoins présentés par l'accusateur et assignés à sa requête, après avoir entendu la lecture de l'acte d'accusation, se sont retirés. Le président a fait appeler les dits témoins l'un après l'autre pour faire leurs déclarations, et dans l'ordre ci-après ; et avant de faire leurs déclarations il leur a fait prêter le serment suivant, à chacun individuellement : « Vous jurez et promettez de parler sans haine et sans crainte, de dire la vérité, toute la vérité et rien que la vérité. » Ensuite il a demandé aux témoins qui ont été présentés, leurs noms, demeure, profession, s'ils sont parents, amis, alliés, serviteurs ou domestiques des accusés ou de l'accusateur public ; si c'est des accusés présents devant eux, qu'il leur a fait examiner, qu'ils entendent parler, et s'ils les connaissaient avant le fait qui a donné lieu à l'accusation. A quoi les dits témoins ont répondu comme dit ci-dessous.

Est comparu comme premier témoin le citoyen Joseph Magnini, écrivain artiste, demeurant faubourg Franciade, détenu au Plessis ; a fait sa déposition.

Deuxième témoin, Pierre-Athanase-Pepin d'Hesgrouettes, défenseur officieux, détenu à la maison Lazare ; a fait sa déposition.

Troisième témoin, Pierre Coquery, serrurier, demeurant à Melun, détenu à la maison Lazare ; a fait sa déposition.

Le tribunal, sur la réquisition de l'accusateur public, attendu que d'après la déposition des témoins, Pierre-Etienne Constant, présent aux débats, n'est pas celui dont ils ont entendu parler et qui est porté en l'acte d'accusation,

Ordonne que le dit Pierre-Etienne Constant sera mis hors des débats et qu'il sera réintégré en la maison d'arrêt Lazare.

Le président, à la fin de chaque déclaration des témoins susdits, a demandé à l'accusé s'il avait à y répondre, et pendant laquelle déclaration le président, l'accusateur public, les juges et jurés, l'accusé, ont fait telles observations et interpellations qu'ils ont jugé convenables. Tous les témoins ayant été entendus et fini leur déclaration, le président a déclaré que les débats étaient fermés ; le dit Liendon, accusateur public, a été entendu sur les moyens de justifier l'accusation, et après lui le président ayant fait un résumé de l'affaire et l'ayant réduite à ses points les plus simples et fait remarquer aux jurés tous les faits et preuves propres à fixer son attention tant pour que contre l'accusé, il a ensuite, sur l'avis du tribunal, rédigé la série des questions des faits sur lesquels les jurés ont eu à prononcer et les a remises aux jurés, arrangées dans l'ordre qu'ils devaient en délibérer, ainsi que l'acte d'accusation et autres pièces et procès-verbaux, excepté les déclarations écrites des témoins. Ce fait, les dits jurés se sont retirés dans leur chambre et le président a fait retirer les accusés.

Le tribunal, composé comme dessus, est resté à l'audience pendant la délibération du juré. Les jurés ayant fait avertir le président qu'ils étaient prêts à donner leur déclaration, ils sont entrés et, chacun d'eux ayant repris sa place, le président a appelé chacun des dits

SON JUGEMENT, SON EXÉCUTION 291

jurés ci-dessus nommés par son nom et l'un après l'autre leur a demandé leur vœu sur chacune des questions qui leur avaient été remises dans l'ordre qu'il les avait posées, ainsi qu'elles sont portées en la note qu'il leur avait remise et signée de lui. Après que les dits jurés ont eu donné leur déclaration, les accusés ont été réintroduits de la même manière, libres et sans fers, le président leur a donné connaissance de la déclaration du juré, après quoi il leur a dit : « Vous allez entendre les conclusions de l'accusateur public. » Ce fait, le dit accusateur public a été entendu dans ses conclusions sur l'application de la loi.

Le tribunal, en présence des accusés, a opiné à haute voix à commencer par le plus jeune des juges jusqu'au président, et le président, ayant recueilli les opinions, a prononcé aux accusés le jugement de condamnation. Le greffier a écrit le jugement et y a inséré le texte de la loi. Le président a fait retirer les condamnés et la séance a été levée, et a été le présent procès-verbal signé du président de la séance et du greffier. »

NEIROT, COFFINHAL.
Commis-Greffier.

La déclaration du jury fut affirmative pour tous les accusés, excepté pour François Auphant, qui avait certainement été amené au tribunal par suite d'une confusion de personnes.

Voici quelle était la série de questions posées par Coffinhal, suivie de la déclaration des jurés :

« 1° Jean-Antoine Roucher, quarante-huit ans ; André Chénier, trente-et-un ans... ; Pierre Hébert......

« Sont-ils tous convaincus de s'être déclarés les ennemis du peuple en participant à tous les crimes commis par le tyran, sa femme et sa famille, dans les journées du 28 février 1791, du 20 juin et 10 août 1792, en insultant les patriotes, en approuvant le massacre du Champ-de-Mars et les tyrannies exercées sur les patriotes qui avaient échappé au massacre; en écrivant contre la fête de Châteauvieux, contre la liberté et en faveur de la tyrannie; en entretenant des correspondances avec les ennemis intérieurs et extérieurs de la République; en discréditant les assignats; enfin en conspirant dans la maison d'arrêt de Lazare, à l'effet de s'évader et de dissoudre, par le meurtre et l'assassinat des représentants du peuple, notamment des membres des Comités de salut public et de sûreté générale, le gouvernement républicain et de rétablir la royauté en France ? »

Coffinhal.

« La déclaration du juré est affirmative sur tous les accusés, à l'exception de François Hauphant, envers lequel elle est négative.

« A Paris, le 7 thermidor, an II de la République française une et indivisible. »

Neirot,   Coffinhal.
Commis greffier.

Après la séance, disons la comparution, car on ne peut appeler un procès cette comédie judiciaire où aucun accusé ne fut interrogé, ni aucun témoin entendu, les prévenus furent reconduits à la Conciergerie. A midi, un commis greffier vint leur lire la sentence suivante :

Jugement du 7 thermidor an II (1)

Affaire de la maison d'arrêt Lazarre (sic)

Vu par le tribunal révolutionnaire l'acte d'accusation dressé par l'accusateur public contre Jean-Antoine Roucher, André Chénier..., Pierre Hébert..., et dont la teneur suit, Antoine Quentin Fouquier, accusateur public du tribunal révolutionnaire, expose qu'en vertu d'arrêté du Comité de Salut public de la Convention

(1) Arch. Nat., VV 431, n° 969.

nationale, Jean-Antoine Roucher… (suit pour chaque accusé son état civil), Pierre Hébert, ex-curé (*en surcharge* : de Courbevoie), âgé de 42 ans, né à Brouvif (sic), département de la Manche, demeurant à Paris, rue de la Fraternité, n° 15…, ont tous été traduits au tribunal révolutionnaire comme prévenus de s'être déclarés les ennemis du peuple par des complots, trames et manœuvres contre-révolutionnaires.

Qu'un examen fait des pièces adressées à l'accusateur public, il en résulte que les prévenus, tous détenus dans la maison d'arrêt de Lazare, ont été les complices de la conspiration dont Allain, Selle et Isnard, frappés du glaive de la loi, étaient les chefs, et dont les détails, le but et les moyens sont connus du tribunal; tous devaient seconder les principaux chefs et se procurer par la violence une liberté dont ils ne devaient user que pour consommer les plus grands forfaits ; et ces trames, ces complots ne sont que la suite de tous ceux que les prévenus n'ont cessé de former depuis le commencement de la Révolution. (Suit un long paragraphe relatif à Roucher, Chénier et consorts formulant les motifs d'accusation).

Les nommés Hébert, Coutant, Dassy, Malgane, Buquet, Lenfant, Meynier, Voyot, et Léonard Selles, tous prêtres, se sont constamment prononcés contre le peuple, dont ils n'ont cessé d'être les ennemis ; ne pouvant fonder l'esclavage des peuples que sur l'imposture, le mensonge et les prestiges du fanatisme, ils ont soit par leurs intrigues avec les conspirateurs du dedans, soit par leurs correspondances avec ceux d'outre-Rhin, voulu rétablir le règne de la tyrannie et de la superstition pour opprimer de nouveau le peuple sous le double joug du pouvoir et du mensonge.

D'après l'exposé ci-dessus, l'accusateur public a dressé la présente accusation contre les y dénommés pour s'être déclarés les ennemis du peuple en entretenant des intelligences et des correspondances avec les ennemis intérieurs et extérieurs de la République, en leur fournissant des secours en hommes et en argent pour favoriser le succès de leurs armes sur le territoire français, comme aussi en participant aux complots, trames et assassinats du tyran et de sa femme contre le peuple français, notamment dans les journées des 28 février 1791 et 10 août 1792, et encore en conspirant dans la maison d'arrêt dite Lazare à l'effet de s'évader et de dissoudre par le meurtre et l'assassinat des représentants du peuple, et notamment des membres des Comités de Salut public et de sûreté générale, le gouvernement républicain et de rétablir la royauté.

En conséquence l'accusateur public requiert, etc... (Vu) l'ordonnance de prise de corps rendue le même jour (6 thermidor);

(Vu) la déclaration du juré de jugement portant qu'il est constant (sic) que Jean-Antoine Roucher, André Chénier..., Pierre Hébert..., sont tous convaincus de s'être déclarés les ennemis du peuple en participant à tous les crimes commis par le tyran, sa femme et sa famille dans les journées du 28 février 1791, du 20 juin et 10 août 1792, en insultant les patriotes, en approuvant le massacre du Champ-de-Mars et les tyrannies exercées sur les patriotes qui avaient échappé au massacre; en écrivant contre la fête de Châteauvieux, contre la Liberté et en faveur de la tyrannie; en entretenant des correspondances avec les ennemis intérieurs et extérieurs de la République, en discréditant les assignats, enfin en conspirant dans la maison d'arrêt de Lazarre à l'effet de s'évader et de dissoudre par le meurtre et l'assassinat des représentants du peuple, notamment des membres des Comités de Salut public et de sûreté générale, le gouvernement républicain et de rétablir la royauté en France.

Le tribunal, après avoir entendu l'accusateur public sur l'application de la loi, condamne les susnommés à la peine de mort, conformément aux art. 4, 5 et 7 de la

APPEL DES DERNIÈRES VICTIMES DE LA TERREUR
La Conciergerie, le 7 thermidor, an II (25 juillet 1794). (Musée de Versailles. Tableau de Muller)

loi du 22 prairial dernier, dont lecture a été faite ; déclare les biens des dits condamnés acquis à la République... Ordonne qu'à la requête de l'accusateur public, le présent jugement sera mis à exécution dans les 24 heures sur la place publique de la barrière de Vincennes ; qu'il sera imprimé, publié et affiché dans toute l'étendue de la République et partout où besoin sera.

Fait et prononcé en l'audience publique du tribunal, le 7 thermidor an second de la République française, une et indivisible, où étaient les citoyens Coffinhal, vice-président, Maire, Deliège et Félix, juges, qui ont signé la présente minute avec le greffier.

On rapporte qu'après cette lecture, André Chénier, ne pouvant maîtriser sa colère, jeta cette apostrophe : « Les misérables assassins ! » et que Roucher lui dit tranquillement : « Du calme ! ils sont plus à plaindre que nous ! » (1)

Il était deux heures de l'après-midi et l'exécution devait avoir lieu le même jour. Fouquier-Tinville adressa au Commandant général de la force armée parisienne la réquisition suivante :

Au nom de la République,

« L'accusateur public près le tribunal révolutionnaire, établi à Paris par la loi du 10 mars 1793, en exécution du jugement du tribunal de ce jourd'hui, requiert le citoyen commandant général de la force armée parisienne de prêter main-forte et mettre sur pied la force publique nécessaire à l'exécution du dit jugement, rendu contre Roucher, Chénier et autres au nombre de vingt-cinq, et qui les condamne à la peine de mort, laquelle exécution aura lieu ce jourd'hui à quatre heures de relevée sur la place publique de la barrière de Vincennes de cette ville. Le citoyen commandant général est requis d'envoyer la dite force

---

(1) GUILLOIS. *Pendant la Terreur.*

publique, cour du Palais, le dit jour à trois heures précises de relevée.

Fait à Paris, le 7 thermidor, l'an second de la République française une et indivisible. »

Accusateur public :

A.-Q. FOUQUIER.

A 3 heures les condamnés au nombre de 25, plus onze infortunés qui n'avaient pu être exécutés la veille,

LA CHARRETTE DES CONDAMNÉS

montèrent sur les chariots et le sinistre cortège prit le chemin de la barrière du Trône.

Quelle voie douloureuse que ce long trajet d'une heure pour arriver au lieu du supplice ! Quelle suprême angoisse que d'attendre là au pied de la guillotine son tour d'immolation ! Quelle torture que d'entendre successivement le couteau tomber !

Le Père Raoul, assistant général de la Congrégation des Doctrinaires, qui ne cessait, par ses salutaires exhortations, d'encourager et de soutenir ses compagnons, demanda et obtint d'être immolé le dernier, et là, droit et fort dans cette terrible épreuve, il levait la main sur chacun de ses frères dans le sacerdoce et prononçait les paroles sacramentelles de l'absolution.

Quand on essaie de se représenter cette scène de meurtre et de sang, l'émotion vous gagne et des larmes viennent aux yeux. Aussi comprend-on que M. Tesson, un ami de Pierre Hébert, qui avait suivi le convoi funèbre depuis la Conciergerie jusqu'à la porte de Vincennes, ait senti son courage faiblir et n'ait pu assister à la vision sanglante de la mort de son ami.

Il est un prêtre, le Père Carrichon, et une jeune fille, Mlle Pâris, qui guidés l'un par le devoir l'autre par l'affection, furent témoins d'une de ces exécutions et de l'enfouissement des corps des victimes. Aussi citerons-nous ces pages si douloureuses qui nous montreront ce que dut être l'exécution de Pierre Hébert et de ses compagnons.

Mme la maréchale de Noailles (1), Mme la duchesse d'Ayen et Mme la vicomtesse de Noailles avaient, en vertu de la loi des suspects, été arrêtées et consignées dans leur hôtel. Le Père Carrichon était parvenu à se faire ouvrir les portes de leur demeure et venait leur faire visite, s'entretenir avec elles et leur apporter les secours de la Religion. Comme elles envisageaient un jour qu'il leur faudrait peut-être comparaître devant le tribunal révolutionnaire et mourir sur l'échafaud, le Père Carrichon leur promit, sur leur demande, si une telle éventualité se produisait, de les suivre jusqu'à la guillotine et de leur donner l'absolution. Puis pour se faire reconnaître d'elles, il ajouta qu'il porterait ce jour-là un habit bleu foncé avec une carmagnole rouge.

(1) *Vie de Anne-Paule-Dominique de Noailles, marquise de Montagu.* Paris, 1864, pp. 149 à 170.

Transférées en avril 1794 à la prison du Luxembourg, ces dames furent impliquées dans le complot des prisons et traduites le 4 thermidor devant le tribunal révolutionnaire.

Cependant le 22 juillet, entre huit et dix heures du

LA VÉRITABLE GUILLOTINE ORDINAIRE
D'après une estampe du temps

Ha ! le bon soutien pour la liberté.

matin, il vit entrer chez lui les enfants de Mme la vicomtesse de Noailles, conduits par M. Grelet, leur précepteur, pâle et défiguré. Après avoir laissé les enfants dans une pièce voisine, M. Grelet se jeta dans un fauteuil et s'écria : « C'en est fait, mon ami, ces dames sont au tribunal révolutionnaire ! Je viens vous sommer de tenir la parole que vous leur avez donnée. »

Tout préparé qu'il dût être à cette nouvelle, le Père Carrichon en fut bouleversé. Néanmoins, de premier mouvement et sans trop savoir ce qu'il faisait, il prit en tremblant son habit bleu et sa casaque rouge; puis il pressa contre son cœur les enfants de la vicomtesse qui jouaient dans sa chambre, fit la meilleure contenance possible, serra la main au précepteur et les congédia tous. Mais laissons parler le Père Carrichon, en conservant à son récit toute sa naïveté :

« Resté seul, dit-il, je me sens épouvanté. Mon Dieu, ayez pitié d'elles, d'eux et de moi ! Je pars et vais faire quelques courses projetées, avec un poids accablant dans l'âme : je m'interromps pour aller au Palais entre une et deux heures. Je veux entrer : impossible. Je prends des informations de quelqu'un qui sort du Tribunal, comme doutant encore de la réalité de la nouvelle ; l'illusion de l'espérance est la dernière détruite ; par ce qu'il me dit, je ne puis plus douter. Je reprends mes courses ; elles me conduisent jusqu'au faubourg Saint-Antoine, et avec quelles pensées ! Je reviens au Palais à pas lents, pensif, irrésolu ; j'arrive avant cinq heures. Rien n'annonce le départ. Je monte tristement les degrés de la Sainte-Chapelle, je me promène dans la grande salle, je m'assieds, je me relève, je ne parle à qui que ce soit. De temps en temps je jette un triste coup d'œil sur la cour pour voir si le départ s'annonce... Enfin, aux mouvements, je juge que la prison va s'ouvrir. Je descends et vais me placer près la grille de sortie, puisqu'il n'est plus possible depuis quinze jours de pénétrer dans la cour. La première charrette se remplit et s'avance vers moi. Il y avait huit dames très édifiantes, sept pour moi inconnues ; la dernière dont j'étais fort proche était la maréchale de Noailles. De n'y point voir sa belle-fille (d'Ayen) et sa petite-fille (vicomtesse de Noailles), ce fut un faible et dernier rayon d'espérance ; car hélas ! elles montent aussitôt sur la seconde charrette. La vicomtesse de Noailles était en blanc et paraissait âgée de vingt-quatre ans au plus. La duchesse d'Ayen semblait en avoir quarante ; elle était en déshabillé rayé bleu et blanc. Je les voyais encore de loin. Six hommes se placent après elles ; les deux premiers, à un peu plus de distance que l'ordinaire, avec un fonds d'égard respectueux qui me charme, et comme pour leur laisser pleine liberté. A peine sont-elles placées que la fille témoigne à sa mère ce tendre et vif intérêt si connu. J'entends dire auprès de moi : « Voyez donc cette jeune comme elle parle à l'autre, elle ne paraît pas triste ! » Je vois qu'elle me cherche des yeux. Il me semble entendre tout ce qu'elles se disent : « Maman, il n'y est pas. — Regardez encore. — Rien ne m'échappe ; je vous l'assure, maman, il n'y est pas. » Elles oublient que je leur ai fait annoncer l'impossibilité de me trouver dans la cour. La première charrette reste près de moi au moins un quart d'heure. Elle avance. La seconde va passer. Je m'apprête. Elle passe. Ces dames ne me voient pas. Je rentre dans le Palais, je fais un grand détour et viens me placer à l'entrée du Pont-au-Change, dans un endroit apparent. Mᵐᵉ de Noailles jette les yeux de tous côtés. Elle passe et ne me voit pas. Je suis tenté d'y renoncer. « J'ai fait ce que j'ai pu, me disais-je ; partout ailleurs la foule sera plus grande, il n'y a pas moyen, je suis fatigué. » J'allais me retirer. Le ciel se couvre, le tonnerre se fait entendre ; « tentons encore. » Par des chemins détournés, j'arrive dans la rue Saint-Antoine, après la rue de Fourcy, presque vis-à-vis la trop fameuse Force, avant les charrettes. »

L'orage que l'abbé redoutait venait alors d'éclater. Il pleuvait à flots. Les coups de tonnerre se succédaient rapidement, et le vent soufflait avec une violence extrême. Les curieux manquant d'abri, se sauvaient de tous côtés, et ceux qui étaient dans les maisons en fermaient les portes et les fenêtres. Le funèbre cortège, abandonné de tout le monde, s'avançait sans ordre dans la rue, devenue un moment presque déserte.

Le P. Carrichon à cette vue, sentit renaître son courage, et, quittant le seuil d'une boutique où il s'était réfugié, il se montra tout à coup parmi les soldats de l'escorte, qui, dans la confusion où ils étaient, firent à peine attention à lui. La vicomtesse de Noailles l'aperçut aussitôt, et, levant les yeux au ciel avec une vive expression de joie, elle semblait lui dire en souriant : « Vous voilà donc enfin ! » et, comme elle avait, ainsi que tous ses compagnons d'infortune, les mains garrottées derrière le dos, elle se pencha vers sa mère et lui parla à l'oreille. Un sourire céleste éclaira le visage de la duchesse d'Ayen. Le prêtre marchait près de la charrette sans leur adresser la parole ; mais ils s'entendaient par leurs regards.

Quelqu'un qui serait venu dans ce moment pour délivrer ces dames de la mort leur eût peut-être causé moins de joie que ne leur en donnait la vue de ce vieux prêtre qui ne venait que pour les aider à mourir. Elles ne tenaient plus à ce monde que par le désir d'en sortir, comme elles y avaient vécu, humblement et chrétiennement. « A ce moment toutes mes irrésolutions cessent, continue l'excellent abbé. Je me sens, par la grâce de Dieu, un courage extraordinaire. Trempé de sueur et de pluie, je n'y pense plus, je continue à marcher près d'elles. L'orage est au plus haut point, le vent plus impétueux, les dames de la première charrette en sont fort tourmentées, surtout la Maréchale de Noailles. Son grand bonnet renversé laisse voir quelques cheveux gris ; elle chancelle sur sa misérable planche sans dossier, les mains liées derrière le dos. Le ciel est plus noir, la pluie plus forte.

« Nous arrivons au carrefour qui précède le faubourg Saint-Antoine ; je devance, j'examine, et je me dis : c'est ici le meilleur endroit. »

Il se détache alors du cortège, s'arrête et se retourne vers elles. « Je fais à Mme de Noailles un signe qu'elle comprend parfaitement. » — « Maman, M. Carrichon va nous donner l'absolution. » — Aussitôt elles baissent la tête avec un air de contrition, d'attendrissement et d'espérance qui me transporte ; je lève et j'étends la main, reste la tête couverte et prononce la formule entière de l'absolution, et les paroles qui la suivent, très distinctement et avec une attention surnaturelle. Elles s'y unissent avec une expression admirable : tableau digne du pinceau d'un Raphaël.

Cette scène s'accomplit à la lueur des éclairs et au bruit de la foudre, comme si l'orage n'eût été envoyé que pour en faciliter le mystère, car, aussitôt après, l'orage s'apaise, la pluie cesse, le ciel s'éclaircit ; le peuple dispersé revient alors en foule autour des charrettes. « Enfin nous arrivons au lieu fatal, à la barrière du Trône. Ce qui se passa en moi ne peut se peindre. L'échafaud se présente ; les charrettes s'arrêtent ; les cavaliers et les fantassins l'entourent ; ensuite un cercle plus nombreux de spectateurs. Je frissonne. J'aperçois le bourreau et ses deux valets, dont l'un est remarquable par sa haute stature, l'air de sang-froid avec lequel il agit, et la rose qu'il porte à la bouche... »

Mme la Maréchale de Noailles, ayant mis pied à terre, s'assit, à cause de son grand âge, sur un banc de bois tout près de l'instrument du supplice. Elle avait les yeux baissés et l'air fort calme, malgré les injures que quelques forcenés ne craignaient pas de lui adresser en un pareil moment. Elle monta la troisième à l'échafaud. Six dames sont ensuite immolées ; puis vint le tour de la duchesse d'Ayen. Elle était dans l'attitude d'une dévotion simple, noble, résignée, tout occupée du sacrifice qu'elle offrait à Dieu ; en un mot telle qu'elle était quand elle avait le bonheur de s'approcher de la Table sainte. Elle avait encouragé par ses discours ceux qui l'avait précédée ; elle servit de modèle aux autres. Quand elle fut sur l'échafaud, le bourreau lui arracha son bonnet qu'une épingle retenait encore à ses cheveux ; la douleur qu'elle en éprouva se peignit aussitôt sur ses traits, mais s'effaça

La Place du Trône au XVIIIe siècle

à l'instant pour faire place à la plus angélique douceur. Sa fille eut le bonheur d'être sacrifiée aussitôt après elle. »

Après chaque exécution la tête et le corps du supplicié étaient jetés dans un tombereau peint en rouge où tout nageait dans le sang.

Puis les voitures prenaient le chemin de Saint-Mandé et non loin de la barrière du Trône, dans le voisinage d'un monastère en ruines, ils venaient, sur le

SON JUGEMENT, SON EXÉCUTION 305

bord d'un trou de trente pieds carrés, basculer leur lugubre chargement. Des personnes étaient là qui attendaient le convoi ; elles dépouillaient les victimes de leurs vêtements et jetaient les corps et les têtes dans la fosse ; quelques planches étaient placées sur le trou béant en attendant la fournée du lendemain.

La Terreur passée on s'empressa de combler cette immense tombe où 1.306 victimes étaient entassées pêle-mêle. Le mot d'ordre avait été donné de ne point révéler l'emplacement de ce cimetière et sans Mlle Pâris, qui eut le courage d'assister à l'exécution de son père et de suivre les sinistres tombereaux, il est probable que l'on ignorerait le lieu de la sépulture de tant d'innocentes victimes.

Ecoutons-la parler :

« Mon père était un vieillard infirme qui avait servi trente ans dans la maison de Brissac ; mon frère, un peu plus jeune que moi, était employé de l'état-major de la garde nationale ; il était très rangé, très économe, et il nous soutenait tous de son travail, car les malheurs de la maison de Brissac avaient privé mon père de sa pension ; et pour moi j'étais en chômage, vu qu'on ne portait guère de dentelles au temps de la Terreur. Un jour, mon frère ne rentra pas au logis à l'heure accoutumée ; je sortis pour avoir de ses nouvelles, et, à mon retour, je trouvai la maison déserte. Mon père, qui pouvait à peine marcher, avait été traîné en prison pendant mon absence ; mon frère y était depuis le matin. Je n'ai jamais su de quoi on les avait accusés. On n'a voulu ni m'enfermer avec eux, ni me permettre de les embrasser. Je ne les ai revus que sur la charrette qui les conduisait au supplice. Quelqu'un qui m'aperçut dans le cortège, et qui me reconnut, voulut par pitié m'emmener avec lui, et, sur mon refus, il s'éloigna lui-même en pleurant. J'ai vu guillotiner mon père et mon frère, et si je ne suis pas morte sur le coup, c'est que

Dieu me soutint; je ne tombai même pas, je restai debout à la place où j'étais, balbutiant quelques prières, mais machinalement, sans rien voir ni rien entendre. Quand je repris mes sens, la place du Trône était déjà presque déserte, les curieux se dispersaient de tous côtés. Les tombereaux, tachés de sang, où l'on avait mis les corps des pauvres victimes, prenaient le chemin de la campagne, entourés de quelques gendarmes. Je ne savais où ils allaient; cependant, quoique j'eusse grand peine à marcher, je les suivis. Ils s'arrêtèrent à Picpus; il faisait presque nuit, mais je reconnus parfaitement l'ancienne maison des Augustines et l'endroit où ils enterrèrent tous ensemble les malheureux qu'on venait de guillotiner. Depuis, je vais souvent là faire ma prière; c'est, l'hiver et l'été, ma promenade des dimanches. »

Quel calvaire pour cette pauvre jeune fille et on ne sait, en lisant ce récit si simple et si émouvant, ce qu'on doit le plus admirer de son courage ou de son affection pour les siens.

Sur cet ossuaire, situé rue de Picpus, on a élevé à la mémoire de toutes les victimes immolées pendant ces jours de frénésie révolutionnaire une chapelle funéraire.

Enfin, triste épilogue de la mort du curé de Courbevoie, les 25 et 26 floréal de l'an V, par le ministère de Simon Demongin, huissier priseur, demeurant rue du faubourg Saint-Antoine, n° 228, aux requête, poursuites et diligences du citoyen Robert-François Picquot, fondé de pouvoirs de la famille de feu Pierre Hébert, curé de Courbevoie, près Paris, ses meubles et ses effets étaient dispersés aux enchères et produisaient la somme de 1.685 livres, deux sols.

CHAPITRE XI

LES DÉNONCIATEURS DE PIERRE HÉBERT.

3000 victimes, à Paris seulement, furent immolées pendant la Terreur. Leur sang criait vengeance, son cri fut entendu.

Le 9 thermidor (27 juillet 1794), Robespierre, l'auteur de tous ces crimes, était arrêté ; au moment où il allait signer un appel à l'insurrection, un gendarme, nommé Méda, lui fracassa la mâchoire d'un coup de pistolet ; le 10 thermidor, il montait, à son tour, avec ses complices, sur l'échafaud. Ce jour-là le glaive de la loi couronna un grand acte de justice !

Fouquier-Tinville, le pourvoyeur de la guillotine, Hermann, Lanne, ses rabatteurs, expièrent aussi leurs ignobles forfaits.

Le 2 pluviôse an III (21 janvier 1795) un député à la Convention, Olivier Gérente, demandait que l'on commémorât la fin de ce régime tyrannique et la journée libératrice du 9 thermidor par l'érection d'un monument. Il invitait encore la Convention à déclarer qu'elle ferait justice des auteurs du terrorisme.

« Depuis le 9 thermidor (1), dit-il, le règne de la justice permet enfin au Peuple Français de respirer. Il faut qu'aujourd'hui, en présence du peuple, la Convention prononce son indignation formelle contre le terrorisme. Deux de nos collègues, séduits par leur sensibilité, nous ont proposé, l'un une amnistie, et l'autre l'abolition de la peine de mort ; la sensibilité est naturelle à tous les représentants, mais de pareilles mesures ne peuvent être adoptées en ce moment. Il faut qu'ils disparaissent du globe ceux qui ont corrompu la morale publique, *érigé l'assassinat en profession* et détruit des communes entières. Il faut aussi faire grâce aux hommes qui n'ont été qu'égarés. Ils ne sont que plus coupables les auteurs de ce système monstrueux qui ont entraîné dans le précipice des hommes faits pour concourir au bonheur de la Patrie. Si l'ombre de Robespierre agite encore ses fureurs dans quelque coin de cette enceinte, les mânes de tant de victimes immolées par les derniers tyrans, les mânes de nos vertueux collègues planent sur cette salle. Elles nous demandent justice. Quand les auteurs de cet affreux système auront expié leurs crimes la voix de la douceur pourra se faire entendre. »

Imprimées dans la Gazette nationale, répandues dans toute la France, les paroles du conventionnel trouvèrent un écho d'autant plus sympathique qu'elles étaient l'expression des sentiments de tous.

Aussitôt à Courbevoie, un courageux citoyen, Jean-Hilarion Gillet, demande la destitution d'un officier municipal, d'Etienne Remond, pour cause de terrorisme.

C'est le 5 ventôse an III, 23 février 1795, que M. Gillet présente sa demande. On lui objecte que sa motion doit être accompagnée d'un mémoire et immé-

---

(1) *Gazette nationale*. Convention nationale ; séance du 2 pluviôse, an III, n° 125, p. 515.

diatement il adresse à ses concitoyens la lettre suivante, dont nous conservons en partie l'orthographe :

Aux Citoien membre de la Comune de Courbevoie (1).

Citoien,

« *Si vous ne les anéantisé pas, ils vous tueront ; les tigres ne s'apprivoize pas.* »

(Discour de Legendre à la Convention National).

Le citoien Jean Gillet, membre du Conseil général de la Commune, vous a reprézenté, à votre séance du cinqt de ce mois (23 février 1795), que le nomé Etienne Remon, officié municipal, était indigne, par sa conduitte, d'être magistra du peuple ; il vous a demandé sa suspention provizoire et il s'es fondé pour vous y déterminer sur les motif les plus propre à fixer votre jugement. Et en effet coment vos âmes indigné ne se soulève-t-elle pas au resouvenir affreux, et tout ressant encorre, de sa complicité avec les monstre bien conu que réprime et punit chaque jour la justice nationale.

On s'es opauzé à ce que vous fisié droit à ma demande, à ce que vous prononsassié comme je vous le propauzais sa destitution provizoirre, je persiste, citoien, à la solicité de votre justice qui ne doit pas s'y refuser.

L'agent national de cette commune a évu raizon, en principe, quand il a prétendu que vous navié pas le droit pauzitif de prononcer.

Ce droit vous appartient incontestablement, vous avé celui de l'exzercer provizoirement, sauff à en référer en suitte, par votre procès-verbal, aux autorité qui doivent statuer en définitif.

L'issus de leur prononcé ne cera pas incertin, quand vous les aurés instruit comme votre devoir vous le prescrit, parce qu'elles connoisse les loix et que la

(1) Arch. Nat., F7 4774^{89}, dossier Remond.

demande que je vous fais est absolument conforme; il est du devoir de la gent national de doner ses concluzions, il a le droit d'être entendu mais nous avons celui d'y ferre ou de regetter.

Je me résume, citoien; on a prétendu qu'il faloit un mémoire, hé bien je le prézente contre un homme de sangt, contre un home qui n'a cherché qu'à faire naître et entretenir la divizion, qui a hautement signalé les honeste et paizible habitant de la rue Franciade (rue Saint-Denis) comme des Vendéens; qui n'a évu et n'a put avoir de liéson qu'avec les égorjeur, trop malheureusement connus, et qu'aujourd'hui notre probité comme notre civisme nous fait la loi de démasquer.

Je persiste pour que, sans avoir égard aux concluzions de l'agent national, vous prononcerez, séance tenante, la suspention provizoire d'Etienne Remond, sauf à en référer, pour la confirmation définitive, aux autorités constituées supérieures.

Je demande de plus que vous conformant aux décrets du cinq de ce mois, proclamés le six dans les sections de Paris, la carte de civisme soit retirée au nommé Remond, qu'il soit tenu à résider dans l'enceinte de cette municipalité et sous sa surveillance, jusqu'à ce qu'aux termes de la loi précitée il en soit autrement ordonné.

J'ai mis en évidence la conduite d'un homme atroce, c'est le devoir de tous bons citoyens; que chacun de nous en fasse autant et bientôt les scélérats, arrachés à l'obscurité dont ils cherchent à s'envelopper, seront dans l'impossibilité de faire le mal, parceque nous les surveillerons sans cesse.

La Convention veut le règne de la justice et notre bonheur, elle nous l'a prouvé. Secondons ses efforts et qu'elle trouve constamment en nous le zèle sur lequel elle doit se reposer vraiment pour l'exécution de ses décrets contre les terroristes.

Signatures des citoyens de la rue Franciade, opprimés :

> Denis Ledoux, Durand ?, Leclerc, Collombel, Barmand, Bonvalet, J.-P. Wilhelm, Nicolas Gillet le jeune, Marcou, J. Noblet, Préjean, Buisson, notable, Simon-Marie Gillet, Pierre Martin, Gobar, Gilles Béhuré, Barth, Paillou, Sabat, N. Boucher, Bourdon, Boistou.

A cette demande, signée par vingt-deux citoyens, la Commune, par l'arrêt suivant, suspendit Remond de ses fonctions municipales :

Séance du 8 ventôse (1), an III de la République une et indivisible :

« Il appert :

« Vu le mémoire, de plusieurs citoyens de cette commune, portant inculpation contre le citoyen Remond, officier municipal, l'Assemblée suspend provisoirement le citoyen Remond de ses fonctions jusqu'à ce qu'il soit couvert (justifié) de ces inculpations. »

Le 11 ventôse, le Directoire du district de Franciade annulait, comme illégale, la mesure prise par le Conseil général de la Commune de Courbevoie contre Remond.

Alors M. Gillet saisit le Directoire du district d'une nouvelle plainte. Il ne se borne plus à des généralités, mais il accuse formellement Remond d'être le promoteur du pillage du château de M. de la Thanne et le dénonciateur du curé de Courbevoie, l'auteur responsable de son arrestation et de son exécution.

(1) Extrait du Registre des délibérations de la Commune de Courbevoie.

Cette pièce, qui démontre péremptoirement que l'abbé Hébert est mort victime de la haine des jacobins, nous la donnons en entier :

Aux citoyens membres du Comité révolutionnaire de Franciade,

Le citoyen Jean-Hilarion Gillet, membre du Conseil général de la commune de Courbevoie,

Citoyens,

J'ai demandé à l'Assemblée générale de la Commune, dont je suis membre, lors de la séance du 8 de ce mois (8 ventôse), la suspension provisoire du citoyen Remond, officier municipal, sauf à en référer pour la confirmation aux autorités constituées supérieures.

J'ai fait mon devoir, je me suis conformé à la loi du 5 ventôse qui venait de paraître et qui prescrivait à tous les bons citoyens de dénoncer les terroristes, les hommes de sang (1), en général tous les agents ou fauteurs de l'affreux système du dernier tyran.

J'ai dit, j'ai pensé et j'ai dû croire que Remond, trop généralement connu de tous les citoyens probes et honnêtes, dont il n'avait cessé d'être le fléau, ne devait pas continuer d'être magistrat du peuple ; c'était mon opinion, la loi me faisait un devoir rigoureux de l'exprimer et j'étais loin de servir aucunes vues de vengeance personnelle et particulière.

Le district a renvoyé cette affaire devant vous, Citoyens; je connais votre justice mais je dois vous soumettre mes motifs et je les déduis :

Remond a été institué officier municipal, vers la fin de 1793 (vieux style), par le représentant du peuple

---

(1) En marge : L'expression homme de sang ou buveur de sang sans doute ne se prend pas à la lettre, mais toujours l'indignation publique aura droit de qualifier ainsi les hommes dont les motions atroces tendaient à le faire couler, dans un temps où on le versait à flots sur le plus léger prétexte (fin de la note marginale).

Crassous qui destitua le citoyen Pierre Gillet, sous le prétexte le plus frivole, mais à la recommandation des Lirong, Escoffon, Plista et consorts, membres du Comité révolutionnaire de cette commune, bien appréciés aujourd'hui à leur juste valeur. Ce représentant fut induit en erreur, et que ne furent pas capables de lui dire ceux qui avaient tant de raisons pour mettre, au nombre des officiers municipaux, un homme à eux par lequel ils parviendraient bientôt à influencer la Municipalité; ce Remond, leur ami, possédait leur confiance, ils le dirigeaient et il secondait parfaitement l'atrocité de ce qu'ils appelaient : *Leur marche active et révolutionnaire.* (1)

Pour s'en convaincre il n'y a qu'à consulter la voix publique et à jeter un coup d'œil rapide sur la conduite de ce Remond comme sur ses motions.

FAITS :

A la société populaire, dans l'un de ses premiers discours, Remond annonce ses craintes sur le trop grand nombre de citoyens qu'on y admet; il redoute ce qu'il appelle *«nos dispositions»*; partout il voit, dans ses concitoyens, gens paisibles et honnêtes, de prétendus aristocrates et des intrigants; sans doute il aurait voulu voir la Société réduite à un petit nombre d'élus de son choix, alors il eût été plus à l'aise de la dominer et de se rendre maître des opinions, mais, devenue nombreuse malgré lui, ses projets furent déjoués et il eut dès lors moins de crédit.

Ose-t-il se dire le plus honnête des hommes, celui qui, magistrat du peuple, se met à la tête d'une foule de citoyens qu'il égare et va le premier, contradictoirement à un arrêté du district généralement connu, abattre les murs du citoyen La Thanne, y ouvrir de vive force d'énormes brèches, enlever les mœllons,

(1) V. la lettre de Lirong aux agents de Robespierre (pièce citée p. 255).

couper des arbres en pleine valeur et ravager une propriété agricole, mise dans un état de dilapidation affreuse (1) et c'est cet homme, qui se conduit ainsi, qu'on a pu choisir pour officier municipal ? Cet homme qui annonce qu'il répond de tout et donne ainsi le premier l'exemple d'aussi peu de respect pour les propriétés !

Ose-t-il se dire le plus honnête des hommes celui qui dans une autre occasion d'actes vexatoirement commis, sur un faux rapport des Lirong, Escoffon, Plista et consorts, chez la citoyenne Walters, nommé commissaire municipal, se fait payer d'autorité, pour ses vacations, six livres par jour, contradictoirement aux principes les plus sacrés des devoirs de sa charge.

Un homme cassé du grade de caporal aux grenadiers de la garde nationale pour son incivisme alors bien notoire ; un homme contre lequel il y a une plainte chez le juge de paix de Colombes et une audition de témoins d'où résulte la preuve qu'il a tenu des propos diffamants contre la Municipalité « ce qui a donné lieu, le 16 octobre 1792, sur la plainte des Officiers municipaux de Courbevoie à un jugement le condamnant à faire réparation, devant la Commune de Courbevoie, et à déclarer que c'est méchamment, calomnieusement et comme mal avisé qu'il a proféré contre eux des injures et des calomnies, qu'il s'en repent..., leur en demande pardon et ce dans trois jours... et à payer 3 livres d'aumône au bénéfice des pauvres de Courbevoie

---

(1) En marge : Un arrêté du District ordonnait un arbitrage, entre la Commune et le citoyen de la Thanne, sur des réclamations que la Commune s'était crue en droit de former ; il fallait au moins s'y soumettre et y obéir. La conduite de Remond a été loin de là : une voie de fait, un acte arbitraire lui parurent plus prompts et plus commodes. On peut voir la plainte portée devant le juge de paix de Colombes en brumaire de l'an II. Il y est spécialement nommé. Eh bien ! dans ces derniers temps il a encore eu l'impudence de présider la Municipalité le jour même où elle y fut présentée et d'oser délibérer dans cette affaire où il a été le principal auteur. (fin de la note marginale).

et 36 livres pour dommages, intérêts et dépens(1) » ; un homme qui présente à la Société populaire un mémoire, dont il a été un des principaux rédacteurs, contre le citoyen la Thanne et qui dit pour la déterminer à le signer : Nous jugerons par là les vrais patriotes et il ose dire aujourd'hui qu'il n'est pas un terroriste, un homme de sang. Peu de citoyens, à son vif regret, se présentèrent ; personne ne voulait signer un écrit qui dans ces temps d'horreur devenait l'arrêt de mort du pauvre La Thanne.

Intimement lié avec les Lirong, Escoffon et Plista, ce Remond dira-t-il qu'il n'a rien à se reprocher de l'assassinat d'*Hébert*, ancien curé de Courbevoie, tué pour une soi-disant conspiration de prison, peu de jours avant la chute de Robespierre ; de ce Hébert si généralement estimé qu'ils n'avaient pu réussir à le faire arrêter par sa Section (celle de la Fraternité) vu sa conduite civique (2), mais qu'à force d'intrigues ils firent enfermer à Saint-Lazare où est né le prétexte qui l'a conduit, comme tant d'autres, quoique innocents, à l'échafaud.

Ce fut à cette occasion que ce Remond traita, en pleine assemblée de la Société populaire, les paisibles, humains et honnêtes habitants de la rue Franciade (Saint-Denis) *de Vendéens*; dira-t-il qu'il n'a pas été un homme de sang, quand ce propos pensa exciter un soulèvement si propre à le faire couler ; quand cette expression, dans ce temps-là, signalait de vrais citoyens comme les plus cruels ennemis de leur Patrie et pouvait les conduire à la mort.

(1) La copie du jugement est jointe au mémoire.
(2) En marge : La section de la Fraternité n'ayant nul égard à leurs sollicitations pour faire arrêter Hébert qui ne lui avait donné que des preuves de civisme, ils se rendirent aux Jacobins et Remond était à leur tête ; là toutes les dénonciations étaient accueillies, fondées ou non, toujours bien reçues. La leur eut son effet ; Hébert fut arrêté ; Hébert a été tué et Remond se fâche parce que l'on dit qu'il est un homme de sang ! (fin de la note marginale.)

Qu'on considère ce Remond sous les divers rapports de tout ce à quoi il a été employé, partout on trouvera le même homme : commissaire à la fabrication du salpêtre, c'est un emploi de journées doubles ; officier municipal, prévaricateur dans ses fonctions ; à la Société populaire, faut-il insulter, il est toujours le premier, il ne conserve pas même les égards, le respect dû aux membres des autorités constituées supérieures (1).

Voilà des faits, citoyens, qui ne peuvent être contestés puisqu'ils sont de notoriété publique.

Je n'ai pas, à beaucoup près, rendu encore ici tout ce qu'il m'aurait été possible de dire contre ce Remond.

J'ai fait mon devoir en demandant qu'il cessât d'être officier municipal...

Signé : Jean GILLET.

A ce réquisitoire vigoureux qui met si bien en évidence la conduite de Remond et de ses acolytes, et venge la mémoire de Pierre Hébert, Remond répondit par un mémoire.

Dans ce plaidoyer, *pro domo sua*, Remond ne répond à aucun des griefs articulés par M. Gillet ; il les élude avec soin et s'il parle de l'outrage qu'il adressa à ses concitoyens en les traitant de Vendéens, il le met sur le compte de la colère qu'a provoquée en lui le trouble que le nommé Barth fomentait depuis plusieurs jours.

Le Comité révolutionnaire du district de Franciade voulant juger de la confiance qu'il fallait accorder à la plainte de M. Gillet, convoqua devant lui MM. Leclerc, Colombel, Boistou.

Ces messieurs comparurent le matin du décadi,

(1) En marge : Tout le monde sait comment lui et ses adhérents y ont reçu et traité les administrateurs du District ; le citoyen Darme était un de ceux qui s'y sont présentés (fin de la note marginale).

30 ventôse an III, devant le Comité. Voici leurs dépositions :

« Jean-Antoine Leclerc (1) a déclaré tous les faits, contenus dans la déclaration de Jean Gillet, véritables et être à sa connaissance. »

Nicolas Colombel a déposé :

« Un jour Remond, étant chez lui, lui a dit (sa femme et sa fille présentes) que tous les ci-devant nobles et les ci-devant prêtres allaient être guillotinés et que le tour des marchands viendrait après. Un autre jour, étant à la Société populaire, il l'a entendu traiter le citoyen Darme, administrateur du district, d'agent de Pitt et de Cobourg et de scélérat. Dans une autre séance il a dit qu'il avait vu avec douleur, depuis son retour d'Evreux, quantité d'intrigants reçus dans la Société, tandis qu'au contraire ces citoyens sont de parfaits et honnêtes citoyens. »

Et les pièces portent cette mention :

« Sont comparus Colombel, Leclerc et il appert que le nommé Remond est fortement inculpé de terrorisme. »

Boistou a déclaré à son tour :

« Je certifie que les nommés Escoffon, Plista, Remond, Lirong ont dénoncé la Municipalité aux Jacobins comme des intrigants; ils ont resté jusqu'à minuit ; là ils ont été avec un Jacobin au Comité de sûreté générale, ça a duré jusqu'à deux heures après minuit. »

Et comme conclusion, le district de Franciade transmettait, le 3 germinal, le dossier au Comité de sûreté générale.

Tels sont, rapportés avec impartialité, les documents qui démontrent péremptoirement que le curé de Courbevoie a été la victime du Comité révolutionnaire de cette commune.

(1) Extrait du registre des séances du Comité révolutionnaire du district de Franciade.

L'abbé Hébert n'était ni un politicien, ni un agitateur ; il vivait loin du Forum et de ses tempêtes. Sieyès disait que pendant cette période il vécut, Pierre Hébert vivait, mais aussi il priait demandant à Dieu la fin de cette crise sociale.

Dénoncé lâchement, sans motif ni raison, par une bande d'énergumènes, il est mort victime de la haine que ces égarés portaient au prêtre. Le mépris, l'aversion pour le ministre de Jésus-Christ, voilà les seuls motifs de sa condamnation.

En parlant des Conventionnels, exécutés pendant la Terreur, Olivier Gérente disait : « Les mânes de nos vertueux collègues, qui planent sur cette salle, demandent justice. » En gravissant les degrés de la guillotine, Pierre Hébert redisait, en songeant à ses dénonciateurs et à ses bourreaux, la parole de son Maître : « Mon Père, pardonnez-leur ; ils ne savent ce qu'ils font. » Il ne demandait pas que son sang retombât sur eux, mais en offrant sa vie il accordait généreusement le pardon à tous.

Aujourd'hui, dans la gloire que Dieu réserve à ses élus, l'abbé Hébert n'oublie pas sa paroisse, il prie pour elle, il en est le protecteur. Son action bienfaisante se manifeste : sa paroisse reste foncièrement chrétienne, les œuvres de zèle s'y développent chaque jour et ses successeurs, continuant ses traditions, y travaillent avec fruit à faire aimer le Christ et à développer son règne.

TROISIÈME PARTIE

Les successeurs de Pierre Hébert

CHAPITRE PREMIER

LE CONCORDAT DE 1801. — RESTAURATION DU CULTE.
NOMINATION DU SUCCESSEUR DE PIERRE HÉBERT.
LES PREMIERS CURÉS DE COURBEVOIE.

La France, lasse du régime qu'elle subissait depuis dix ans, attendait le libérateur qui devait lui donner la paix. Ce fut Bonaparte qui lui apporta le salut ; conseillé par Sieyès, Talleyrand et Fouché, encouragé par un certain nombre de membres du Corps législatif, soutenu par son frère Lucien, président du Conseil des Cinq-Cents, fortifié dans ses desseins par le dévouement de ses grenadiers, il opéra le Coup d'Etat du dix-huit brumaire an VIII (9 novembre 1799). Comprenant que la pacification du pays serait surtout obtenue par le rétablissement du Culte, il multiplia les preuves de son désir de protéger la religion. Aux gages donnés aux Catholiques de France, Bonaparte joignit quelques délicatesses à l'égard du Souverain-Pontife. Ainsi il lui faisait remettre la statue de Notre-Dame de Lorette, conservée, depuis l'expédition d'Italie, à la Bibliothèque Nationale, avec un piédestal portant cette inscription : « Bonaparte 1er Consul, à Pie VII, digne successeur de l'immortel Pie VI, mais plus heureux que lui. Gage de la paix avec l'Eglise » (1).

En même temps il entamait avec la Cour de Rome des pourparlers qui devaient aboutir au Concordat. L'abbé Bernier et M. Cacault y prirent part au nom du gouvernement français, Mgr Spina, archevêque de Corinthe, et Son Eminence le cardinal H. Consalvi, au nom du Pape. Les négociations furent très laborieuses, car les délégués avaient à trancher nombre de questions délicates. Après plusieurs ruptures, les diplomates parvinrent enfin à tomber d'accord sur les clauses du traité et, dans la nuit du 15 au 16 juillet 1801, signèrent le Concordat. Le 8 avril 1802, le gouvernement français le ratifiait et le publiait solennellement le 18 avril de la même année, jour de Pâques.

Ce Concordat supprimait l'ancienne organisation religieuse de la France, anéantissait toutes les anciennes juridictions de tous les Ordinaires, remaniait les anciennes circonscriptions diocésaines et les rapportait aux nouvelles divisions administratives. Le cardinal Caprara, légat *a latere* du Saint-Siège, fut chargé de délimiter les nouveaux diocèses. Le gouvernement s'était réservé la prérogative de *nommer* aux évêchés et d'approuver le choix des curés. Il désigna pour l'archevêché de Paris Mgr de Belloy, ancien évêque de Marseille.

Le premier soin du nouvel archevêque fut de réorganiser son diocèse. Le 7 mai 1802 parut un décret sur la circonscription des nouvelles paroisses de la capitale et le 15 mai une ordonnance délimitant les paroisses hors de Paris et nommant leurs titulaires.

En vertu de cette ordonnance, M. l'abbé Grignon était confirmé dans la possession de la succursale de Courbevoie, qu'il desservait depuis le 25 novembre 1800.

---

(1) Abbé GRENTE. *Le Culte catholique à Paris, de la Terreur au Concordat*, p. 155.

Ce n'est pas que jusqu'à cette date les habitants de Courbevoie aient été privés de tout secours religieux. Après le départ de l'abbé Boursier (25 novembre 1793), M. François-Hubert Douet, ancien vicaire jureur, puis curé d'Asnières en 1796, vint jusqu'en juillet 1798 administrer les sacrements dans cette paroisse. De 1798 à 1800, il y a cependant une lacune, et nous ne trouvons aucun document sur l'histoire religieuse de Courbevoie pendant cette courte période. Malgré tout, nous sommes porté à croire que cette paroisse ne fut pas privée de prêtre pendant ces deux années. En effet, un rapport adressé au Ministre de l'Intérieur le 29 frimaire, an VIII (20 décembre 1799), constate que « les prêtres se présentaient en foule dans les communes pour exercer leur culte » et, le 7 nivôse an VIII (28 décembre 1799), un arrêté des Consuls avait accordé le libre usage des édifices originairement destinés à l'exercice d'un culte, aux citoyens des communes qui en étaient en possession au premier jour de l'an II, suivant les lois des 11 prairial an III et 7 vendémiaire an IV, « pourvu, et non autrement, que les dits édifices n'aient point été aliénés ».

Profitant de ces nouvelles dispositions législatives, MM. de Dampierre, d'Espinasse, de Malaret, vicaires généraux de Mgr de Juigné, qui administraient le diocèse en son absence, avaient dû certainement désigner un prêtre pour rétablir officiellement le culte à Courbevoie. Etait-ce l'abbé Grignon ? C'est possible, mais aucun document ne nous permet de l'affirmer.

M. l'abbé Grignon fut le premier successeur orthodoxe de Pierre Hébert. Nous allons retracer rapidement sa carrière ecclésiastique ainsi que celle de tous les prêtres qui ont, après lui, occupé la cure de Courbevoie.

**

Louis-Guillaume-Auguste GRIGNON, né à Compiègne le 24 janvier 1762, chanoine de Saint-Clément et vicaire de Saint-Jacques de Compiègne, prête le serment constitutionnel et le rétracte ensuite; chapelain des religieuses de l'Assomption, à Paris, en 1791, exerce le culte à l'oratoire de Saint-Chaumont, situé au coin

M. GRIGNON

des rues de Tracy et Saint-Denis, puis fait partie du clergé de Saint-Roch en 1795; curé de Courbevoie le 25 novembre 1800; nommé curé de Conflans-Charenton le 5 septembre 1805; installé à Conflans-Charenton par M. d'Astros, le 8 septembre 1805; curé de Saint-Vincent-de-Paul de Paris le 12 novembre 1812. Décédé le 18 novembre 1821.

*
* *

M. Louis MARTINET (1), né à Epernay (Marne), le

(1) *Biographie des Députés de l'Anjou*, BAUGLER. — *Biographie universelle*, MICHAUD.

19 avril 1753. En 1768 il entre chez les chanoines de la congrégation de France, devient professeur et enseigne dans leur abbaye de Saint-Quentin de Beauvais la philosophie et la théologie; ordonné prêtre, il est pourvu en 1785 du prieuré-cure de Daon, qu'il conserve jusqu'en 1791.

En 1787, il est élu député de l'Assemblée provinciale d'Anjou, puis représentant du Clergé à l'Assemblée de la généralité de Touraine et à l'Assemblée des Trois-Provinces où il fait partie du bureau des fonds et de la comptabilité.

M. MARTINET

En 1789, il est nommé le quatrième député du Clergé d'Anjou aux Etats-généraux. A l'Assemblée constituante il siège à droite et vote contre toutes les innovations révolutionnaires. Lors de la persécution religieuse il se retire en Angleterre, où il séjourne jusqu'en 1801. A son retour, il se fixe à Paris, et il est nommé : curé de Courbevoie le 6 septembre 1805, curé de Saint-Leu le 5 février 1811, curé de Saint-Laurent en 1820.

Doyen des curés de Paris, il meurt le 31 mai 1835, à l'âge de 83 ans.

※ ※

M. Laurent-Jean-Louis TOUTAIN, né le 10 août 1749, ex-vicaire à Notre-Dame, nommé curé de Courbevoie le 1er février 1811, installé curé de Courbevoie le 17 février 1811 ; il quitte Courbevoie le 14 juillet 1814.

※ ※

M. Thomas-François-Marie DURET, né le 22 juin 1770, fait, comme clerc tonsuré, en 1791, le serment à la Constitution ; vicaire à Aubervilliers ; curé de Saint-Ouen le 22 juin 1809 ; vicaire à Saint-Médard, d'avril à septembre 1813 ; curé de Champigny le 4 octobre 1813 ; nommé curé de Courbevoie par le Chapitre le 2 août 1814, installé curé de Courbevoie le 13 août 1814.

En janvier 1826, il quitte le diocèse de Paris et se retire dans celui de Versailles, où il meurt le 17 février 1827.

※ ※

M. Charles-Joseph-Alexandre LEFÈVRE, né le 7 janvier 1790, ordonné prêtre à Paris le 31 mai 1817 : vicaire à Saint-Gervais de 1817 à 1819 ; curé de Maisons-Alfort le 2 novembre 1819 ; curé de Courbevoie le 1er novembre 1826 ; premier aumônier de l'hôpital de la Charité le 9 octobre 1837.

Le 30 janvier 1839, il est nommé curé de Choisy-le-Roi, où il meurt le 9 février 1854.

※ ※

M. François-Joseph-Marie BOUCHY, né à Chastel-Marillac, diocèse de Saint-Flour, le 12 juillet 1797 ; ordonné prêtre à Paris le 12 juin 1824 ; vicaire à Notre-Dame de Lorette du 5 novembre 1824 au 10 janvier

1826 ; vicaire à Vaugirard en janvier 1826 ; vicaire à Saint-Eustache le 1ᵉʳ août 1831 ; vicaire à Notre-Dame des Victoires de 1832 à 1833 ; vicaire-administrateur de la paroisse de Sceaux du 18 août 1833 jusqu'à la mort du titulaire, M. Mabire, le 28 octobre 1837 ; curé de Courbevoie du 25 octobre 1837 au 8 octobre 1845 ; prêtre trésorier à Sainte-Madeleine de 1846 à 1854 ; curé de Bagnolet le 3 novembre 1854, où il meurt le 1ᵉʳ février 1868.

*
* *

M. Jean-Antoine CABANETTES, né à Volonzac, département de l'Aveyron, diocèse de Rodez, le 20 novembre 1800 ; ordonné prêtre le 14 juin 1829 ; second vicaire à

M. CABANETTES

Entraigues (diocèse de Rodez) en juin 1829 ; vicaire à Mur de Barrez (diocèse de Rodez), 10 décembre 1831 ; curé à Bars (diocèse de Rodez), 10 mars 1833 ; incorporé au diocèse de Paris en 1839; vicaire-administrateur à Saint-Jacques du Haut-Pas le 28 octobre 1839; curé de Pierreffitte le 4 octobre 1841 ; curé de Courbevoie le 14 octobre 1845; chanoine prébendé le 15 mars 1871 : chanoine titulaire le 8 février 1884; décédé le 3 juillet 1884, et inhumé dans le vieux cimetière de Courbevoie.

CHAPITRE II

M. LEROUX (1871-1873)

M. l'abbé Emile Leroux (1), naquit au Mans, sur la paroisse Saint-Benoît, le 28 juin 1825. Il fit ses humanités au collège de Saint-Calais, sa rhétorique au lycée du Mans, et sa théologie au Grand-Séminaire diocésain. Deux ans après son entrée au grand séminaire il dut interrompre ses études et accepter un préceptorat dans une famille de Laval. Sa santé rétablie, il rentra au Mans et fut ordonné prêtre le 25 mai 1850. Après avoir rempli les fonctions de vicaire à Montfort-le-Rotrou (8 octobre 1850) et à Sablé-sur-Sarthe (10 mai 1853) il quitta son diocèse, fit un voyage de dévotion à Rome et vint se fixer à Paris où Mgr Darboy le nomma vicaire à Saint-Eugène, le 2 juin 1856.

Les circonstances le mirent alors en relation avec Mgr de Ségur dont il devint le secrétaire particulier au mois de décembre 1858. Malgré sa cécité, ce pieux prélat ne s'en livrait pas moins à de nombreux travaux apostoliques : œuvres de patronage, composition d'opuscules de propagande et d'ouvrages de controverse, direction spirituelle de jeunes gens, etc...

(1) Cf : *Semaine du Fidèle*. Le Mans, 12 juin 1886.

Des travaux si divers demandaient, près de l'ancien auditeur de Rote, un secrétaire aussi dévoué qu'actif et intelligent. Pendant plusieurs années M. Leroux fut ce collaborateur fidèle de Mgr de Ségur, « il fut l'œil de ses lectures, la main qui consignait sa pensée, l'humble et ingénieux secours dans sa bibliothèque et dans sa cellule de travail ».

M. LEROUX

Ses aptitudes et ses goûts faisaient cependant désirer à M. Leroux le ministère actif et varié d'une paroisse. Remplacé dans ses fonctions auprès de Mgr de Ségur par M. l'abbé Diringer, il fut, sur sa demande, nommé, le 1er janvier 1860, vicaire à Saint-Clotilde.

Le 20 novembre 1862, M. Leroux était placé à la tête de la paroisse de Clamart. Pendant les neuf années qu'il demeura dans cette charge il sut par son zèle, sa charité pour les pauvres, ses soins aux malades, se concilier l'affection et la reconnaissance de tous ses paroissiens.

Pendant les jours si douloureux de 1870 et de 1871 il remplit, avec un dévouement et un courage au-dessus de tout éloge, les fonctions d'aumônier à l'hôpital militaire du Val-de-Grâce. Il visitait constamment les pauvres blessés et les soldats frappés de la variole, prodiguant à tous, les soins les plus intelligents et les consolations les plus affectueuses.

Sur la proposition de MM. Langénieux et Bayle, vicaires généraux, et pour reconnaître ses services, Mgr Darboy le nomma curé de Courbevoie le 27 mars 1871. Son installation eut lieu le dimanche 2 avril 1871, dimanche des Rameaux. Cette cérémonie fut troublée par les horreurs de la guerre civile; ce jour-là Flourens et Bergeret conduisaient une colonne de 15.000 hommes à l'assaut du Mont-Valérien. Au bruit du canon et de la fusillade, les fidèles, réunis dans l'église pour saluer leur nouveau curé, prirent précipitamment la fuite et se retirèrent chez eux.

Placé entre le feu des Versaillais et des Fédérés, exposé à mille dangers, le nouveau pasteur n'hésita pas à se rendre aux endroits les plus dangereux pour y relever les blessés. Le *Petit Moniteur* du 4 avril raconte ainsi son héroïque conduite :

« Lundi matin, au plus fort de la bataille de Courbevoie, à l'heure où les projectiles sifflaient de toutes parts, pendant que la mitraille faisait des ravages dans les rangs des fédérés, un modeste héros, un prêtre, le curé de Courbevoie, arriva sur le champ de bataille pour porter secours aux malheureux blessés.

Il allait de l'un à l'autre, relevant celui-ci, exhortant celui-là, prodiguant aux agonisants les consolations les plus touchantes.

De tous côtés, ceux qui souffraient s'écriaient à la fois :

« A moi, monsieur le curé, à moi ! »

Et le digne homme se multipliait pour courir vers ceux dont les souffrances paraissaient vouloir un plus prompt soulagement.

Après avoir parcouru une partie du champ de bataille, donnant à boire à l'un, aidant l'autre à s'asseoir, il commença la plus pénible besogne. Il prit sur son dos un blessé, l'installa le mieux qu'il put et le transporta non loin de là, derrière une maison effondrée au-dessus de laquelle flottait le drapeau de l'internationale et où un chirurgien faisait les premiers pansements.

Après avoir déposé son précieux fardeau, le bon curé retourne sous le feu au champ de bataille et ramène un deuxième blessé, puis un troisième... A l'heure où nous sommes, forcé de revenir, le brave homme, accablé de fatigue, en est à son onzième voyage !!

A Courbevoie et à Nanterre, il n'y a qu'un cri d'admiration pour ce prêtre courageux ».

Le danger n'était pas seulement sur le champ de bataille, ni dans les rues, mais encore dans les maisons ; ainsi un jour qu'il traversait la sacristie, un obus éclata près de lui et il n'échappa que providentiellement à la mort.

Pareilles émotions, jointes aux épreuves et aux privations du siège, avaient ébranlé la santé du courageux curé et, le 11 août 1872, il était soudainement frappé d'une attaque de paralysie. A cette nouvelle, MM. les archidiacres s'empressèrent de venir le visiter et de lui apporter des consolations et des encouragements. Incapable de remplir les devoirs de sa charge, il fut transporté à l'infirmerie Marie-Thérèse et confié aux soins éclairés et dévoués des Filles de la Charité. Le coup avait été si dur que M. Leroux avait complètement perdu la mémoire et qu'il fallut lui réapprendre à lire.

Pensant que l'air natal serait favorable à son rétablissement, M. Leroux donna sa démission de curé de Courbevoie en décembre 1872 et se retira à Saint-Pavin-des-Champs et, quelques mois après, il fut s'installer à Cogners, chez M. l'abbé Demmerlé, son ancien élève, qu'il avait connu à Courbevoie et qui venait d'être nommé curé de cette paroisse. Là, les soins les plus affectueux et les plus empressés lui furent chaque jour prodigués ; mais une nouvelle attaque qui le frappa au mois de septembre 1885 enleva tout espoir de guérison à ses amis et leur fit entrevoir la fin prochaine de ce saint prêtre. Sa résignation, sa piété, son courage dans cette épreuve faisaient l'édification de tous ceux qui l'approchaient. Incapable de dire son bréviaire, il récitait pieusement son rosaire et se faisait lire chaque jour la vie des saints, réalisant cette parole du Sauveur : *Oportet semper orare*; il faut prier sans cesse.

Il mourut le 26 mai 1886. La mort ne le surprit pas, il l'attendait avec le calme et la résignation du serviteur bon et fidèle qui a placé toute sa confiance et ses espérances en Jésus. Ses œuvres le loueront devant le Seigneur, car, comme l'écrivait M. l'abbé Perdreau, curé de Saint-Etienne-du-Mont : « Le bon curé Leroux est de ceux qui ont fait beaucoup de bien ».

CHAPITRE III

M. DOUVAIN (1873-1886).

M. l'abbé Damase Douvain, né à Saint-Souplet, diocèse de Cambrai, le 24 juin 1832, fit sa première Communion à Solesmes, en mai 1844, et entra peu après au collège de N.-D. de la Tombe, près de Tournai, pour y faire ses classes. Après de solides et brillantes études, M. Douvain resta quelque temps dans cette institution comme professeur et entra au séminaire Saint-Sulpice en 1853 pour y faire sa philosophie et sa théologie. Incorporé au diocèse de Paris le 22 mai 1853, il fut ordonné sous-diacre le 10 juin 1854, diacre le 22 décembre 1855 et prêtre le 21 décembre 1856. Sur la demande instante de M. Bernier, curé de N.-D. de Bonne-Nouvelle, qui avait pu, pendant les vacances que le jeune lévite passait près de lui, apprécier sa piété, son zèle, sa haute intelligence, Mgr Sibour le nomma vicaire dans cette paroisse le 9 avril 1857.

Ce que fut la carrière ecclésiastique de M. Douvain, nous n'entreprendrons pas de la raconter, un personnage plus autorisé que nous, M. le chanoine Caron, archidiacre de Notre-Dame, l'a fait naguère, le

30 septembre 1886, au jour de son installation à la cure de N.-D. de Grâce de Passy.

Voici en quels termes élogieux il s'exprimait :

« Il y a trente ans que M. Douvain est prêtre. Fidèle

M. DOUVAIN

à la recommandation de l'Apôtre, il travaille comme un bon soldat du Christ Jésus, *labora sicut bonus miles Christi Jesu*. Je remarque dans sa vie trois étapes : la première est à Bonne-Nouvelle. Il y rencontre des vétérans du sacerdoce, il les prend pour modèles et les entoure d'un filial respect. Il les interroge pour apprendre plus vite et plus sûrement la tactique des âmes. Actif et plein d'ardeur, il est toujours prêt à rendre service à ses compagnons d'armes, et dussé-je en rougir, je dois avouer que je puis bien être encore son débiteur. Un jour cependant il s'arrête, un malade atteint de la variole noire, qu'il visite en l'absence d'un confrère, lui communique son mal. En quelques jours M. Douvain est à toute extrémité. M. Bernier, curé de Bonne-Nouvelle, lui apporte le saint viatique et l'extrême-onction. A genoux, près de son lit, nous pleurions, il faut lui rendre cette justice, c'est le seul chagrin qu'il nous ait jamais causé, nous craignions de perdre un excellent confrère. Mais le cher malade revient à la santé, et le chagrin fait place à la joie. Le mal a bien laissé quelques traces, elles rappellent le souvenir du devoir généreusement accompli comme la cicatrice que porte le soldat prouve qu'il a été blessé au champ d'honneur.

« Une seconde étape le conduit le 15 octobre 1863 au collège Chaptal. Dix années durant, l'aumônier exerce sur les jeunes âmes qui lui sont confiées la meilleure influence. Sa bonté est sans faiblesse, son autorité sans raideur, il persuade plus qu'il ne commande et toutes ces âmes il les conduit à Dieu.

« Sa dernière étape est Courbevoie, il y est depuis le 15 janvier 1873, c'est-à-dire depuis quatorze ans et ces quatorze ans sont bien employés. A Courbevoie, pasteur et vicaires forment une famille vraiment sacerdotale. Le presbytère est une pépinière de vocations ecclésiastiques. Notre Seigneur aimait les enfants, M. Douvain les aime, il les recherche, et quand il rencontre en eux les germes d'une vocation naissante, il s'applique à les développer, aucun sacrifice ne l'arrête, l'enfant s'assoit à sa table, reçoit de lui les premières leçons, et il ne s'en sépare qu'après lui avoir ménagé les moyens d'arriver au sacerdoce. Cher confrère, vous avez eu la main heureuse, dix prêtres au moins sont sortis du presbytère de Courbevoie, et ce ne sont pas les moins bons ouvriers employés à la vigne du Père de la grande famille humaine. Quand Dieu vous appellera à lui, vous laisserez après vous des continuateurs de votre laborieux ministère.

« Mais Dieu ne vous appelle pas encore à lui, il vous appelle à la cure de Passy. Ici vous rencontrerez plus qu'ailleurs des éléments de succès, un clergé nombreux et zélé, un Conseil de Fabrique dévoué aux intérêts temporels de l'Eglise, un comité des écoles libres qui vous prêtera main-forte dans l'œuvre capitale de l'éducation chrétienne de l'enfance, une conférence de Saint-Vincent de Paul se partageant, avec les Dames de Charité et du vestiaire, la visite et le soulagement des pauvres et des malades, des confréries enfin où la piété est en honneur. Non, ici le pasteur n'est pas seul et les agents du bien, sous des formes multiples, prêtent au pasteur un efficace concours.

« Courage donc et à l'œuvre. Dieu bénira vos labeurs. Cette paroisse sera votre consolation et vous serez pour elle l'Ange gardien et tutélaire qui appellera sur tous les meilleures bénédictions de Dieu. »

Pour ne pas blesser l'humilité du nouveau pasteur, M. l'Archidiacre passa sous silence un acte de courage et de profonde charité chrétienne dont M. Douvain fut le héros.

Le 29 avril 1871, en pleine Commune, il n'hésita pas, malgré les dangers que présentait sa démarche, à aller demander à Cluseret, délégué au ministère de la Guerre pendant l'insurrection, un laissez-passer pour pénétrer dans la prison de Mazas, où étaient détenus les otages, et voir seul à seul, dans sa cellule, Mgr Darboy, dont on prévoyait l'exécution prochaine. Cette tentative n'aboutit pas, mais son insuccès n'enlève rien à son mérite.

Le 21 mai, Cluseret, vaincu et pourchassé par les

Versaillais, frappait à la porte de M. l'abbé Douvain, lui demandait asile et le priait de le soustraire au châtiment qui l'attendait. Grand et magnanime, M. Douvain lui ouvrit sa maison, le garda chez lui pendant cinq mois et lui facilita le moyen de gagner l'étranger. C'est toujours ainsi que les prêtres se vengent de leurs ennemis !

Chef d'une des plus belles paroisses de la capitale, chanoine honoraire de Paris, en relations d'amitié avec plusieurs membres de l'épiscopat qui l'ont fait vicaire général honoraire de leurs diocèses (1), chanoine honoraire de leurs cathédrales (2), M. Douvain n'a cependant jamais oublié son ancienne paroisse de Courbevoie, son cœur lui est resté toujours attaché. Lorsqu'à sa table toujours hospitalière il reçoit ses anciens collaborateurs, les prêtres dont il a encouragé la vocation, c'est chaque fois avec plaisir qu'il entend rappeler les fructueuses missions, les conférences d'hommes qui attiraient tout un peuple dans l'église de Pierre Hébert, les splendides processions de la Fête-Dieu qui, rehaussées par la présence de la troupe, accompagnées par la musique militaire, se déroulaient dans le parc du château de la Montagne, ces mois de Marie inoubliables où il savait si bien utiliser les ressources de tous les arts pour honorer dignement la Vierge, Mère de Dieu.

C'est avec une émotion toute sacerdotale qu'il rappelle la conversion du célèbre sculpteur J.-B. Carpeaux qu'il eut le bonheur d'assister à ses derniers moments, lorsqu'il mourut en 1875 au château de Bécon.

Un des traits caractéristiques de M. Douvain, c'est la générosité ; les œuvres de Courbevoie en savent long sur ce sujet. Aux heures de détresse c'est toujours à lui qu'on a recours ; avec la parole affable et encourageante on est toujours sûr de trouver auprès de lui le secours

(1) Bordeaux et Tarentaise.
(2) Vannes, Bayeux, Dijon.

nécessaire pour continuer les œuvres de zèle et d'apostolat dont il fut l'inspirateur.

La lettre suivante fournira la preuve de ses bontés et de l'ingénieuse délicatesse qu'il met à les accomplir.

Au retour de son ordination sacerdotale, un jeune prêtre recevait de lui la lettre qu'on va lire :

Paris, le 22 décembre 1893.

Mon cher enfant,

Hier encore vous étiez mon fils, aujourd'hui vous êtes mon frère dans le sacerdoce. Je m'en réjouis et vous en félicite de tout mon cœur.

J'apprends que vous avez accepté le poste de vicaire à Courbevoie, sans traitement jusqu'au 15 avril. Sachez qu'on ne fait jamais la guerre à ses dépens. Aussi je vous envoie ci-inclus des provisions nécessaires au bon combat que vous allez mener, avec le cher abbé Blayvac, pour la cause de Dieu et de son Église.

Je vous embrasse tendrement en N. S.

D. DOUVAIN.

P. S. Ces provisions vous seront renouvelées si cet état devait se prolonger au-delà de la date fixée.

Et le jeune prêtre trouvait dans l'enveloppe un billet de banque de mille francs.

CHAPITRE IV

M. BÉNAC (1886-1902)

M. l'abbé Eugène-Louis Bénac naquit le 25 novembre 1828, dans la ville de Mirande, chef-lieu d'arrondissement du Gers, au diocèse d'Auch. Sa famille, composée du père, de la mère, et de huit enfants, semblait avoir conservé quelque chose des mœurs patriarcales d'autrefois; ses notes caractéristiques les plus saillantes étaient une foi religieuse vive et agissante, une déférence respectueuse pour l'autorité du père et de la mère, une union cordiale entre tous les enfants, un accomplissement généreux de la grande loi du travail. Le père était un homme de caractère donnant à tous la leçon de l'exemple. La mère, douée d'une piété profonde et d'une angélique douceur, conquérait sans effort la sympathie de tous ceux qui l'entouraient et méritait à deux de ses fils la grâce du sacerdoce et à une de ses filles celle de la vocation religieuse dans la congrégation des Sœurs de Saint-Vincent-de-Paul. C'est dans ce milieu simple et fort qu'Eugène, le cadet de la famille, grandit, se forma à l'amour du devoir, et sentit se lever dans son âme la lumière qui devait le conduire au service des autels.

Mirande possédait alors un collège modeste, mais fortement et chrétiennement dirigé, qui fut pour un grand nombre d'enfants le point de départ d'une carrière distinguée. C'est dans ce milieu de solide savoir et

M. BÉNAC

d'éducation sensée que jetèrent leur premier rayonnement les belles qualités d'intelligence, de caractère et de cœur, qui devaient faire un jour d'Eugène Bénac un formateur de la jeunesse et un pasteur d'âmes hautement apprécié. Au petit séminaire d'Auch où il entra dès sa douzième année, ses succès furent tels que ses supérieurs le marquèrent dès lors pour faire partie du corps professoral de la maison. Il avait à peine vingt et un ans quand, après avoir suivi le cours complet des études philosophiques et théologiques, au grand séminaire, il rentra au petit séminaire d'Auch, en qualité de professeur de mathématiques. Son esprit, ami de la précision et de la méthode, se trouvait si bien à l'aise dans l'étude des sciences exactes, qu'il fut question un instant de le consacrer d'une manière exclusive à cette part de l'enseignement classique; mais la variété de ses aptitudes intellectuelles et des circonstances inattendues firent renoncer à ce projet, et concoururent à donner soudain une nouvelle orientation à sa vie.

Grâce à une foi des plus profondes et à une religion des plus éclairées, le développement des vertus ecclésiastiques marchait de pair en lui avec son ardeur pour l'étude. C'est dans les sentiments de la piété la plus sincère et la plus ardente qu'il reçut l'ordination sacerdotale des mains de Mgr de Lacroix d'Azolette et qu'il célébra sa première messe au séminaire, dans le cours de sa vingt-quatrième année. Quoique bien jeune encore, il donnait déjà à tous ceux qui le voyaient de près l'impression d'une maturité étonnante et d'une nature aux facultés remarquablement équilibrées. Une pension auscitaine, nommée la *pension Colbert*, s'étant détachée du lycée à cette époque et destinant ses élèves aux cours du petit séminaire, c'est lui, de préférence à des hommes plus avancés en âge, qui fut choisi pour en prendre la direction. Il la garda deux ans, avec la bonne fortune de vivre dans les termes d'un véritable esprit de famille avec les maîtres et les élèves qui composaient sa maison. Volontiers il se fût accommodé pour toujours de cette existence d'intimité et de dévouement obscur, qui s'harmonisait sans effort avec les deux qualités qui semblaient dominer en lui : la modestie et la tendresse de cœur ; mais une force irrésistible semblait le pousser toujours en avant. La chaire de philosophie étant devenue vacante au Petit Séminaire d'Auch, il dut l'accepter par déférence pour la volonté formelle de ses Supérieurs, et, durant seize années, il donna, du haut de cette chaire, un enseignement si clair, si élevé, si plein d'intérêt, qu'il compta presque autant de bacheliers que d'élèves. Nous disons *ses élèves;* nous pourrions presque dire *ses amis,* tant son autorité était paternelle et attachante. Ces jeunes gens ne l'oublièrent jamais ; et c'est avec bonheur que le rencontrant d'aventure à Paris, ou ailleurs, ils se plaisaient à réveiller avec lui les souvenirs du passé et à lui témoigner la plus sympathique reconnaissance.

L'abbé Bénac professait depuis dix-neuf ans au petit séminaire d'Auch quand, sous le souffle de la Providence, surgirent des événements inattendus qui l'arrachèrent à sa chère province de Gascogne et l'amenèrent à Paris.

Dans le cours de l'année 1866, le collège de Notre-Dame d'Auteuil, qui avait succédé à l'institution Poiloup si connue et si prospère sous le règne de Louis-Philippe, subissait une crise qui pouvait lui devenir fatale. Il perdait à la fois les titulaires de ses trois chaires les plus importantes, celle des mathématiques, celle de rhétorique et celle de philosophie. Les vacances venues, il fut décidé par le Conseil d'administration de l'établissement qu'on tâcherait de recruter, à Paris ou en province, de nouveaux professeurs capables de tenir dignement la place de leurs prédécesseurs, et de relever à la fois le niveau des études et la bonne renommée du collège. Un des membres les plus influents du Conseil, M. l'abbé Lartigue, curé de Saint-Leu, connaissait particulièrement M. l'abbé Bénac, et l'auréole de considération que lui faisaient les succès de son enseignement au séminaire d'Auch. Il profita d'un voyage fait auprès de sa famille pour s'ouvrir avec lui du mandat qu'il avait reçu et lui donner le choix entre les trois chaires vacantes à Notre-Dame d'Auteuil. M. Bénac hésita d'abord, troublé par le sacrifice qu'il aurait à faire de la Maison où toute sa vie d'études s'était écoulée et de son pays natal. Mais l'appel qui lui était fait avait pour but une œuvre si importante que l'éminent conseiller, auquel l'abbé Bénac recourait dans tous ses doutes l'engagea dès le premier instant à y répondre. L'avis favorable de Mgr Delamarre, désireux de seconder une œuvre d'éducation qui lui était chaudement recommandée, eut raison des dernières résistances, et l'abbé Bénac, fort de ces hautes approbations, partit pour Paris, où les ministères les plus délicats et les plus divers devaient remplir sa vie.

Le séjour de l'abbé Bénac au collège d'Auteuil fut marqué pour lui, comme celui du séminaire d'Auch, par des succès qui lui concilièrent l'estime de tous, et par des témoignages de sympathie qui furent la récompense de ses travaux. Ce théâtre plus large et plus élevé offert à son activité et à son dévouement était plein de charmes pour lui, mais cette paisible et noble existence ne dura que quatre années. L'année 1870 amena avec elle les désastres de la guerre franco-prussienne et les terreurs sanglantes de la Commune. Notre-Dame d'Auteuil dut congédier le personnel de ses professeurs et de ses élèves et devenir une *ambulance* rapidement envahie par la foule des blessés et des mourants. L'abbé Bénac, exposé aux plus graves périls, quitta la capitale où sa vie serait demeurée sans objet, et se retira en Normandie, auprès d'amis dévoués dont il paya généreusement l'hospitalité en se chargeant d'une éducation particulière, pendant l'automne et l'été suivants.

Au printemps de l'année 1871, nous le retrouvons à Paris, premier aumônier de la prison Saint-Lazare. C'est au milieu de ces pauvres femmes condamnées à une année de détention, qu'il inaugura le ministère de la direction des âmes qui devait l'absorber désormais tout entier. Il ne fut maintenu dans cet emploi qu'une seule année, mais l'impression profonde qu'il en avait gardée témoigne hautement de la sollicitude avec laquelle il le remplit.

Dieu, tenant compte de ses remarquables aptitudes pour l'éducation de la jeunesse, le conduisit de nouveau auprès de ces chers jeunes gens qui avaient eu ses premières affections, mais cette fois non plus en qualité de professeur. Nommé premier aumônier du collège Chaptal et aumônier de l'école Trudaine, il mit à leur éducation religieuse et morale toute l'ardeur et tout le tact qu'il avait mis autrefois à leur instruction classique. Sa bonté était si grande, son commerce si agréable, son enseignement si élevé et si intéressant, qu'ils se plurent à lui donner les témoignages les plus rares de leur sympathie.

Cependant, le ministère pastoral avait tant d'attraits pour lui que, malgré son peu de goût pour le rôle de solliciteur, il se décida à demander un emploi dans une paroisse du diocèse. Celui de second vicaire de la Trinité était vacant, on le lui offrit et il l'accepta volontiers. Il y demeura deux ans à peine; c'était trop peu pour le satisfaire; mais ce fut assez pour lui permettre de laisser un excellent souvenir dans ce milieu si affairé et de faire un second apprentissage du ministère pastoral.

Il ne demandait qu'à continuer à vivre de cette vie paroissiale qui lui était devenue profondément sympathique, quand il vit se dresser inopinément devant lui un dernier et brillant obstacle qui devait le retenir encore quelques années. Frappés d'ostracisme par des lois injustes et brutales, les Pères de la Compagnie de Jésus avaient dû abandonner la direction du célèbre collège de l'ancienne rue des Postes. C'était un établissement de premier ordre où de nombreux jeunes gens, issus des familles les plus distinguées de France, par leur éducation et leurs principes chrétiens, se préparaient aux examens de l'Ecole Polytechnique, de l'Ecole de Saint-Cyr et de l'Ecole centrale. Chaque année y était signalée par les plus brillants succès. Il fallait à tout prix conserver à l'Eglise de France ce joyau qui était bien à elle, et le conserver dans tout son éclat. Mais où trouver un prêtre capable de succéder aux Pères Jésuites dans la direction de cette grande œuvre ? Il y fallait de l'intelligence, du tact, du savoir, de l'autorité. M. l'abbé Bénac avait tout cela, aussi il en fut nommé directeur. Il y passa cinq ans, de 1881 à 1886, en contact quotidien avec le personnel de professeurs et d'élèves le plus éminent et le plus varié.

A la mort du cardinal Guibert, il demanda qu'on lui permît d'aller finir ses jours dans une paroisse du diocèse. Celle qu'il plut à Dieu et à ses Supérieurs de lui confier fut Courbevoie, où il succéda à M. l'abbé Douvain. Au témoignage de l'autorité ecclésiastique, Courbevoie était alors un coin de la banlieue de Paris moins contaminé que bien d'autres par lèpre révolutionnaire, et possédant, au milieu de ses vingt-cinq mille âmes, un noyau paroissial fortement organisé. M. l'abbé Bénac constata dès la première heure ces précieux avantages, les apprécia avec bonheur, et se promit de consacrer toutes les ressources de son intelligence et de son cœur à leur faire porter tous leurs fruits.

Toutes les œuvres paroissiales, sans en excepter une seule, eurent une part active dans les sollicitudes de cet excellent pasteur ; mais sachant bien qu'une qualité essentielle du bon administrateur est de reconnaître la valeur de ses auxiliaires et de les associer loyalement à son œuvre, il s'appliqua constamment à rendre hommage aux qualités des vicaires qui furent placés sous ses ordres, et à leur donner une part dans ses travaux. Ces messieurs du reste répondirent généreusement à sa confiance et il résulta, de l'union du curé avec ses vicaires, un faisceau d'influences puissantes qui produisirent les effets les plus heureux.

Il s'appliqua de toutes ses forces à développer tout à tour les associations paroissiales existantes. La conférence de Saint-Vincent-de-Paul, composée de l'élite des chrétiens de la paroisse et dont il se plaisait à présider les réunions ; le Tiers-Ordre de Saint-François et le patronage des garçons dont il avait confié la direction à M. l'abbé Blauvac; le patronage des jeunes filles; une congrégation d'Enfants de Marie ; tous ces facteurs si importants de la vie paroissiale étaient appréciés, encouragés, soutenus par lui avec une sollicitude qui ne fléchit jamais.

Son attention fut sans cesse attirée sur tous les détails de la vie religieuse dans son église : beauté du chant, splendeur des cérémonies, visite assidue des malades, nombreuses communions le dimanche et sur semaine. La plus pure joie fut de voir la piété prendre sous sa direction un degré remarquable d'intensité.

Le temple matériel eut sa part dans ses préoccupations pastorales. Admirablement secondé par des administrateurs d'élite dans sa Fabrique, il fit exécuter dans son église les peintures qui ornent la coupole; il en projetait pour l'avenir de plus importantes encore pour donner à sa chère paroisse de Courbevoie un sanctuaire digne d'elle.

Son cœur compatissant ne pouvait oublier les pauvres. Ses contributions à l'œuvre de la conférence de Saint-Vincent-de-Paul étaient abondantes; il présidait tous les ans la distribution des vêtements aux enfants pauvres; sa bourse était ouverte à toutes les misères ; ceux qui l'ont vu de près ajoutent même qu'il ne savait pas se tenir suffisamment en garde contre des sollicitations menteuses, et qu'il fut souvent victime de sa bonne foi et de sa générosité.

Mais l'œuvre qui fut l'objet de ses préoccupations dominantes fut *l'œuvre des Écoles*. Quand il prit possession de sa paroisse, Courbevoie possédait six maisons d'instruction pour la jeunesse : une école primaire officielle et un collège libre pour les garçons, deux pensionnats libres, une école primaire libre pour les jeunes filles et une école maternelle pour les petits enfants. Chacun de ces établissements eut sa part dans les sollicitudes de M. l'abbé Bénac, heureux de donner ainsi satisfaction à l'attrait que l'œuvre de l'éducation de la jeunesse lui avait constamment inspiré. Le collège libre des jeunes gens avait à sa tête M. Orgias, un directeur sincèrement chrétien ; M. Bénac eut à cœur d'avoir avec lui des relations amicales qui durèrent jusqu'à la dernière heure, et qui lui permirent de l'aider à maintenir le respect de la religion, de l'Eglise et du prêtre dans l'établissement. Des deux pensionnats de jeunes filles, l'un, le pensionnat Notre-Dame, était dirigé par des dames d'une distinction et d'un esprit chrétien remarquables ; l'autre était dirigé par des Sœurs de la Providence de Portieux. Il donna généreusement ses sympathies et ses soins à tous les deux ; mais, comme il fallait s'y attendre, ses relations avec le pensionnat des Sœurs furent plus suivies et plus intimes ; il en fut l'aumônier et y fit le catéchisme de persévérance jusqu'à la dernière année de sa vie.

Pour suppléer à ce qui manquait à l'instruction et à l'éducation des garçons de l'école officielle au point de vue religieux, il seconda de son mieux l'œuvre du patronage de M. l'abbé Blauvac qui avait sa chapelle où les enfants assistaient à des instructions religieuses appropriées à leur âge et se préparaient à la réception des sacrements. Mais ces mesures préservatrices étaient loin de le satisfaire. Désireux de fournir aux meilleures familles de sa paroisse un moyen assuré de donner une éducation chrétienne à leurs enfants, il ouvrit une école paroissiale de garçons, mit à sa tête des maîtres expérimentés et en prit à sa charge tous les frais.

Restait l'école primaire de filles qui comptait 500 élèves avec son annexe l'école maternelle. C'est à cette œuvre populaire, qui lui paraissait d'une importance capitale, qu'il donna la meilleure part de son dévouement. Au cours de l'an 1895, afin d'empêcher la vente par lots de l'immeuble où était installée cette école, il en fit l'acquisition. Mais les locaux étaient délabrés et les classes insuffisantes. Il n'hésita pas à faire construire des classes nouvelles, à réparer les anciens bâtiments, à agrandir les jardins et les cours. Ces dépenses accessoires coûtèrent plus de vingt-cinq mille francs. Le 2 mai 1897, les travaux étant terminés, M. le vicaire général Fages, assisté du Supérieur des Sœurs de la Providence, alla faire la bénédiction solennelle des nouveaux bâtiments, où se pressaient, à côté des élèves, le Conseil de fabrique et l'élite des familles de la paroisse. Dans ces classes, où l'enlèvement des cloisons permettait de former une seule et immense salle, les jeunes filles du patronage rendirent hommage au dévouement de leur Pasteur dans un beau dialogue sur la charité. Ce fut une fête de famille qui réjouit tous les cœurs.

Il visitait assidûment les classes, encourageait et stimulait les études. Une de ses joies les plus douces était, la veille du Jour de l'an et la veille de la fête de son saint patron, de voir passer devant lui le long et joyeux défilé des jeunes élèves qui venaient lui offrir leur bouquet de fête et leurs vœux enfantins. C'était vraiment le bon père au milieu de ses enfants !

Un pensionnat s'étant établi dans sa paroisse pendant son administration sous le nom de Pensionnat de Jeanne d'Arc pour les filles des artistes parisiens, il se fit de très grand cœur le catéchiste et le confesseur de ces enfants.

Au cours de sa vie pastorale si bien remplie, vint le surprendre une distinction à laquelle il n'avait nullement prétendu : Mgr Gouzot, archevêque d'Auch, lui offrait la dignité de *chanoine honoraire* de sa cathédrale, pour récompenser les services qu'il avait rendus dans sa jeunesse à son diocèse natal, et en consacrer ainsi le souvenir.

En 1902, au début de l'année qui devait être la dernière pour lui ici-bas, il prit la détermination de réaliser un projet qui lui tenait au cœur depuis longtemps, celui de ménager à sa paroisse le bienfait d'une grande mission. Ce projet se réalisa au mois de mai suivant. Trois Pères Rédemptoristes vinrent s'installer au presbytère de Courbevoie, et donner les exercices de la mission pendant ce mois tout entier, avec un zèle et une ardeur qui produisirent un merveilleux courant de sympathie, et, à la fin, une moisson qui dépassa toutes les espérances. Cette longue série de belles réunions paroissiales et de cérémonies splendides clôturées brillamment resserra plus étroitement que jamais les liens qui unissaient l'âme des fidèles à celle de leur pasteur.

Heureux de l'élan religieux que la mission venait de donner à sa paroisse, le bon curé comptait encore sur un long avenir pour en recueillir les fruits. Mais, hélas ! ses jours étaient comptés, et la mission de mai devait être, sans qu'il s'en doutât, le couronnement de sa vie. Depuis longtemps déjà, de funestes indices annonçaient le déclin de cette santé autrefois si florissante. L'été venu, le déclin s'accentua plus sensiblement encore, malgré les soins délicats qui lui furent prodigués. Il résista avec une indomptable énergie aux assauts du mal qui minait ses forces, et l'on put croire un jour qu'il pourrait reprendre la direction de cette paroisse si ardemment aimée. Mais Dieu en avait décidé autrement ! La laborieuse journée du saint prêtre était arrivée à son terme, et le ciel allait s'ouvrir devant lui. Dans la soirée du 16 septembre, muni de tous les secours religieux de la sainte Eglise, entouré d'amis éplorés, il rendit doucement son âme à Dieu, le sourire sur les lèvres, comme un enfant qui s'endort.

De nombreux fidèles vinrent prier auprès de ses

restes mortels, et un grand nombre d'entre eux éclatèrent en sanglots, en contemplant ses traits dont la sérénité faisait croire plutôt à un sommeil qu'à la mort. Ses funérailles, ainsi qu'on se plaisait à le redire, furent une sorte de triomphe, tant elles furent relevées par les témoignages de la plus filiale reconnaissance. Présidée par M. l'abbé Lefebvre, vicaire général et archidiacre de Saint-Denys, la cérémonie fut remarquable de recueillement et de démonstrations sympathiques, et les larmes coulèrent abondantes quand le char funèbre emporta vers la gare d'Orléans la dépouille de celui que tous se plaisaient à appeler « le bon Monsieur le Curé ». Il repose aujourd'hui dans le tombeau de famille, au cimetière de Mirande, en attendant le jour du grand réveil !

CHAPITRE V

M. LAURENT (1902-1907)

M. l'abbé Laurent (Léon-Marien) est né à Saint-Gervais-d'Auvergne (Puy-de-Dôme), le 21 novembre 1854. Tout enfant il vint à Paris avec sa famille et suivit les catéchismes de Saint-François-Xavier. Après de solides études au petit séminaire de Séez, il entra au séminaire Saint-Sulpice. En octobre 1880, lors de la première expulsion des Pères Jésuites, il fut nommé professeur à l'école Sainte-Geneviève, où il passa trois ans. Le 16 avril 1881, il fut ordonné prêtre avec M. l'abbé Lenfant, dans la chapelle de l'Archevêché. Le 29 juillet 1883, nommé vicaire à Billancourt, il se trouva alors seul avec un curé âgé et infirme qui lui permit de donner élan à son activité : sans cesse on le vit dans les rues et les avenues de cette vaste plaine recherchant les enfants pour les catéchismes, visitant les malheureux, les malades. Il fonda un vestiaire, établit les religieuses garde-malades des pauvres, organisa une mission, une des premières que prêchèrent avec lui de jeunes prêtres du diocèse, qui furent plus tard les fondateurs des missionnaires diocésains de Paris.

A. Fournier delt

M. Laurent passe ensuite à Saint-François-Xavier (1ᵉʳ mars 1888), où il se retrouve avec son ami M. l'abbé Lenfant. Ensemble ils créent, sous le nom de Sainte-Famille, de grandes réunions populaires qui transforment le quartier. Après le départ de M. l'abbé Lenfant, M. Laurent organise « le Secrétariat des Familles », œuvre toujours prospère qui rend de nombreux services aux classes laborieuses. A Saint-François-Xavier comme à Billancourt, M. Laurent s'occupe toujours avec sollicitude de régulariser la situation des pauvres gens ; très au courant de la législation matrimoniale, lui-même faisait venir les papiers et aplanissait toutes les difficultés dans les mairies. Tant de labeur ne suffit pas à épuiser son zèle, il se fait le collaborateur actif des missionnaires diocésains. C'est surtout dans les paroisses ouvrières qu'il aime à se faire entendre et à distribuer aux foules la parole de Dieu.

Après huit années de vicariat, pendant lesquelles il a dépensé sans compter son ardeur généreuse et son talent, il arrive, en qualité de second vicaire, à Saint-Vincent-de-Paul (14 décembre 1895). Tout en remplissant ces nouvelles fonctions, il prend ses grades de docteur en droit canonique et est nommé défenseur du lien des causes matrimoniales près de l'Officialité diocésaine.

Il quitte Saint-Vincent-de-Paul pour la paroisse populeuse de Sainte-Marguerite, où il retrouve les pauvres, les humbles que son cœur de prêtre aime tant (1ᵉʳ août 1900). Deux ans ne se sont pas écoulés que le choix de ses supérieurs l'appelle, le 15 octobre 1902, à la cure de Courbevoie où, petit séminariste et jeune clerc, il venait passer ses vacances auprès de MM. Douvain et de Villequier. Dès son arrivée, le nouveau curé se trouve en présence de grosses difficultés. La loi contre les Congrégations, puis la loi de Séparation y accomplissent leurs ravages : le pensionnat et l'école libre sont privés des religieuses qui, depuis soixante-quinze ans, dirigeaient ces établissements prospères.

Inaccessible au découragement, M. l'abbé Laurent reconstitue ces écoles avec le précieux concours de Mlle de Chirac et leur donne un nouvel élan de prospérité. Il réorganise sur un nouveau plan les catéchismes, crée les conférences d'hommes, soutient avec énergie le patronage si apprécié de M. l'abbé Petit et, sur les ruines accumulées par la politique sectaire, fonde de nouvelles œuvres auxquelles il communique une puissante vitalité.

Les cérémonies religieuses, il les veut grandes et majestueuses : il confie la partie musicale à M. l'abbé Sylvestre, qui forme à la musique religieuse les 80 jeunes filles de l'œuvre ouvrière de Mlle Guichard, et leur fait exécuter les plus beaux morceaux des grands maîtres ; il charge M. l'abbé Deschamps du soin délicat de la décoration artistique des autels. Aux jours des fêtes de la Vierge, c'est grand plaisir de voir réuni, sous la conduite de M. l'abbé Bellegœulle, le groupe si nombreux et si pieux des enfants de Marie.

Dans ce milieu où il était si apprécié, M. l'abbé Laurent ne devait pas rester longtemps. Lorsque l'autorité diocésaine, multipliant les centres religieux, eut décidé de créer la paroisse Saint-Charles-d'Asnières, elle appela M. Laurent à la tête de l'importante paroisse de Saint-Médard (11 février 1907).

A Courbevoie on l'a vu s'éloigner avec regret ; à Saint-Médard on l'a accueilli avec joie, car tous savaient son zèle, son énergie et son dévouement.

L'espoir que les paroissiens de Saint-Médard ont mis en leur nouveau curé, dès le premier jour de son installation, n'a pas été déçu. Nous n'en voulons pour preuve que le succès de la grande mission que M. l'abbé Laurent vient de faire prêcher dans cette paroisse et que Mgr Amette, notre si bon et si bienveillant Archevêque, a voulu honorer de sa présence.

CHAPITRE VI

M. NEUVILLE (1907)

Courbevoie est sans contredit une paroisse privilégiée ; elle a eu toujours à sa tête des prêtres remarquables par leur caractère, leur zèle et leur piété. Et cette succession véritablement providentielle d'hommes apostoliques nous semble être un effet de la protection tutélaire du glorieux martyr qui le premier présida à ses destinées. Nos lecteurs ont pu se convaincre de cette vérité en parcourant les biographies précédentes ; ils s'en rendront aussi compte en lisant la notice que nous allons consacrer à son pasteur actuel. Les paroissiens de Courbevoie la jugeront sans doute trop brève. La faute ne nous en est pas imputable, mais bien à la modestie de l'intéressé qui nous a dit avec une humble simplicité : « Pas de panégyrique surtout, cela ne convient pas à un curé en titre. » Cette recommandation toutefois ne saurait nous interdire d'esquisser rapidement la carrière de M. Neuville.

Né à Clichy le 23 juillet 1859, il eut le bonheur d'être baptisé dans l'antique église de Saint-Vincent-de-Paul. Sa pieuse mère veilla avec sollicitude sur le développement spirituel de son fils et lui inculqua, dès ses premiers ans, une douce et tendre piété. Ces premiers germes que les soins maternels avaient déposés dans son âme, l'éducation qu'il reçut des Frères de la Doctrine Chrétienne les fit heureusement fructifier.

M. l'Abbé NEUVILLE

Après une fervente Première Communion dans l'église de Clichy, il entra en 1873 au petit séminaire de Saint-Nicolas. Il s'y fit remarquer autant par ses brillants succès que par son ardente dévotion. Il passa deux ans à Issy (1877-1879) où il étudia la philosophie, et vint à Saint-Sulpice suivre le cours de théologie. Son intelligence, son zèle laborieux, l'élévation de son caractère le font désigner par ses supérieurs comme chef du catéchisme des petites filles de la paroisse Saint-Sulpice. Le 23 décembre 1882, il recevait l'onction sacerdotale et, peu de jours après, il était nommé vicaire à Puteaux où il resta quatorze ans.

Sur l'action bienfaisante qu'il y exerça, nous trouvons ces renseignements, fournis par M. l'archidiacre de Saint-Denis, dans le discours qu'il prononça lors de l'installation de M. Neuville, comme curé de Gentilly (22 décembre 1897) :

« Depuis qu'il a quitté le grand séminaire, il n'a pas connu d'autre paroisse que celle de Puteaux où depuis quinze ans il se dévouait, reprenant tous les jours son dur labeur avec le même zèle, consolant les affligés, secourant les malades et les pauvres, ramenant dans la voie du salut les égarés, réhabilitant les situations fausses, attirant tous ceux qui l'approchaient par l'aménité de son caractère et les ardeurs de sa charité.

« Il y vivait en communauté avec des prêtres d'élite, dont les uns, foulant aux pieds les richesses et les honneurs, ont cherché uniquement leur sanctification et le bien des âmes, dont d'autres, rachetant par le dévouement ce qui leur manquait du côté de la fortune et de la naissance, ont poussé si loin l'esprit de sacrifice qu'ils ont laissé autour d'eux une auréole de sainteté. On peut bien le dire aujourd'hui que le regretté abbé Combes n'est plus. Appelé par lui à faire partie de la petite communauté de Puteaux, M. Neuville n'eut pas le bonheur de travailler sous sa direction, car quelques semaines avant son ordination, ce saint prêtre mourait épuisé de travaux. Mais les compagnons de l'abbé Combes n'ont pas oublié les pieuses industries de son zèle ; ce sont pour eux des traditions de famille et M. Neuville s'est efforcé de marcher sur ses traces, durant le cours de son laborieux ministère à Puteaux. Il y laisse en partant une œuvre de catéchisme et de patronage laïque, qu'il a fondée avec le concours de quelques dames dévouées et qui a réussi au-delà de toute espérance. Il en emporte les regrets et l'estime de son Curé, et ses frères de la petite communauté ne peuvent le voir s'éloigner d'eux sans verser des larmes; mais ils acceptent généreusement ce sacrifice qui leur est demandé pour le bien des âmes. »

A Gentilly, son zèle se donne carrière. Il restaure l'église, la complète par un portail et des vitraux, l'enrichit d'un maître-autel en pierre que Son Eminence Mgr Richard vient lui-même consacrer, construit une sacristie, donne à son école de garçons une impulsion si vigoureuse que le nombre des élèves est bientôt triplé, développe le patronage des jeunes filles, crée la cité paroissiale avec ses nombreux organismes qui répondent si bien aux besoins modernes et sème la bonne parole dans les âmes par un bulletin paroissial qui pénètre dans toutes les demeures.

Pour le récompenser de son dévouement, l'Archevêché l'appelait, le 24 février 1907, à succéder à M. l'abbé Laurent.

Nous n'avons pas à dire ce que fait M. Neuville à Courbevoie, ses paroissiens sont renseignés sur ce sujet et, chaque jour, remercient Dieu de leur avoir donné un pasteur qui continue si bien les traditions de ses zélés devanciers.

CHAPITRE VII

DEUX PREMIERS VICAIRES DE COURBEVOIE
MM. DE VILLEQUIER ET BLAUVAC

Nous nous étions fixé comme terme de notre travail les successeurs de Pierre Hébert. Mais parmi les collaborateurs des curés de Courbevoie, il en est deux qui méritent, par leur labeur et leur long séjour, une mention spéciale : ce sont MM. de Villequier et Blauvac. Tous deux, pendant vingt ans, ont travaillé avec courage et énergie à étendre dans cette paroisse le règne du Christ ; aussi nous croyons répondre aux désirs de tous ceux qui les ont connus et aimés en traçant leur biographie.

M. DE VILLEQUIER (1873-1894)

M. l'abbé Edmond-Charles-Joseph de Villequier, fils de M. Alfred-Asselin de Villequier et de Mme Octavie Cardon de Montigny, est né le jeudi 30 octobre 1834. Deux jours après sa naissance, le 1er novembre, il fut baptisé à Saint-Sulpice et fut tenu sur les fonds baptismaux par M. le vicomte d'Ambray et Mme Charlotte de Montigny, sa tante. Issu d'une famille foncièrement religieuse, il reçut dès ses premiers ans une douce et forte éducation chrétienne ; à l'âge de six ans, il allait déjà confesser ses fautes ! Sous la direction spiri-

M.^r l'Abbé DE VILLEQUIER

tuelle de M. l'abbé Soubirane (1), il se prépara dans ces conditions exceptionnelles à sa première communion, qu'il fit dans la chapelle de Saint-François-Xavier des Missions étrangères, le 11 juin 1846. En 1850, il

---

(1) Evêque de Sébaste et l'un des auxiliaires de Mgr l'Archevêque d'Alger de 1871 à 1880; évêque de Belley de 1880 à 1887; archevêque de Néo-Césarée de 1887 à 1893.

entra, comme externe, au petit séminaire de Notre-Dame des Champs, pour y faire ses hautes classes et sa philosophie. C'est dans cette institution qui a donné à l'Eglise de Paris tant de bons prêtres que Dieu lui fit connaître, en 1852, à la suite d'une retraite, sa vocation.

La famille de Villequier était nombreuse ; elle était composée de Octave qui fut prêtre, Robert qui mourut à Hyères à l'âge de 18 ans, Edmond dont nous parlons, et de cinq demoiselles qui s'unirent à MM. de Lestanville, le baron Delavaux, le comte Alléon, le comte de Lorgeril, le comte de Maistre.

Très fortuné, allié par ses sœurs aux plus belles familles, M. de Villequier aurait pu prétendre à une haute situation ; il choisit, malgré la peine qu'en éprouvait son père, une carrière plus simple mais infiniment plus noble, le sacerdoce.

En 1854 il entra au grand séminaire d'Issy, en 1855 il était à Saint-Sulpice et le 18 décembre 1858 il voyait son plus grand désir se réaliser, il était prêtre. Sa famille se proposait, par ses hautes relations dans le Clergé, de demander pour lui un poste distingué ; il coupa court à ces projets en déclarant que, si on y donnait suite, il se retirerait dans une communauté.

La Providence le plaça, le 15 janvier 1859, comme vicaire à Saint-Nicolas des Champs ; deux années après, le 15 décembre 1861, il passa à N.-D. de Bonne Nouvelle où il retrouva un de ses excellents amis, M. l'abbé Douvain.

Les œuvres principales du prêtre sont : la confession, les catéchismes, le soulagement des malades et des pauvres, la prédication.

M. de Villequier consacra une partie de sa vie aux pauvres ; sa fortune, malgré les observations de son père, il la distribua généreusement, sans compter ; à plusieurs reprises il mit même ses parents dans la nécessité de remplacer son mobilier qui, pièce par pièce, était allé enrichir quelques infortunés.

Le confessionnal et les catéchismes absorbèrent l'autre partie de son existence ; toutes ses journées, il les passait au tribunal de la pénitence, occupé à guérir ce mal moral que l'on appelle le péché. Sa hâte à aller retrouver les nombreux pénitents qui l'attendaient était telle qu'il prenait à peine le temps de prendre de la nourriture. Sa parole n'avait point les allures de la grande prédication, elle était simple, pratique, et présentait surtout le caractère d'une haute spiritualité.

Nommé, le 15 janvier 1867, vicaire à Saint-Médard, M. de Villequier connut alors Mlle Barnabé, humble ouvrière fleuriste qui, sachant les nombreux dangers que couraient les jeunes filles qui se livrent au travail de la fleur artificielle, avait conçu le dessein d'ouvrir un atelier chrétien. Ce projet se réalisa aussitôt et, en 1870, grâce à l'appui moral et financier du prêtre, l'œuvre comptait 200 jeunes filles.

Pendant le siège de Paris, en dehors de son service paroissial et de la visite des varioleux militaires dont il s'était volontairement chargé, les soucis ne lui manquèrent pas ; il lui fallut subvenir, dans ce temps de disette, au besoin de ses enfants ; il ne voulut pas qu'on en congédiât une ; ses volontés furent obéies, mais lui seul sut les sacrifices qu'il dut s'imposer.

En 1871, pendant la Commune, il resta à son poste avec M. l'abbé Picou et devint administrateur de la paroisse Saint-Médard. Il ne voulut jamais revêtir l'habit laïque, disant à ses amis qui l'en pressaient vivement : « Ma soutane est ma sauvegarde ». Le 23 mai pourtant, son courage faillit lui coûter la vie ; 25 fédérés commandés par un capitaine envahirent au matin l'église Saint-Médard pour l'arrêter avec son confrère.

Voici, de son arrestation, le récit qu'a fait M. l'abbé Douvain : (1)

(1) Discours prononcé par M. le chanoine Douvain, le 25 mai 1896, à l'occasion du 25e anniversaire de la délivrance de prison de M. l'abbé de Villequier.

« — Citoyen, lui dit le capitaine, au nom de la Commune vous êtes arrêté.

— Bien !

— C'est vous qui êtes le curé ?

— Non ; je n'ai pas cet honneur.

— Comment, vous n'êtes pas le curé de Saint-Médard ?

— Non.

— Qui êtes-vous donc ?

— Un de ses vicaires.

— Pour nous c'est la même chose.

— Si vous voulez.

— Eh bien, vous avez cinq minutes pour prendre vos dispositions et nous suivre.

— Bien. »

« M. l'abbé de Villequier appelle son confrère M. l'abbé Picou et lui dit : « Il faut éviter les profana-
« tions des saintes espèces; comme vous êtes à jeun et
« que je ne le suis pas, montez à l'autel et consommez-
« les; pendant ce temps je vais les occuper. »

— Je ne pourrai jamais, lui dit M. Picou, je n'ai pas de salive.

— Eh bien ! je le ferai. »

« Il revêt un surplis, prend une étole, les mains jointes se dirige vers l'autel, ouvre le tabernacle, donne la Sainte Communion à M. l'abbé Picou et à quelques fidèles qui se présentent à la Sainte Table, consomme les autres hosties, donne sa bénédiction à tous et rentre à la sacristie. Il prend son manteau, son chapeau et sa canne et se tournant vers les fédérés :

— « Maintenant, Messieurs, nous sommes à vos ordres.

— Vous savez, vous n'avez que cinq minutes, les voilà bientôt écoulées !

— Je vous le répète. Nous sommes à vos ordres.

— Vous pouvez tout ranger avant de partir, parce

que... Le capitaine n'acheva pas sa phrase mais tous en savaient la conclusion : vous allez être fusillés.

— Tout est prêt, partons.

— Comment, partons ! Est-ce qu'il va nous donner des ordres ce curé-là ? dit un fédéré.

— Je vous répète que ce que j'avais à faire est fait ; c'est fini ; partons.

— Comment, encore partons ! nous partirons quand nous voudrons ; ce n'est pas toi qui commandes.

— Mais qui commande parmi vous ?

« Le capitaine, honteux, conscient peut-être du rôle ignoble qu'il jouait, s'approcha timidement : Monsieur c'est moi.

— Eh ! bien, si vous êtes le chef, faites-le voir ; commandez ; terminons cette comédie et partons.

— Ah ! c'est trop fort, s'écrie le fédéré qui faisait l'important, c'est trop fort, nous n'irons pas plus loin, je l'embroche ici. » Et joignant le geste à la parole, il fixe sa baïonnette au canon de son fusil, puis fait trois pas en arrière et fonce sur le prêtre. L'abbé dans une impassible immobilité attend le coup qui doit le frapper ; heureusement le capitaine qui se tenait près de lui écarte rapidement de son sabre l'arme meurtrière, sinon c'en était fait de M. de Villequier. L'énergumène voyant son coup manqué, frappe furieusement les dalles de l'église de la crosse de son chassepot et s'écrie : « Il « faut en finir au plus tôt, au lieu de le conduire au « Secteur, conduisons-le à Pélagie. »

« Cette décision fut le salut de M. de Villequier ; s'il eût été conduit au Secteur, il eût été quelques heures après fusillé avec les RR. PP. Dominicains dans les conditions odieuses que l'Histoire a enregistrées. Mais n'anticipons pas.

« Tambours battants, clairons sonnants, en tête du détachement qu'il domine de sa haute taille, M. l'abbé de Villequier ayant à sa droite M. l'abbé Picou et à sa gauche le suisse de l'église qui n'a point voulu se séparer de ces Messieurs est conduit à la prison de Sainte-Pélagie.

« A leur arrivée, les prêtres furent enfermés séparément dans une cellule ; point de draps pour dormir, car comme le disait le concierge : à quoi bon, ils seront fusillés demain matin ! Les fédérés cependant se préoccupèrent de leur dîner ; aux frais des détenus, ils firent, chez un traiteur voisin, chercher des aliments. Le dîner était-il bon ? nous l'ignorons, mais nous savons qu'il fut mangé de bon appétit.

« Toute la nuit on entendit crépiter la fusillade ; l'armée de Versailles avançait, gagnant lentement du terrain. Ranvier, le directeur de la prison, qui du haut d'une terrasse suivait les progrès des Versaillais, voyant la situation compromise s'enfuit à la dérobée.

« Au matin du 25 mai, les fédérés, privés de leur chef et ne sachant quelle suite donner à l'ordre d'exécuter les prisonniers, firent descendre au greffe M. de Villequier et lui posèrent le problème suivant : Nous devons vous passer par les armes, c'est l'ordre, mais si nous le faisons et que les Versaillais qui sont près d'ici arrivent, ils nous fusilleront à notre tour ; si au contraire les soldats de la Commune triomphent et si le directeur revient et ne voit pas ses ordres exécutés, il nous dira : « Vous êtes des cléricaux, des réactionnaires, vous « allez être fusillés pour refus d'obéissance. » Aussi, si vous étiez à notre place, que feriez-vous ?

« Singulière question et combien embarrassante ! M. de Villequier répondit comme un prêtre qui ne redoute pas la mort, ne veut pas implorer une grâce, ni devoir la vie à une compromission avec de pareilles gens. « Mes amis, dit-il, faites pour le mieux. » « Eh !
« bien, c'est cela, dirent les fédérés, nous allons faire
« pour le mieux ; nous allons vous garder comme
« otages et si les Versaillais arrivent, vous parlerez
« pour nous... » Ils évitèrent de dire : « Si nos frères
« sont victorieux, vous serez fusillés. »

« Quelques heures après, les troupes de Versailles prenaient possession de Sainte-Pélagie. Le capitaine fit venir les prisonniers et leur dit : « Messieurs, vous « êtes libres, partez de suite, car nous ne répondons pas « de vous. »

« Il fallut partir sur l'heure au risque de trouver la mort dans la rue où les obus éclataient de toutes parts et où les balles meurtrières sifflaient de tous côtés. Cependant, au moment de son départ, M. de Villequier réclama sa montre et son porte-monnaie. Est-il besoin de dire que les fédérés s'en étaient emparés sans scrupule ?

« A quelque temps de là, M. l'abbé de Villequier, appelé pour bénir un mariage, ne fut pas peu surpris de reconnaître, dans l'un des témoins, le communard qui avait voulu le transpercer de sa baïonnette. Devant l'attitude embarrassée du personnage, il feignit de ne pas le reconnaître ; en le quittant, il lui dit tout simplement : « Mon ami, je prie toujours le bon Dieu pour « vous » ! Ce fut toute sa vengeance. »

En récompense de cette conduite si courageuse, ses supérieurs, au jour anniversaire de son arrestation, le 23 mai 1872, le nommèrent second vicaire de Saint-Médard.

Sur la demande de M. Douvain, curé de Courbevoie, qui connaissait le zèle, le dévouement de ce prêtre, il lui fut adjoint comme premier vicaire le 19 mars 1873.

Pendant vingt années, sans défaillance, sans repos, M. de Villequier assuma, avec son service paroissial, la lourde charge de la direction spirituelle de ses ateliers chrétiens de garçons et de jeunes filles, l'enseignement catéchistique des élèves du pensionnat Notre-Dame, de l'institution de Mlle Allard, continua son ministère si laborieux de la confession, pourvut au soulagement des nombreux pauvres qui venaient tout le jour implorer sa charité, répondit toujours avec empressement, malgré ses fatigues et ses multiples occupations, aux demandes des malades qui l'appelaient à leur secours.

En 1889, atteint, lors de la terrible épidémie, d'une attaque d'influenza, il ne se remit que difficilement et dut, le 15 décembre 1894, résigner son premier vicariat, n'en conservant que le titre honorifique.

Il consacra ses dernières forces à ses œuvres personnelles ; enfin, accablé par les infirmités, il dut cesser tout ministère.

Près de ces ateliers chrétiens qui forment au travail et à la vie chrétienne une phalange de courageuses jeunes filles, il vit dans le calme et la solitude.

Devant un grand bréviaire in-4°, une loupe à la main, il lit péniblement son Office ; aux nombreux prêtres, ses enfants dans le sacerdoce, qui viennent le visiter il dit, sans amertume et avec une touchante sérénité : « Ma vie active est terminée, mon rôle c'est la prière. Comme autrefois Moïse sur le mont Nébo, je prie pour vous tous qui soutenez vaillamment le bon combat contre les ennemis du Christ et de notre sainte mère l'Eglise. »

*
* *

En écrivant cette biographie de M. l'abbé de Villequier nous ne pensions pas que sa fin fût si prochaine et que nous dussions si tôt retracer ses derniers instants.

Le mardi 12 mai nous étions près de lui et nous le félicitions du succès de son œuvre des fleuristes et de la fin des difficultés qu'elle venait de traverser, lorsqu'il nous dit : « Souvent quand nos épreuves semblent finies une plus grande encore plane sur nos têtes ».

L'épreuve effectivement n'était pas loin. Le lendemain matin après avoir reçu la sainte communion il fut pris d'une crise d'albuminurie compliquée d'accidents diabétiques si grave qu'il fallut le transporter dans sa chambre. Les souffrances si douloureuses qu'il endurait en ce moment lui firent comprendre que Dieu allait

M

Vous êtes prié d'assister au Service, Convoi et Enterrement de

Monsieur l'Abbé Edmond Charles Joseph
Asselin de Villequier
1er Vicaire honoraire de Courbevoie

décédé le 3 Juin 1903, muni des Sacrements de l'Église, en son domicile, 41, Rue de Colombes, à Courbevoie, dans sa 74ème année.

Qui auront lieu le Samedi 6 courant, à 10 heures précises, en l'Église de Courbevoie.

De Profundis.

On se réunira à l'Église.

De la part de Monsieur de Testanville, du Comte Jules de Traversay, de Monsieur Joseph du Bourg, de Monsieur l'Abbé Joseph de Maistre, du Comte Rodolphe de Maistre, de Monsieur l'Abbé Dominique de Maistre, de Monsieur et Madame d'Erville, de Monsieur l'Abbé Raphaël de Maistre, du Comte Gonzague de Maistre, du Comte de Sauhoir, du Vicomte Robert de Forgeret, du Vicomte Paul de Forgeret, de Monsieur Dartige du Fournet, de Monsieur Maurice d'Aynaux, de Monsieur Maurice Allien, de Monsieur Abel Allien, de Monsieur Paul Ste Alette, ses neveux.

De la part de Monsieur le Curé de Courbevoie et de son Clergé.

De la part des Messieurs du Conseil Paroissial de Courbevoie.

De la part des Dames et des Enfants de son Œuvre.

Prière de n'envoyer ni fleurs ni couronnes.

BILLET DE DÉCÈS DE M. L'ABBÉ DE VILLEQUIER

l'appeler à lui. Loin de s'en émouvoir il dit à ceux qui l'entouraient; « C'est le commencement de la fin » et il chanta le *Te Deum*.

Malgré les soins intelligents que lui prodiguaient des personnes d'un dévouement admirable, les progrès de la maladie furent rapides et bientôt tout espoir fut perdu. Le bruit s'en répandit, et de toutes parts affluèrent une foule de personnes désireuses de recevoir

Funérailles de M. l'abbé de Villequier :
Le départ de l'Église

sa bénédiction. Malgré ses intolérables souffrances il accueillait, avec une bonté sereine, tous les visiteurs. Pour tous il avait un mot aimable; il s'enquérait avec un soin émouvant de leurs parents et de leurs intérêts particuliers. Ses yeux se levaient vers le ciel avec une touchante ferveur et sa main affaiblie trouvait encore la force de les bénir une dernière fois.

A une personne qui l'avait peiné et qui venait solliciter son pardon, il dit : « J'ai pardonné... A tous ceux qui m'ont chagriné, dites-leur que je les attends au grand rendez-vous dans la lumière de la vérité. »

Pendant les 21 jours que dura sa maladie, il reçut chaque matin la sainte communion et persista, malgré les conseils du médecin, à observer le jeûne eucharistique.

Sentant sa fin prochaine, il pria M. le Curé de Courbevoie, qui chaque jour lui faisait visite, de lui donner l'Extrême-Onction. Il reçut les derniers sacrements avec une foi et une piété qui émurent jusqu'aux larmes les amis qui l'assistaient. La cérémonie terminée, il ajouta : « Et maintenant je suis prêt..., mais priez pour que ma mort soit édifiante, qu'elle invite à la prière et pour que je puisse dire : Tout est consommé ; mon Dieu, j'ai bien fait tout ce que vous attendiez de moi. »

Malgré la marche rapide du mal, ses amis espéraient encore un miracle de la Providence. Hélas ! il ne se produisit pas. Les derniers moments approchèrent. Il le sentit. Voulant donner à l'œuvre à laquelle il avait consacré sa vie, une dernière marque de tendresse, il demanda à voir ses enfants. Toutes, maîtresses, ouvrières et enfants, vinrent pieusement s'agenouiller auprès de lui et lui baiser la main. Il les bénit et leur dit : « Je vais vous quitter, mais mon esprit sera toujours au milieu de vous pour vous défendre et vous protéger. »

Quand il sentit venir la mort, il fit cet acte d'abandon à la volonté divine : « Je mets, ô mon doux Sauveur, ma tête sur votre épaule, mon cœur sur votre cœur, je vous abandonne tout mon être. »

Ses dernières paroles furent : « Appelez la Sainte Vierge ! Pierre Hébert ! »

Ainsi mourut, le 3 juin 1908, à 10 heures 20 minutes du soir, M. l'abbé Edmond-Charles-Joseph-Asselin de Villequier.

Trois jours après, le 6 juin, ses funérailles furent célébrées dans l'église de Courbevoie, au milieu d'une grande affluence de prêtres et d'amis. Son neveu, M. de

Lestanville ; ses petits-neveux, MM. les abbés de Maistre et sa sœur, Mme la comtesse de Lorgeril, conduisaient le deuil. La messe fut chantée par M. l'abbé Neuville,

FUNÉRAILLES DE M. L'ABBÉ DE VILLEQUIER :
1. Arrivée du convoi au vieux cimetière ; 2. Le cortège

curé de Courbevoie, et l'absoute et les dernières prières récitées par son vieil ami, M. le chanoine Douvain, curé de Notre-Dame-de-Grâce de Passy.

Et maintenant son corps repose dans le vieux cimetière de Courbevoie et sur sa tombe, chaque jour, des mains pieusement fidèles viennent déposer des fleurs, symbole de leurs regrets et de leur affection toujours vivaces.

M. L'ABBÉ BLAUVAC (1876-1897)

M. l'abbé Blauvac est resté, comme Pierre Hébert, 22 ans à Courbevoie. Pendant 18 ans il est demeuré dans cette paroisse comme simple vicaire, n'ayant qu'une seule et unique ambition au cœur, y passer toute sa vie pour faire le bien. S'il aimait toutes ces œuvres que son zèle apostolique avait créées et qu'il dirigeait avec tant de dévouement, on peut dire qu'il fut largement payé de retour : riches, pauvres, ouvriers et industriels l'estimaient grandement et la voix de tous le désignait comme le futur curé de Courbevoie. Ce fut une grosse déception quand on apprit que ses supérieurs l'avaient désigné pour la cure de Clichy. A Saint Vincent de Paul on ne pouvait choisir un plus digne successeur ; comme lui il était l'ami des pauvres, il leur consacrait toutes ses ressources ; son pauvre costume indiquait les durs sacrifices qu'il s'imposait ; comme lui, il était le prêtre enflammé de l'amour des âmes : le matin dès 5 heures et demie il était au confessional, à 6 heures il célébrait la sainte messe et tout le reste du jour était consacré aux malades, à des visites de charité, aux œuvres. Ces multiples occupations absorbaient tellement ses instants qu'il devait renvoyer au soir la fin de la récitation de son Office ; de ce fait ses veillées se prolongeaient bien avant dans la nuit.

Comprenant le rôle que doit jouer le prêtre dans la société moderne, il avait créé des œuvres répondant aux nécessités de l'heure présente. Ce fut là le principal mérite de M. l'abbé Blauvac, et M. Fages, Archidiacre de Saint-Denis, lors de son installation à la cure de Clichy, l'en félicitait dans le discours suivant, qui, tout en étant élogieux, reste encore au-dessous de la vérité :

« Bernard Blauvac est né à Chalon-sur-Saône, le 14 décembre 1849. Il fut baptisé le 16 dans l'église de Saint-Vincent, dans le diocèse d'Autun. Dès sa plus tendre enfance, conduit à Ars par sa mère, il y reçut une bénédiction particulière du saint Curé. Puis sa famille vint s'établir à Paris. Le jeune Bernard fut d'abord enfant de chœur à Bonne-Nouvelle, il y fait sa première Communion sous la direction de M. l'abbé Douvain, aujourd'hui curé de Passy, qui le demanda plus tard comme vicaire à Courbevoie. Il y fit ses études littéraires au petit séminaire de Notre-Dame-des-Champs, où il a laissé les meilleurs souvenirs, et ses études de philosophie et de théologie au grand séminaire de Saint-Sulpice. Il fut ordonné prêtre le 18 décembre 1875. Au sortir du séminaire, il fut envoyé, le 6 janvier 1876, en qualité de vicaire à Courbevoie. C'est là que pendant vingt-deux ans il s'est livré à toutes les ardeurs de son zèle. Son ministère n'a pas été stérile. A Courbevoie, M. Blauvac était connu de tout le monde, toutes les portes s'ouvraient devant lui, tous les cœurs lui étaient acquis. C'était le père Blauvac, le bon père Blauvac, qui apportait aux uns de tendres reproches, aux autres des encouragements et des conseils, à ceux-ci des consolations, à ceux-là des secours, à tous, les témoignages d'une bonté vraiment sacerdotale. Grâce à leur concours, il jette, en 1876, les premiers fondements d'une Fraternité du Tiers-Ordre de Saint-François. De cette Fraternité lui viendront dans la suite ses meilleurs auxiliaires.

« Lorsque l'école des Sœurs est laïcisée, il commence avec deux tertiaires l'œuvre du Patronage des écoles laïques des filles, œuvre désormais florissante. Dans ce patronage, de nombreuses jeunes filles se préparent à

M. BLAUVAC

la première Communion et persévèrent dans les exercices de la piété.

« Les garçons du catéchisme demandent à leur tour à M. l'abbé Blauvac un patronage. L'œuvre paraissait difficile, mais comment résister à leurs instances ?

« Il commence par en recevoir un petit nombre chez lui, bientôt il est débordé, et c'est alors que, confiant en la Providence, il se décide à acheter un vaste terrain où il fonde ce nouveau patronage. Chose digne de remarque, il a bientôt la joie de constater, en faisant creuser les fondations, que son œuvre est établie sur l'emplacement même d'un ancien couvent régulier du Tiers-Ordre de Saint-François, qui avait été fondé à Courbevoie, en 1638, par Jean-Baptiste Forne, administrateur de l'Hôtel-Dieu. Pour subvenir à ces nouvelles dépenses, M. Blauvac dut se réduire et vivre en communauté avec deux ecclésiastiques qui lui prêtèrent leur concours.

« Le patronage des garçons devint aussi le centre de plusieurs œuvres ; il y établit le secrétariat du peuple, des conférences populaires, un cercle d'études sociales, un bureau de placement pour ouvriers, un économat domestique, un service médical gratuit, une propagande active de bons journaux…

« Durant plusieurs années il mena de front ces œuvres diverses. Là, était son cœur ; là était sa vie ; on peut dire qu'il l'a donnée gaiement, généreusement, et qu'en quittant ces jeunes gens, ces jeunes filles, ces nombreux paroissiens de Courbevoie qu'il a éclairés des lumières de l'Evangile et embrasés de l'amour de Dieu, il peut leur redire la parole du grand apôtre : « Nous vous avons donné non seulement l'Evangile de Jésus-Christ, mais notre vie elle-même, tant nous avions à cœur le salut de vos âmes. » Ils le savent bien, aussi tous le pleurent comme un tendre père. Ah ! puissent-ils ne jamais oublier ses conseils, ses paternelles exhortations ! Puissent-ils imiter ses exemples et non seulement mener une vie chrétienne, mais encore s'efforcer de gagner autour d'eux des âmes à Jésus-Christ. C'est la plus grande satisfaction qu'ils puissent procurer à celui qu'ils aiment à appeler du doux nom de père.

« Chers habitants de Clichy, celui que pleurent les fidèles de Courbevoie devient votre pasteur. Réjouissez-vous donc, réjouissez-vous avec M. Gréa lui-même, votre ancien curé. Je ne puis oublier que le jour où je lui annonçai que Son Éminence avait jeté les yeux sur M. Blauvac pour lui succéder, un rayonnement de joie illumina ses yeux et il s'écria : « Dieu soit loué ! la paroisse de Clichy n'a rien à craindre ; avec un tel successeur, je suis sûr que ses bienfaiteurs continueront à s'intéresser à elle. »

Les prévisions de M. Gréa se sont réalisées. Le zèle de M. Blauvac se manifeste promptement, il construit un temple splendide tout en conservant comme un précieux joyau l'antique église qu'édifia Saint Vincent de Paul, il y place des orgues dont la beauté et la puissance excitent l'admiration générale, rassemble, sous la direction de M. l'abbé Martin, une maîtrise de 40 chanteurs qui lui valent les félicitations de M. le chanoine Lefebvre, archidiacre de Saint-Denis, lors de la visite pastorale ; il organise le pèlerinage annuel aux reliques de Saint-Vincent.

Pendant le carême dernier (1908), il conviait tous ses paroissiens à suivre la grande mission prêchée par les missionnaires diocésains. C'est pendant ces exercices que Sa Grandeur Mgr Amette annonça à tous les fidèles que M. l'abbé Blauvac était élevé à la dignité de chanoine honoraire de Paris.

Voici en quels termes la *Croix* relate ce fait :

« Lundi soir, à la réunion de la mission qu'il avait bien voulu présider, S. G. Mgr l'archevêque de Paris a réservé aux paroissiens de Saint-Vincent de Paul de Clichy la délicate surprise de nommer leur curé chanoine.

« Si votre cher curé, a-t-il dit, ne se trouvait pas ici présent, je serais moins gêné pour vous dire tout le bien que j'en pense. Il y a longtemps que je le connais ; nous avons passé ensemble notre jeunesse cléricale au séminaire de Saint-Sulpice et déjà son zèle et sa piété donnaient de grandes espérances... Vous savez comme il les a réalisées. Aussi S. Em. le cardinal Richard a-t-il été heureusement inspiré en l'envoyant dans cette paroisse comme successeur de Saint Vincent de Paul. Etant curé de Clichy, Saint Vincent avait reçu le titre de chanoine d'Ecouis... la collégiale n'existant plus, votre cher et dévoué curé ne pouvait en être nommé chanoine ; mais, à Paris, il existe une cathédrale superbe possédant un chapitre et de nombreux chanoines ; j'ai donc pensé qu'en témoignage d'estime, je pourrais nommer votre curé chanoine de ma cathédrale. »

« Les applaudissements spontanés des fidèles ayant souligné les dernières paroles de Mgr l'Archevêque, Sa Grandeur reprit aimablement : « Je ne pense pas que Notre-Seigneur, présent dans son Tabernacle, s'offense de vos applaudissements, encore qu'ils ne soient pas usités dans le saint lieu, car ils sont un témoignage de votre affection et de votre reconnaissance. »

INDEX DES GRAVURES

	Pages
Armoiries de la ville de Courbevoie (couverture).	
Nouvelle description du Territoire et banlieue de Paris, par Jean Boisseau, enlumineur, vers 1650............	2
Document de l'abbaye de Saint-Wandrille...............	4
Plan des terroirs des Haut et Bas Courbevoie en 1670.....	15
Un coin aujourd'hui disparu de la rue de l'Eglise..........	19
Plan de Courbevoie, d'après l'abbé de la Grive (1740)......	25
La place de l'Hôtel de ville de Courbevoie en 1867........	33
Plan de Courbevoie en l'an IV (1795), d'après Roussel.....	37
Vignerons de Courbevoie en 1884.......................	44
Plan de Courbevoie en 1772, d'après Perronet...........	48
Vue du village et de la caserne de Courbevoie vers 1770...	56
Le pont de bois de Courbevoie (vu du côté de Courbevoie).	61
Le pont de bois de Courbevoie (vu du côté de Neuilly).....	72
Plan des maisons seigneuriales de Courbevoie............	79
Le château de Courbevoie, d'après le plan cadastral de 1812.	81
Vue du château de Courbevoie en 1812...................	82
Vue du château de Courbevoie et de sa terrasse.........	86
Plan du château de Courbevoie, d'après le cadastre de 1835.	89
Le lotissement et les derniers vestiges du château en 1906.	91
Vue des casernes de Courbevoie........................	104
Plan des casernes de Courbevoie.......................	107
Garde-suisse blessé aux Tuileries......................	109

INDEX DES GRAVURES

Première vue des travaux du pont de Neuilly	113
Deuxième vue des travaux du pont de Neuilly	115
Troisième vue des travaux du pont de Neuilly	117
Le décintrement du pont	119
Quatrième vue des travaux du pont de Neuilly	121
Cinquième vue des travaux du Pont de Neuilly	123
Tertiaires réguliers de Saint-François	126

Vestiges du Couvent du Saint-Esprit :

Le 21 de la rue Saint-Denis	133
Petit bâtiment avec perron	133
Grange louée jadis au citoyen Gois	133
Le pavillon du supérieur de la Custodie et cour du patronage du Sacré-Cœur	133
Bâtiment jadis en façade sur la rue Saint-Denis (n° 21)	137
Débris de la plaque de fondation du couvent du Saint-Esprit	145
Le château de la Montagne (vu du parc)	159
Le château de la Montagne (aile est)	160
Le château de la Montagne (cour d'honneur et communs)	162
Le château de la Montagne (ancienne entrée rue Saint-Denis)	162
Plan du Haut Courbevoie en 1670	164
Plan de la propriété de M. Thévenin)	165
Château des Colonnes	168
Eglise de Breuville	174
Maison natale de Pierre Hébert	176

Vieux Courbevoie :

La rue des Boudoux	193
La rue de Colombes	193
Vieille maison, 23, rue de Colombes	193
Impasse des Epines	193
Vue de l'église et de l'ancienne mairie	211
Plan de l'église construite par Pierre Hébert	213
Façade de l'église	215
Coupe longitudinale de l'église	217
Coupe transversale de l'église	220
Signature de Pierre Hébert	223
Un Comité de surveillance sous la Terreur	254
La prison de la Force	258
La prison de Saint-Lazare	264
Un couloir de la prison de Saint-Lazare	272
Le Tribunal révolutionnaire	285

Appel des dernières victimes de la Terreur	295
La charrette des condamnés	297
La véritable guillotine ordinaire	299
La place du Trône au XVIIIe siècle	304
Portrait de M. Grignon	324
Portrait de M. Martinet	325
Portrait de M. Cabanettes	327
Portrait de M. Leroux	330
Portrait de M. Douvain	335
Portrait de M. Bénac	341
Portrait de M. Laurent	353
Portrait de M. Neuville	357
Portrait de M. de Villequier	361
Billet de décès de M. de Villequier	369
Le départ de l'église	370
L'arrivée au cimetière	372
Le cortège	372
Portrait de M. Blauvac	375

TABLE DES MATIÈRES

                  Page

AVANT-PROPOS I

Première partie

COURBEVOIE : SES ORIGINES, SA SEIGNEURIE SES MONUMENTS

I. La voie courbe. — L'abbaye de Saint-Wandrille.... 1

II. L'abbaye de Saint-Denis. — La châtellenie de Rueil. — Pierre de Courbevoie. — Adam de Heugot. — Simon et Pierre de Ville-d'Avray. — Affranchissement des serfs............................ 7

III. Le fief ; ses droits utiles et honorifiques. — Les seigneuries de Courbevoie. — Les premiers seigneurs du Haut-Courbevoie : Les Lechatelain ; Jean Curial ; Jean Mairesse ; Guillaume de Thuilliers ; les Potier 22

IV. Les seigneurs du Haut et du Bas Courbevoie : Moreau, seigneur d'Auteuil ; les Le Bossu. — Partage et indivision des deux fiefs....................... 40

V. Seigneurs du Bas-Courbevoie : Claude Le Bossu ; Brigitte Converset ; Anthoine de Vandeuil ; les Thorin de la Thanne......................... 54

VI. Seigneurs du Haut-Courbevoie : Jean Le Bossu ; Cléophas Dehalus ; les Morel ; Titon de Villotran . 66

VII. Le château de Courbevoie. — Description du château et du parc. — Ses propriétaires depuis 1809 jusqu'à nos jours : MM. Dupuytren ; de Fontanes ; Larnac.   77

VIII. Les Etats Généraux de 1614. — Cahier des doléances de la paroisse de Colombes-Courbevoie............   93

IX. Les casernes : Construction des casernes. — Les gardes-suisses. — La journée du 10 août 1792....   102

X. Le pont de Neuilly : Le bac de Courbevoie. — L'accident de Henri IV. — Le pont de bois. — L'ingénieur Perronet. — Construction du pont de Neuilly..   112

XI. Le couvent du Saint-Esprit : Les tertiaires réguliers de Saint-François d'Assise. — Vincent Mussard et la réforme de la Congrégation en France. — La donation Mareschal et Xainte Jourdain. — La fondation du couvent du Saint-Esprit à Courbevoie et M. Forne. — La vie des tertiaires. — Suppression de la Congrégation et vente du couvent......   125

XII. Les châteaux de la Montagne des Moines et des Colonnes. — La légende de Gabrielle d'Estrées...   158

Deuxième partie

PIERRE HÉBERT, PREMIER CURÉ DE COURBEVOIE

I. Pierre Hébert : Sa famille ; sa naissance ; son ordination sacerdotale ; sa venue à Paris............   173

II. La chapelle de Courbevoie. — Les visites archidiaconales en 1458. — La construction de la chapelle. — Le journal du curé de Colombes, M. Desnault, en 1623. — Les registres paroissiaux de Courbevoie de 1627 à 1791. — Les curés de Colombes et les vicaires de Courbevoie de 1314 à 1785..........   179

III. Création de la paroisse. — Les revenus de la cure de Colombes-Courbevoie en 1730 et 1756. — La procédure d'érection de la paroisse de Courbevoie.   199

IV. Reconstruction de l'église   210

V. La Confrérie du Saint-Sacrement. — Les œuvres charitables...................................   222

TABLE DES MATIÈRES 385

VI. La Révolution. — Les États Généraux. — Élection des députés. — Cahier des doléances des habitants de Courbevoie. — Cahier général des doléances. — Protestation de M. Langlois, délégué de Courbevoie 226

VII. La persécution religieuse. — Suppression de la dîme. — La Constitution civile du clergé. — Le serment. 241

VIII. Arrestation de Pierre Hébert. — Son emprisonnement à la Force. — La Société populaire des Sans-Culottes et le Comité révolutionnaire de Courbevoie.. 249

IX. Pierre Hébert à Saint-Lazare. — Le complot des prisons 263

X. Jugement et exécution de Pierre Hébert........... 282

XI. Les dénonciateurs de Pierre Hébert.............. 307

Troisième partie

LES SUCCESSEURS DE PIERRE HÉBERT

I. Le concordat de 1801. — Restauration du culte. — Nomination du successeur de Pierre Hébert. — Les premiers curés de Courbevoie 321

II. M. Leroux 329

III. M. Douvain 334

IV. M. Bénac 340

V. M. Laurent 352

VI. M. Neuville 356

VII. Deux premiers vicaires de Courbevoie : MM. de Villequier et Blauvac 360

INDEX DES GRAVURES............................... 379

NIORT. IMPRIMERIE NOUVELLE, G. CLOUZOT

EN VENTE A LA MÊME LIBRAIRIE

Barroux (Marius), Archiviste de la Seine. **Essai de bibliographie critique des généralités de l'histoire de Paris.** Beau volume in-8 de 155 pages, tiré à 350 exemplaires.................... 6 fr.

Ville de Paris. Bibliothèque et Travaux historiques. **Catalogue méthodique de la Bibliothèque,** publié sous la direction de M. Marcel Poète, Inspecteur des travaux historiques, conservateur de Bibliothèque. Tome Ier. **Impressions du XVIe siècle relatives à l'Histoire de Paris,** par E. Clouzot, attaché à la Bibliothèque. Fort volume in-8 de vi 698 col. et planches.................... 10 fr.

— **Bulletin de la Bibliothèque et des travaux historiques. Fascicule III.** — lxx-82 pages.................... 2 fr.
(Les fascicules I et II sont en vente au même prix).

— **Table analytique du Tableau de Paris,** de Mercier, par A. de Bouard. In-8 (*Extr.*).................... 2 fr.

Sellier (Charles), conservateur-adjoint du musée Carnavalet. **Curiosités historiques et pittoresques du vieux Montmartre,** 1904, fort. vol. in-16 carré de ix-348 p., précédé d'une lettre préface de Lorédan Larchey et suivi d'un index.................... 4 fr.

Lebeuf (L'abbé). **Histoire de la ville et du diocèse de Paris.** Nouvelle édition, publiée par Augier, 5 vol. gr. in-8 de texte et 1 de table. 40 fr.

— **Rectifications et additions,** par Bournon. In-8............ 25 fr.

Mentienne. **Memorandum** ou guide nécessaire à ceux qui voudront écrire les monographies des communes du département de la Seine, 1899, in-12.................... 3 fr. 50

Picarda (A.). **Les marchands de l'eau.** Hanse parisienne et compagnie française, 1901, gr. in-8.................... 3 fr.

Piton (C.). **Les Lombards en France et à Paris.** 1892-93, 2 vol. in-8 planches.................... 13 fr.

— **Marly-le-Roy,** son histoire (697-1904), 1904, gr. in-8, planches 10 fr.

Schmidt. **Paris pendant la Révolution,** *d'après les rapports de la police secrète* (1789-1800), traduction française, accompagnée d'une préface, par Paul Viollet, membre de l'Institut, 4 vol. in-8.......... 32 fr.

Pluyette (Charles). Un recteur de l'Université de Paris au xve siècle : **Jehan Pluyette** et les fondations qu'il institua. Notice biographique et historique, 1900, in-8.................... 5 fr.

Poète (M.). **Les Primitifs parisiens.** Étude sur la peinture et la miniature à Paris du xvie siècle à la Renaissance. Leçons du cours d'histoire de Paris professé à la Bibliothèque de la ville. In-12 carré, pl..... 3 fr. 50

www.ingramcontent.com/pod-product-compliance
Lightning Source LLC
Chambersburg PA
CBHW071949220426
43662CB00009B/1057